AVANT-PROPOS

« Le Tigre et l'Hermine ». Deux emblèmes, deux passions : la police judiciaire et la Bretagne éternelle. Le Tigre en référence à Georges Clemenceau, fondateur en 1907 des Brigades mobiles dites « Brigades du Tigre » devenues services régionaux de police judiciaire (SRPJ) en 1941. J'avais pensé un moment au titre « Poulet… à la bretonne », mais le risque de confusion avec une recette de cuisine régionale m'a fait hésiter. Et pourtant, lorsqu'un voyou bien cuisiné se « met à table », le flic se réjouit. Selon Pierre Dac (*Les pensées, 1972*) : « Les plats les mieux cuisinés sont ceux qui le sont sur les fourneaux de la police judiciaire ». En l'occurrence, pour faire suite à la suggestion de plusieurs amis et après quelques hésitations motivées par une certaine paresse et peut-être par le besoin de prendre du recul, je me suis tardivement décidé à évoquer des souvenirs et anecdotes se rapportant à des faits (souvent tragiques, parfois comiques) qui ont émaillé la carrière du policier breton que je fus, fier de ses origines, attaché à ses racines et à des valeurs fortes héritées de ses aînés : sens du devoir et du service public, solidarité, fidélité en amitié – voire en inimitié – et humilité, sans se départir d'humour et d'autodérision (gare au « melon »). Quant à mes défauts – et il y en a bien sûr –, je vous laisse chercher.

Né à Brest en 1954, j'ai effectué mes études secondaires au collège-lycée Saint-François à Lesneven (Finistère). Sept années d'internat de 10 à 17 ans ont contribué à me forger le caractère, plus que les quatre années de droit à l'université de Bretagne occidentale suivies d'un an de service militaire dans la Marine nationale.

J'ai toujours aimé la nuit et les bistrots. Peut-être un peu d'hérédité dans ce domaine. Je suis né derrière un bar, mes parents tenant un café-tabac dans le quartier ouvrier de Saint-Pierre-Quilbignon à Brest. Mon père, engagé volontaire dans l'armée dès l'âge de 18 ans pour rejoindre en 1944 la première division française libre puis l'infanterie coloniale pour combattre le Viêt-Minh durant trois ans, était rentré blessé d'Indochine et avait repris le bistrot familial. Je conserve un souvenir nostalgique de l'ambiance de fin de journée dans le troquet où des ouvriers de l'Arsenal, du bâtiment ou d'entreprises du quartier, des retraités de la Marine et des petits commerçants se retrouvaient pour boire un verre (voire plus) les pieds dans la sciure « saupoudrée » sur le sol les jours de pluie. Durant mes études universitaires, j'ai exercé plusieurs petits boulots dans la peinture en bâtiment, le déchargement de marchandises à la gare SNCF de Brest, la surveillance de lycéens, le vignoble (bordelais, muscadet), mais le plus apprécié restera celui de barman en discothèque.

Après le bac, j'ai renoncé à un projet initial d'études de pharmacie, pour m'orienter vers le droit, me sentant attiré par le métier de policier. Traquer des criminels et des délinquants d'habitude, œuvrer du côté des victimes contre le camp des malfaisants, exercer un boulot conciliant réflexion, action et mission de service public, ça me paraissait plaisant. Au terme de ces études et une fois mon service militaire accompli, je me suis présenté aux concours d'inspecteur et de commissaire de police. Admis à ces concours après deux passages au Palais des Congrès de Paris – pas pour un tour de chant, mais pour les oraux – j'ai opté pour le corps des commissaires et j'ai intégré la 30e promotion de l'École nationale supérieure de police (ENSP) de Saint-Cyr-Au-Mont-D'or (Rhône), le 4 septembre 1978. À cette époque, j'aimais toujours la nuit et les bistrots, ce qui ne manquait pas dans la ville de Lyon.

Après un an de scolarité à l'ENSP, j'ai pris la direction de Nantes pour une seconde année de formation dite de « stage pratique ». Ce fut une année enrichissante avec la découverte du terrain dans une ville animée où le travail ne manquait pas.

L'« investigation » m'intéressait plus que tout. À l'issue de cette formation, j'ai rejoint la police judiciaire, direction spécialisée de la police nationale dans la lutte contre la criminalité organisée, la délinquance financière et le terrorisme. Je travaillerai 36 ans dans des services opérationnels, la totalité de ma carrière.

Au gré de mes affectations successives, je me suis vu confier le 30 mars 2001 la direction de la police judiciaire de Bretagne (SRPJ de Rennes) puis du Grand Ouest (DIPJ de Rennes) : Bretagne, Pays de la Loire et Normandie. Je m'enorgueillis de détenir le record de durée dans ces fonctions (11 ans) depuis la création en 1911 de la 13e brigade mobile basée à Rennes. Je suis fier également de succéder dans ce fauteuil à de grands policiers bretons comme Roger Le Taillanter et Guy Menez.

Ces onze années ont vu évoluer les structures de la police judiciaire : en 2002 avec la création du groupe d'intervention régional de Bretagne (GIR) ; en 2003 avec la création de la direction interrégionale de police judiciaire de Rennes (DIPJ) et en 2006 avec la création d'une brigade de recherche et d'intervention à Nantes (BRI). La mise en place de ces nouvelles unités dans l'Ouest m'incomba.

36 années de PJ, ça marque! Il n'existe pas de superflics solitaires tels qu'on peut les présenter dans certains « polars », bouquins ou films. Le travail d'investigation ne peut se concevoir que dans le cadre d'équipes soudées, motivées et réactives. Le policier (ou le gendarme) qui, en cours d'enquête, s'identifie à une affaire est dangereux. D'abord pour lui-même, sur le plan psychologique, mais aussi pour l'équilibre de l'équipe.

Au fil de ma carrière, j'ai vu les nouvelles technologies dans le domaine de l'électronique, de l'informatique et des télécommunications ainsi que le développement de la police scientifique, révolutionner les méthodes d'investigation. Il n'en demeure pas moins que l'investissement humain reste le même tant sur le plan de la disponibilité que celui de la ténacité à débusquer les criminels de tout poil.

La dimension internationale de la criminalité organisée n'a cessé de croître. La circulation facilitée des personnes, des marchandises et des capitaux a favorisé parallèlement l'apparition de flux criminels nouveaux et a imposé d'élaborer des stratégies transnationales.

Les années 1990 ont été également marquées en matière de criminalité par un déclin du milieu traditionnel et l'éclosion d'un « néo-banditisme » issu des cités dites sensibles, étroitement lié au trafic de stupéfiants.

De 1978 à 2016, j'ai assisté au même titre que l'ensemble des membres des forces de sécurité intérieure à une complexification hallucinante (pour ne pas dire cauchemardesque) de la procédure pénale. Les mesures successives adoptées en la matière ne sont pas sans impact sur l'efficacité des services exerçant des missions de police judiciaire. Je ne suis pas sûr qu'elles profitent aux victimes de crimes et délits, mais ce dont je suis certain, c'est qu'elles sont très protectrices pour les voyous et criminels et fragilisent les procédures établies par les enquêteurs.

En rédigeant ces pages, je ne peux qu'avoir une pensée pour mes anciens camarades de travail (tous corps confondus), mes anciens chefs, sans qui rien de ce qui m'est arrivé, n'aurait été possible.

Merci pour leur soutien, leur fidélité et pour certains... leur amitié.

J'ai vécu habité par deux passions, celle de mon métier et celle de la Bretagne ; avoir pu exercer ma profession durant ces années au « pays » m'a permis de satisfaire les deux. Madame de Sévigné n'évoquait-elle pas en 1680 « la force secrète qui attire naturellement les Bretons en leur pays ».

Mon ancrage finistérien (ou « finhystérique », comme on le disait à une époque à Rennes) est resté permanent.

Il m'a, bien sûr, fallu opérer des choix pour retenir les affaires évoquées dans ce recueil de souvenirs. Ce sont celles qui m'ont marqué le plus, soit par leur gravité, soit par leur caractère humoristique. Braquages, proxénétisme, évasions, homicides et narcotrafic figurent donc au menu...

LES ANNÉES GRB[1]

(1980-1984)

GROUPE DE RÉPRESSION DU BANDITISME DE ROUEN

Souhaitant ardemment intégrer la PJ, j'obtenais, à l'issue de ma formation, une affectation de chef de groupe de répression du banditisme au service régional de police judiciaire de Rouen, compétent territorialement sur l'ensemble de la Normandie. Ma prise de fonctions avait lieu le 4 août 1980.

Braquage à l'italienne

Rouen, 10 septembre 1980, 7 h 50, rue Jeanne-d'Arc. Claude G., directeur du Crédit du Nord, pénètre comme à son habitude dans son établissement bancaire

[1] L'immédiat après-guerre génère une pègre violente qui oblige la police judiciaire à s'adapter au plus vite. Le 20 octobre 1949, une circulaire crée dans chaque SRPJ un groupe de répression du banditisme (GRB), plus spécialement chargé de lutter contre les malfaiteurs motorisés, auteurs de multiples vols à main armée (tel le « gang des Tractions avant »).

en empruntant l'entrée de service, avant l'ouverture à la clientèle. Il est aussitôt agressé par deux individus armés. L'empoignade a pour témoin son épouse qui n'entrevoit que le début de la scène, de la fenêtre de l'appartement de fonction du couple, situé au-dessus de la banque. Elle téléphone alors à Police Secours pour signaler « que l'on importune son mari ». À aucun moment elle ne pense qu'il peut s'agir d'un hold-up. En réalité, huit membres du personnel sont déjà séquestrés par trois malfaiteurs lourdement armés.

La salle de commandement du commissariat dépêche immédiatement sur place un équipage de deux gardiens de la paix, puis un fourgon détourné d'une autre mission, avec trois policiers à bord. À leur arrivée, les deux premiers fonctionnaires rencontrent devant le porche de l'établissement le directeur adjoint du Crédit du Nord qui se rend à son travail. Ils lui expliquent le motif de leur intervention puis, sous sa conduite, pénètrent à leur tour dans les lieux. Par surprise et après une courte lutte, ils sont neutralisés, assommés et dépouillés de leur arme de service.

Au même moment, le deuxième équipage de trois policiers arrive sur place, stationnant leur véhicule devant le porche. Le brigadier Louis Godin, 34 ans, survient en tête. Les agresseurs, abandonnant leur projet de braquage suite à l'intervention policière initiale, s'apprêtent à prendre la fuite, sortent et ouvrent le feu. Le brigadier, mortellement touché à la tête par un projectile de calibre 7,65 mm, s'écroule sous le porche. Un de ses collègues est atteint de deux balles, le blessant à une main et un bras, tandis que le troisième réplique en tirant sur les fuyards qui parviennent toutefois à disparaître en empruntant les rues adjacentes.

Le bilan aurait pu être plus lourd : plusieurs impacts seront relevés sur des véhicules et des vitrines de commerces ; parmi un groupe de personnes attendant le bus rue Jeanne-d'Arc, une femme voit son chignon traversé par une balle !

À ma prise de service quelques minutes après les faits, je suis informé des événements. Je me rends aussitôt sur les lieux situés non loin du siège de la PJ, implanté boulevard des Belges, accompagné de plusieurs membres du GRB. Il s'agit de la première affaire d'importance que je vais connaître en qualité de titulaire. Le décès d'un collègue en service est toujours durement ressenti par l'ensemble du corps policier. La motivation n'en est que plus forte pour retrouver les coupables d'un acte aussi ignoble.

Les premiers témoignages recueillis auprès de personnes pensant avoir vu les malfaiteurs s'engouffrer dans un immeuble nous amènent à investiguer en pure perte plusieurs appartements.

Sur les lieux du hold-up, la découverte de nombreuses douilles de calibres 7,65 mm et 11,43 mm atteste de l'intensité de la fusillade. Un pistolet automatique Beretta 7,65 mm et un pistolet-mitrailleur 9 mm ont été abandonnés par les agresseurs dans la banque.

Un seul témoin fournira un élément déterminant : il a aperçu, rue des Bons-Enfants, deux individus au comportement suspect monter à bord d'une voiture de couleur blanche, peut-être une Peugeot 305 immatriculée 9632… 69. Les premières vérifications effectuées avec le concours du SRPJ de Lyon permettent de trouver la trace d'une 305 blanche, dont le numéro 9232 HB 69 pourrait correspondre au véhicule décrit par ce témoin.

Cette Peugeot appartient au parc d'une agence de location de voitures.

Le Parquet de Rouen ayant cosaisi le SRPJ de Rouen et l'office central pour la répression du banditisme (OCRB) de l'enquête, je me rends avec deux enquêteurs rouennais et parisien à Lyon.

Auprès de l'agence de location de véhicules, j'apprends que la 305 a été louée à deux Italiens, l'un d'eux ayant présenté un permis de conduire et une carte d'identité délivrés à Turin au nom d'Angelo Perronne. La voiture devait être restituée le 8 septembre, mais le client ne s'étant plus manifesté, elle a été signalée volée dès le 11 septembre. Selon les autorités italiennes sollicitées par le canal d'Interpol Rome, il s'agit d'une fausse identité et le pistolet Beretta retrouvé au Crédit du Nord a été dérobé le 21 juillet 1980 à un vigile, au cours d'un hold-up commis au préjudice d'une banque à Cervo Ligura. Quatre individus armés avaient neutralisé une trentaine de personnes, employés et clients de l'agence, et s'étaient fait remettre 60 millions de lires.

Le 25 septembre, la Peugeot 305 est retrouvée abandonnée à Caen.

Le lendemain, 26 septembre, une réunion internationale se tient à Stuttgart (Allemagne) portant sur les agissements d'Italiens auteurs de vols à main armée, notamment en Belgique et en Suisse. L'identité d'Angelo Perronne déclarée pour la location de la 305 à Lyon est évoquée. Il apparaît alors qu'une voiture utilisée pour commettre un hold-up en Suisse avait également été louée sous cette identité. L'équipe, dont les membres sont interchangeables, est essentiellement composée de trois malfrats : Sergio Settimo, Andreino Fabris et Marino Soci, connus sous de multiples *alias*. Tous trois font l'objet de mandats d'arrêt délivrés par un magistrat suisse pour un braquage commis le 3 mars 1980 dans une banque à Bad Ragaz. Settimo avait en outre été condamné en Italie à la prison à vie pour vol à main armée et meurtre d'un policier, mais il s'était évadé en janvier 1980.

Deux nouvelles réunions internationales ont lieu le 8 octobre 1980 à Bruxelles et le 14 octobre à Genève. Au terme de rapprochements, 11 vols à main armée commis en Belgique et en Suisse, antérieurement aux faits de Rouen, semblent imputables depuis le 6 février 1980 à l'équipe Settimo-Fabris-Soci. Belle performance en l'espace de sept mois…

Le 3 octobre 1980, Soci est interpellé fortuitement aux Pays-Bas lors d'un contrôle transfrontière dans le train international Copenhague-Amsterdam, en possession d'une fausse carte d'identité italienne au nom de Claudio Rovelli. Répertorié dans l'« annuaire des personnes recherchées » en Hollande, il est provisoirement écroué, tandis que sa compagne, une certaine Luisa Cairo, est laissée en liberté.

Cette arrestation donne lieu à un déplacement aux Pays-Bas. Soci se montre peu bavard. Il parle français pour l'avoir étudié en Italie et prétend n'être jamais venu en France. Le 10 septembre 1980, il se serait trouvé en vacances à Imperia (Italie). Toutefois, son interpellation va relancer l'enquête au niveau international et national.

Le 22 octobre 1980, Interpol Bruxelles nous apprend que la trace de Soci sous le nom de Rovelli a été retrouvée en Belgique à deux reprises dans un hôtel de Gent en juillet et août 1980. Lors de ces séjours, il avait téléphoné en Italie à Turin et en France, à Paris, ainsi qu'à un correspondant M. Raymond M. au « Pré Cauchois » à Trouville (Calvados). Enfin un lien avec la Normandie !

Le « Pré Cauchois » est une propriété bourgeoise située à 3,5 km du centre de Trouville, appartenant à M. Raymond M., âgé de 83 ans et honorablement connu. Sa villa a été louée par une agence immobilière locale du 1er juillet au 30 septembre 1980 à un couple d'Italiens, Enrico Montrasi et son épouse, originaires de Milan. Cette première vérification et celles qui suivent établissent de façon formelle la présence de Settimo, Fabris et Soci en Normandie au cours de l'été 1980, et leur départ précipité du « Pré Cauchois » au cours de la première quinzaine de septembre. Et pour cause !

Le couple Montrasi était accompagné d'un autre couple, Andrea Mandelli et sa femme, également domiciliés à Milan, qui eux-mêmes avaient loué un appartement pour cinq personnes à la résidence « Les Flots bleus » à Trouville du 1er juillet au 31 août. Sur présentation de photographies, Montrasi est reconnu comme étant Settimo et Mandelli comme étant Fabris. Soci, dont la présence est plus épisodique, était accompagné d'une jeune femme enceinte. Ils circulaient tous avec des BMW immatriculées en 75. Nos recherches entreprises au commissariat de Deauville font apparaître que trois véhicules BMW verbalisés durant la période estivale ont été loués à Paris auprès de la même agence par les trois hommes sous d'autres fausses identités et abandonnés après leur départ précipité au parking de l'Horloge, rue Beaubourg à Paris, deux jours après le braquage.

Les locataires de M. Raymond M. étaient partis sans prévenir quiconque dès le 11 septembre, en abandonnant de nombreuses affaires personnelles et des denrées périssables.

Par ailleurs, nous retrouvons de nombreuses traces de séjour et de passage de nos clients à Paris, notamment dans les hôtels Concorde Lafayette et Méridien du 17e arrondissement, de mars à octobre 1980.

Le 17 novembre 1980, je me rends à Turin, accompagné de Claude Guillouet, inspecteur divisionnaire au GRB de Rouen et de deux collègues de l'OCRB. Par souci de discrétion sur les avancées de l'enquête, il est convenu que les investigations ne porteront que sur Soci, seul incarcéré, et son entourage. Sur place, la collaboration apportée par les policiers italiens de la « Squadra Mobile » de Turin, désignés pour nous assister, se révèle pour le moins décevante : nos collègues sont sympathiques, mais ne sont pas des plus vaillants. Ils ne manifestent aucun empressement à effectuer les vérifications que je sollicite, mais respectent scrupuleusement leur horaire de fin de service, à savoir très tôt dans l'après-midi. Il me faut me fâcher et menacer de rentrer prématurément en France pour obtenir la réalisation d'une opération de trois perquisitions simultanées aux domiciles de proches de Soci. Lors de l'une d'elles, nous découvrons plusieurs photos prises au « Pré Cauchois » et sur lesquelles figurent Soci et son amie Claudia Vaglienti, *alias* Luisa Cairo. Pour quelqu'un qui prétend n'être jamais venu en France, c'est curieux. Quant à Claudia, elle reste introuvable à Turin ; elle s'est rendue en Hollande visiter son compagnon emprisonné à Maastricht et n'entend pas rentrer de sitôt en Italie. J'apprends par Interpol La Haye que sa prochaine visite à la prison est prévue pour le 5 décembre 1980. Je décide donc de notre retour en France et d'exploiter ce renseignement.

Le vendredi 5 décembre au matin, la jeune femme se présente effectivement à l'établissement pénitentiaire et, dès sa sortie, fait l'objet d'une filature exercée à notre demande par les services de police néerlandais. Elle se rend par le train à Amsterdam où, bien que méfiante, elle peut être « logée » dans un immeuble, 42 Cliostraat. Dès lors, une surveillance est mise en place à cette adresse. Le jour même, accompagné de Claude Guillouet et une nouvelle commission rogatoire internationale en poche, je prends un vol Orly-Schipol pour rejoindre nos collègues hollandais et deux collègues de l'OCRB partis en éclaireurs. Malencontreusement, le lendemain 6 décembre, c'est la Saint-Nicolas, fête traditionnelle et jour chômé aux Pays-Bas. La surveillance est levée pour 24 heures ! Elle reprend le 7 au petit matin.

Vers 15 heures, un homme sort de l'immeuble. Aucune erreur possible, il s'agit bien de Sergio Settimo. Il est aussitôt interpellé, en possession d'un pistolet automatique Beretta calibre 7,65 mm et de faux papiers italiens au nom de Italo Checci. La perquisition effectuée 42 Cliostraat n'apporte rien de plus. Un dispositif de surveillance est toutefois maintenu et permet le 10 décembre d'interpeller deux autres ressortissants italiens porteurs chacun d'un pistolet. Ils seront ultérieurement mis hors de cause dans le braquage du Crédit du Nord. Mais Fabris manque à l'appel.

Settimo est entendu sur les faits commis à Rouen en ma présence et celle de Claude Guillouet selon des normes conformes à la procédure pénale hollandaise, mais rendant le dialogue particulièrement difficile. Officiellement, il m'est interdit de m'adresser directement au malfaiteur bien qu'il comprenne parfaitement le français. Lorsque je formule une question, je dois m'adresser au policier hollandais par l'intermédiaire d'une interprète français-hollandais ; le policier hollandais pose ensuite cette question à Settimo par l'intermédiaire d'une seconde interprète hollandais-italien. Les questions sont donc posées en trois langues par quatre intervenants ! Pour les réponses, circuit inverse ! Settimo qui parle français couramment se marre et dispose ainsi d'un bon délai pour préparer ses réponses. Il déclare se trouver en Hollande depuis début novembre, en compagnie de Fabris. Il refuse de répondre quant à sa présence en France en 1980 et sur ses relations avec Soci et Claudia Vaglienti, puis d'ailleurs, à toutes les questions.

Mais c'est compter sans l'expérience du vieux briscard qu'est Claude Guillouet, formé à l'école de la police judiciaire parisienne (la PJPP), le meilleur flic que j'ai rencontré durant ma carrière, en matière d'interrogatoire. Hors procédure, il s'adresse directement à Settimo. Il le provoque en le faisant passer pour un minable au sein de son équipe, en quelque sorte la cinquième roue du carrosse… Il a senti l'orgueil – voire l'arrogance – poindre dans la personnalité du voyou. Celui-ci, vexé, succombe à sa fierté italienne légendaire. Il n'existe qu'un chef dans l'équipe et pour preuve : il communique une adresse à Amsterdam connue de lui seul et où nous sommes censés avoir la démonstration de son rang au sein du gang. Une perquisition y est effectuée le 11 décembre. Lors de cette opération est découverte une mallette lui appartenant et contenant une importante somme d'argent (en devises belges, autrichiennes, allemandes, espagnoles, anglaises, australiennes, américaines, suisses, luxembourgeoises et françaises), de faux documents administratifs (passeports, permis de conduire et cartes d'identité supportant des photographies de lui-même, Fabris, Soci et leurs compagnes sous 24 fausses identités), et trois armes de poing.

Parmi les faux documents, certains sont au nom d'Enrico Montrasi (Settimo) et d'Andrea Mandelli (Fabris), identités utilisées à Trouville pour les locations. Mieux, l'une des armes, un pistolet automatique Colt de calibre 11,43 mm, apparaîtra après expertise balistique comme ayant tiré lors de la fusillade de Rouen.

Au terme de cette mission hollandaise, Settimo fait l'objet d'une demande d'extradition française.

À Rouen, Marino Soci et Sergio Settimo sont désignés sur photographies par plusieurs témoins comme deux des auteurs du hold-up raté, mais meurtrier. Fabris est reconnu moins formellement, peut-être parce que son rôle a consisté à surveiller dans le vestiaire les employés qui lui tournaient le dos et qu'il s'était caché le visage avec le col de son sous-pull.

Soci fait donc lui aussi l'objet d'une demande d'extradition de la part des autorités françaises.

Quant à Fabris, poursuivant ses activités criminelles en Belgique, il y est arrêté en 1981. Il ne sera jamais jugé ; il sera tué par des policiers belges en 1984 lors d'une tentative d'évasion avec prise d'otage.

En mars 1985, la cour d'assises de Seine-Maritime condamne Soci à la réclusion criminelle à perpétuité. Settimo, identifié sur témoignage comme étant l'auteur du coup de feu mortel, sera extradé de Hollande vers l'Italie, car également recherché dans son pays d'origine où il sera condamné une fois de plus à la prison à vie par la cour d'assises de Turin.

C'est donc le recueil d'un simple témoignage signalant un numéro approximatif et incomplet d'immatriculation de véhicule qui nous aura mis sur la piste de ces criminels italiens, professionnels du banditisme international. La résolution d'une enquête repose parfois sur un détail… Celui qui peut tout faire basculer. Par ailleurs, lorsque la coopération policière entre États européens fonctionne, les résultats sont là.

La neutralisation de ces truands nous tenait particulièrement à cœur et le témoignage de reconnaissance de la famille du brigadier Godin est pour nous la plus belle récompense que l'on pouvait attendre.

***

Pour mes premiers pas en PJ, j'ai trouvé un précieux soutien auprès des « anciens » du GRB, soucieux de me transmettre leur savoir-faire. Un jeune commissaire arrivant à la tête d'un service, doit savoir faire preuve d'humilité et de modestie avant d'acquérir une légitimité et d'être accepté comme chef. À côté de Claude Guillouet, l'inspecteur divisionnaire Claude Gervois et l'inspecteur Jacques Flandrin n'hésitent pas à me prendre sous leur aile, la scolarité de commissaire ne pouvant assurer la transmission des « ficelles » du métier. La véritable école passe par le terrain : les planques interminables, le « saute-dessus »... Ces collègues se révèlent d'autant plus proches de moi qu'ils n'apprécient guère mon supérieur hiérarchique direct, chef de la section criminelle, originaire de Marseille, aigri, car muté contre son gré à Rouen. En signe de bienvenue début septembre 1980, ils m'avaient préparé une affaire « toute cuite ». Ils étaient en possession d'un renseignement concernant l'un des auteurs d'un enlèvement avec demande de rançon d'un montant de 5 millions de francs, commis le 12 juin 1980 à Sotteville-lès-Rouen (Seine-Maritime). La victime, un ferrailleur du nom d'Alain B., avait été libérée sans que la rançon ne soit versée, bien que sa famille soit en possession de cette somme résultant de la liquidation récente de stocks de ferraille. Les gars du GRB auraient pu exploiter cette information avant mon arrivée, mais ils souhaitaient attendre le départ en congé annuel du chef de section pour faire progresser l'enquête. C'est ainsi que le 2 septembre, nous interpellions un certain Yves Croquefer (ça ne s'invente pas !), puis quatre de ses complices, tous écroués à l'issue de leur garde à vue. Joli cadeau d'arrivée !

La police judiciaire étant soucieuse de parfaire la formation de ses personnels, je participe durant le mois d'octobre 1981 à l'École de police de Cannes-Écluse (Seine-et-Marne), avec une trentaine de commissaires et d'inspecteurs de PJ, à un stage axé sur les techniques d'intervention en matière de grand banditisme : filatures, interpellations d'individus à pied, en voiture, à domicile ou dans un lieu public, vols à main armée, remise de rançon, matériels d'écoute et de sonorisation. La direction du stage est assurée par Charles Pellegrini de l'OCRB. Les intervenants sont des grands noms de la PJ : Lucien Aimé-Blanc, chef de l'OCRB, et Robert Broussard, chef de la BRI de Paris. Parmi mes collègues stagiaires, je retrouve Paul Leray, futur chef de l'OCRB, Jean-Pierre Birot, camarade de promotion et futur patron à la BRI Paris, Michel Neyret, alors commissaire à la PJ de Versailles, et Jean-Jacques Matheou, inspecteur principal au SRPJ de Bordeaux et un de mes futurs complices au GRB de ce service. Ce stage qui se déroule essentiellement sur le terrain est riche d'enseignements. En effet, toute erreur d'appréciation dans une situation délicate peut entraîner des conséquences désastreuses.

Si l'ambiance de travail me plaît beaucoup à Rouen, la criminalité de l'époque en Normandie ne me donne pas l'occasion de m'éclater autant que je le souhaiterais.

Quelques braquages, un peu de proxénétisme, des équipes de « casseurs » de coffres-forts… mais pas suffisamment à mes yeux pour y rester très longtemps.

Je suis contacté dès 1981 par Roger Le Taillanter, directeur du SRPJ de Rennes, qui me propose le poste de chef de l'antenne de police judiciaire de Brest. Si l'idée de rejoindre ma ville natale est bien tentante et malgré la fierté d'être pressenti par ce flic de légende qu'est Roger Le Taillanter, je ne me sens pas encore suffisamment expérimenté pour prendre la direction d'une unité distante de 250 km du siège du SRPJ. Je décline donc la proposition en expliquant pourquoi. « Le Tail » ne m'en tiendra pas rigueur et nous resterons en contact durant de nombreuses années. Se consacrant à l'écriture après sa carrière policière, il m'adressera systématiquement un exemplaire de ses livres dès leur parution. Il m'invitera le 24 octobre 2003 au 36 quai des Orfèvres, à l'occasion de la remise de sa rosette d'officier de la Légion d'honneur par Marcel Leclerc, préfet honoraire, autre grand flic d'origine bretonne.

J'envisage donc début 1982 de solliciter une mutation pour un poste, à mes yeux, plus « actif ». Une occasion se présente avec l'ouverture du poste de chef de GRB au SRPJ de Bordeaux. Je me manifeste et suis alors convoqué au ministère de l'Intérieur par Maurice Bouvier, directeur central de la police judiciaire. Après un bref entretien, ce dernier me fait savoir que je serai le candidat retenu lors de la prochaine commission administrative paritaire, tout en précisant que ma prise de fonctions ne pourra être effective qu'à partir du 1er avril 1982, car j'assure l'intérim de mon supérieur marseillais qui, déprimé par le climat normand, a obtenu une mutation en sécurité publique à Grenoble.

On ne quitte jamais un poste sans éprouver quelque regret. Regret de quitter des hommes avec qui on a vécu des moments forts, des heures de surveillance sans fin, mais aussi à la clef, la satisfaction d'interpeller des voyous. Bref, ce qui crée une forte solidarité au sein d'une équipe. On vit en « bande » : on travaille ensemble, on mange souvent ensemble et il nous arrive de traîner ensemble, le soir, dans des restaurants et bars de la ville. Le personnel du SRPJ m'a surnommé « Tonton », vraisemblablement en raison d'une mauvaise compréhension phonique de mon nom de famille devenu « Tonsorer » lors de mon arrivée à Rouen. Ce surnom me restera attribué dans ce service jusqu'à mon départ en retraite en 2016. Fin mars 1982, je quitte donc la PJ du boulevard des Belges, ancienne bâtisse aux murs étayés par endroits pour éviter l'effondrement. Un « pot » officiel, présidé par le directeur du service, est organisé, mais les festivités se poursuivront tardivement dans la nuit dans un restaurant puis quelques établissements nocturnes, tombées habituelles du groupe. C'est la tradition !

GROUPE DE RÉPRESSION DU BANDITISME DE BORDEAUX

Le 1er avril 1982, je rejoins seul la capitale d'Aquitaine, car mon épouse Catherine, enceinte, devant accoucher d'un premier enfant début mai. Ne disposant pas encore de logement à Bordeaux, elle prend la direction de Brest, notre port d'attache, où une petite Bretonne verra le jour le 1er mai. Un collègue de promotion et ami, Christian Ballé-Andui, Basque originaire d'Anglet et chef de la section de recherche des renseignements généraux de Bordeaux, me propose un hébergement provisoire à son domicile.

Mon supérieur hiérarchique direct, Claude Benay, chef de la section criminelle, me réserve un accueil des plus chaleureux. L'activité en Aquitaine en matière de banditisme tant dans le domaine des vols à main armée que du proxénétisme est assez intense. Bordeaux est réputée pour ses « claques », des bars situés sur les quais où opèrent des prostituées. De plus, le problème du terrorisme basque est omniprésent : ETA militaire (*Euskadi Ta Askatasuna*) et ETA politico-militaire côté espagnol, *Iparretarrak-I.K.* (Ceux du Nord) côté français. On me briefe au fil des événements sur le phénomène, car la politique française concernant ETA est plutôt ambiguë. Le gouvernement socialiste de l'époque se montre tolérant avec cette organisation. Ses dirigeants sont accueillis sur notre territoire avec mansuétude, y préparent leurs attentats et perçoivent l'« impôt révolutionnaire », fruit d'un racket exercé auprès de chefs d'entreprises espagnols, avec très peu de discrétion.

Le mouvement indépendantiste français *Iparretarrak* vient de frapper fort. Une dizaine de jours avant mon arrivée, deux CRS ont été abattus à Saint-Étienne-de-Baïgorry (Pyrénées-Atlantiques). L'un des policiers est décédé sur le coup, son collègue est très grièvement blessé. Il mourra quelques jours plus tard et dès ma première permanence bordelaise, j'assiste le dimanche à l'autopsie de ce fonctionnaire de police. L'auteur des faits est identifié rapidement en la personne de Philippe Bidart, *alias* « Patxi ». Dès lors, une traque du terroriste est engagée. Elle durera plusieurs années et sera ponctuée par l'assassinat d'un premier gendarme le 7 août 1983 à Léon (Landes) puis d'un second militaire le 25 août 1987 à Sanguinet-Cazaux (Landes). La sanglante dérive d'*Iparretarrak* connaîtra un terme en février 1988 avec l'arrestation de son leader à Boucau (Pyrénées-Atlantiques).

En 1983, verront le jour les GAL (groupes antiterroristes de libération), une réplique des services de sécurité espagnols n'hésitant pas à recruter des tueurs parmi des voyous, notamment bordelais, et des « mercenaires » pour abattre des membres de l'ETA « réfugiés » dans le Sud-Ouest de la France. Le nombre de victimes des exécutions des GAL entre 1983 et 1987 s'élèvera à plus d'une vingtaine. La PJ mettra tous ses moyens en œuvre pour tenter d'enrayer l'hécatombe, mais on ne peut faire preuve de réelle efficacité contre cette forme de lutte étatique antiterroriste clandestine, avec le Code de procédure pénale dans une main et une pièce de justice dans l'autre. C'est surtout un changement de politique en France vis-à-vis de l'ETA qui mettra un terme à ces attentats et enlèvements en 1987.

Au fil du temps, je découvre et j'apprécie le Bordeaux des années 1980. Pas seulement sous forme liquide ! C'est la dernière période d'activité portuaire. Une grille sépare encore les quais de l'espace urbain. Beaucoup de rues sont noires, des bâtiments sales, la Garonne est invisible derrière les hangars, mais ça vit, ça travaille : des petits commerçants, des artisans, des échoppes, des bistrots plus ou moins crasseux, des hôtels borgnes… Toute une ambiance de ville portuaire. Le commissariat central, « Castéja » (du nom de la rue où il est implanté), c'est le « quai des Orfèvres » bordelais. Tous les services de police y sont hébergés, dans les murs de l'ancien Institut national des jeunes filles sourdes. Construit en 1862, le bâtiment est inscrit au titre des Monuments historiques. Il est peu fonctionnel, mais il y règne une grande convivialité. Au sein des murs, un restaurant administratif pour le déjeuner, mais surtout une gargote fonctionnant toute la nuit – « Le Rat mort » –, cantine parallèle permettant aux policiers de se sustenter à toute heure.

Braquages au préjudice de banques

En matière de droit commun, la période est caractérisée par des braquages commis au préjudice d'agences bancaires. Le 13 mai 1982, vers 11 heures, une équipe de trois malfaiteurs, que nous avons sous surveillance, attaque le Crédit lyonnais de Cenon-La Morlette dans la banlieue bordelaise, après repérage la veille des faits. Sous la menace de leurs armes, deux fusils à canons sciés et un pistolet, ils s'emparent du contenu des caisses après avoir neutralisé le personnel de l'agence et plusieurs clients présents. Ils prennent la fuite à bord d'un véhicule faussement immatriculé. Notre dispositif est en place et aboutit, peu de temps après l'agression, à l'interpellation des auteurs qui viennent de se séparer. Le butin, les armes et les cagoules utilisés sont récupérés. C'est mon premier braquage en « flag » un mois après mon arrivée. Ça s'arrose…

Quelques jours plus tard, les 17 et 25 mai, deux hold-up sont commis au préjudice de la Caisse d'Épargne de Bègles et celle de la rue Fondaudège, à Bordeaux. Un braqueur se fait remettre le contenu de la caisse et du coffre des agences, tandis qu'un complice fait le « chouf » et assure la fuite sur une moto. Nous interpellons le duo dès le 26 mai et récupérons la plus grosse partie du butin, le reste ayant été dilapidé lors de virées nocturnes qui ne nous ont pas échappé.

Ce même 26 mai 1982, quatre malfaiteurs s'introduisent au Crédit lyonnais, place de l'Europe à Bordeaux, et font coucher au sol personnel et clients. Tandis que l'un d'eux réceptionne les nouveaux arrivants à la porte, les trois autres dévalisent la caisse centrale et les coffres de l'agence puis fracturent des coffres appartenant à des clients au marteau et au burin. Ils s'enfuient après avoir emporté la caméra de surveillance. C'est la chance et le travail de l'Identité judiciaire qui nous mettront sur la piste de ces malfrats. Sur un sac plastique publicitaire, oublié par les braqueurs dans la salle des coffres, est relevée une trace digitale. En février 1983, cette empreinte sera identifiée; elle appartient à un certain Bruno Calistri, originaire de Corse et incarcéré à Avignon pour une série de vols à main armée commis dans les Bouches-du-Rhône et le Vaucluse. Je prends donc la route de la cité des papes où le malfrat reconnaîtra sa participation au braquage de Bordeaux, mais ne « balancera » pas ses complices.

Je ne regrette pas ma mutation à Bordeaux. C'est cela que je suis venu chercher. La traque des voyous, l'action, l'adrénaline!

Plusieurs équipes seront ainsi neutralisées durant mon affectation au GRB de Bordeaux. Des voyous locaux, mais aussi des braqueurs qui nous arrivent de Marseille, accueillis dans le Sud-Ouest le temps de leurs méfaits par des Corso-Marseillais implantés à Bordeaux, notamment dans le milieu des établissements de nuit. Certaines interpellations nécessitent donc des déplacements dans le Sud-Est, avec, en règle générale, un arrêt-buffet sur le trajet à Castelnaudary, capitale mondiale du cassoulet.

***

Le 28 juillet 1982, deux hommes grimés et armés de pistolets automatiques se font remettre le contenu des tiroirs-caisses et d'une armoire blindée au Crédit Agricole de Talence (Gironde). Ce braquage est le premier d'une série d'agressions similaires commises sur le territoire des SRPJ de Bordeaux, Lille et Orléans par deux « stakanovistes » du vol à main armée. Le rapprochement entre les vols commis à Bordeaux et le nord de la France se trouve conforté par l'abandon d'un sac plastique supportant une publicité de magasin lillois, lors de l'attaque d'une succursale de la Société Générale à Bordeaux le 30 août. Ce ne sont pas moins de 25 braquages d'établissements bancaires qui seront imputés à ce duo du 28 juillet au 29 octobre 1982. Celui du 29 octobre, septième de la semaine, perpétré dans le Nord, leur est fatal. Nos collègues de la PJ de Lille interpellent à la gare de Valenciennes, peu de temps après les faits, Joris Delplace et Roger Mion, porteur d'un pistolet 9 mm. Une perquisition réalisée dans la chambre de l'hôtel de La Coupole qu'ils occupent dans cette ville amène à la découverte de perruques, lunettes, gants, combinaisons de travail, grenade quadrillée, second pistolet automatique et butin des opérations de la semaine (655 000 francs). Les deux malfaiteurs se disent domiciliés au lieu-dit « Lamothe » à Petit-Palais (Gironde). Tandis qu'une équipe d'enquêteurs bordelais est dépêchée à Lille, nous procédons à une perquisition à Petit-Palais. La maison est inoccupée ; il apparaît que les occupants des lieux s'apprêtent à déménager : meubles vides, contenu placé dans des cartons d'emballage… mais parmi divers documents saisis figure un contrat de location par Joris Delplace, d'un pavillon à Pessac. Une visite à cette adresse ne nous révèle que la présence de mobilier neuf vide de tout objet.

Le véritable domicile de Roger Mion est localisé peu après, à Cenon. Nous y interpellons deux sœurs, Denise et Véronique V., respectivement épouse de Mion et compagne de Delplace.

La perquisition effectuée amène la saisie d'un revolver, mais surtout celle d'une facture d'achat d'un coffre de sûreté au nom de Roger Mion.

Les deux jeunes femmes sont placées en garde à vue à Castéja, mais prétendent tout ignorer des activités criminelles de leurs conjoints. Il est évident que nous sommes passés à côté de quelque chose lors des perquisitions : le coffre acheté par Mion reste introuvable. Au fil des heures, des tractations téléphoniques sont engagées entre Bordeaux et Lille, avec les deux braqueurs ; Claude Benay et moi leur proposons la liberté de leur épouse et concubine contre le butin accumulé lors des hold-up. Conscients de leur situation, les deux hommes sont prêts à négocier, mais à une seule condition : laisser à leurs compagnes environ 10 % des sommes dissimulées pour qu'elles ne se trouvent pas brutalement sans ressources. Élégant de leur part ! Plutôt que de ne rien récupérer, après réflexion, la raison l'emporte : marché conclu !

Mion et Delplace reconnaissent être les auteurs des 25 « bracos ». Une seconde perquisition est donc effectuée à Cenon, chez Mion. Dans le grenier, au niveau de la toiture, nous récupérons le fameux coffre dissimulé sous la laine de verre. Il contient la somme de 649 000 francs. Dans le cellier, une bouteille de gaz dont le fond a été découpé au chalumeau est découverte. Elle renferme deux grenades défensives, un revolver Smith & Wesson calibre 45 et des cartouches.

De la même manière, nous procédons à une nouvelle perquisition à Petit-Palais chez Delplace. Dans le jardin de la propriété, nous déterrons un coffret contenant 545 000 francs.

Après avoir extrait et saisi les billets faisant partie de liasses-pièges[2], nous respectons notre engagement. Fin de garde à vue pour les deux sœurs V. qui quittent Castéja en possession de leur pécule. Les puristes de la procédure pénale ne manqueront pas de s'insurger de cette « transaction », mais le pragmatisme l'a emporté. Sans ce subterfuge, l'argent n'aurait pas été récupéré. Les établissements bancaires victimes y retrouvent leur compte. Les relations flics-voyous de l'époque reposent sur le respect de la parole donnée. Par ailleurs, ce procédé est parfois discrètement utilisé par des compagnies d'assurance qui négocient avec des receleurs, par exemple, le retour d'une œuvre d'art ou de bijoux volés et difficilement négociables contre une prime conséquente, mais bien sûr, inférieure à la valeur de ces biens.

Proxénétisme en Aquitaine

Certains mois, lorsque le chiffre d'interpellations de braqueurs n'apparaît pas suffisant à notre directeur, celui-ci me demande de monter des opérations pour « dégringoler quelques bordels » et établir des procédures pour proxénétisme. Mon choix, en concertation avec les anciens du groupe, se porte parfois sur des établissements implantés au lieu-dit Le Poteau, à cheval sur les départements de la Gironde (Captieux) et des Landes (Roquefort) sur la départementale 932 reliant Bordeaux à Pau. Ancienne étape sur le chemin de Saint-Jacques-de-Compostelle, les Américains y avaient installé en 1950 un dépôt de munitions sur une surface de 100 km^2, constituant une base hébergeant un grand nombre de personnel. Un tel rassemblement de

2 Liasse dont les numéros de billets ont été préalablement répertoriés.

militaires et de civils employés du camp attira souteneurs et prostituées. Dans les pinèdes, le long de la départementale, une quinzaine de « clandés », des baraquements aux aspects de saloons, avaient poussé tels des champignons. La base avait fermé ses portes en 1967, mais ces « bordels » demeuraient. S'y retrouvaient représentants de commerce, chauffeurs routiers, joueurs de rugby et supporters lors de troisième mi-temps, mâles du Sud-Ouest en goguette… mais *a priori*, pas l'ombre d'un pèlerin pour Saint-Jacques-de-Compostelle ! Les filles déclarées comme serveuses auprès des services de gendarmerie locaux s'y succédaient à rythme régulier, descendant de Bordeaux, de Nantes ou de Paris. Au gré des opérations de police et des fermetures administratives, des repreneurs poursuivaient cette activité lucrative. Il y avait une hypocrisie certaine des autorités à ne pas mettre un terme définitif à cette situation, mais cela faisait partie du paysage local et personne ne trouvait à y redire. Deux Parquets se trouvaient territorialement compétents selon l'implantation géographique des établissements ciblés : celui de Bordeaux ou celui de Mont-de-Marsan. Ces opérations à visée « statistique », mais sans efficacité réelle, se déroulaient toujours selon le même scénario : deux procès-verbaux de surveillance établis la veille et l'avant-veille, décrivant le ballet des « hôtesses » s'isolant au fil de la soirée avec des clients dans des pièces attenantes au bar, un avis au Parquet… un apéritif au service vers 19 heures, le dîner pris dans un restaurant situé 10 km avant Le Poteau, puis transport vers 23 heures à proximité du ou des établissements « sélectionnés ». L'un des fonctionnaires pénétrait dans le bar, en ressortait dès qu'une prostituée se trouvait « sous presse » (selon l'expression consacrée, pas vraiment élégante), et allumait une cigarette sur le pas de la porte, signal convenu du début d'intervention. Nous nous précipitions alors dans les lieux, en priorité vers les chambres, où les couples étaient surpris en pleins ébats. Photographies à l'appui, le flagrant délit était constaté. Après une perquisition, une audition des clients était réalisée sur place puis rapatriement du ou des patrons et des prostituées vers les commissariats de Bordeaux ou de Mont-de-Marsan. La procédure complète était établie dans la nuit et le début de matinée, suivie d'une présentation des tenanciers au Parquet et, en règle générale, d'un mandat de dépôt. Puis déjeuner en groupe après la nuit blanche. Les inspecteurs des Impôts détachés à la PJ prenaient ensuite le volet fiscal en main.

Une de ces opérations devait toutefois connaître un déroulement inattendu. L'intervention se passe dans un premier temps de manière classique, sans incident. Deux des policiers m'accompagnant sortent pour visiter des bâtiments annexes du bar. Je reste dans les lieux avec deux autres collègues. J'entends soudain claquer deux coups de feu qui, au bruit, ne peuvent être confondus avec celui provoqué par des armes de poing de police. Je sors immédiatement et appelle par leur prénom les deux collègues. Je ne les vois pas ; ils ne répondent pas. Par contre, un nouveau coup de feu est tiré dans ma direction. J'aperçois dans la nuit une flamme au bout d'un canon de fusil. Je plonge au sol en hurlant : « Police, arrête tes conneries ! » La réponse : « Police ! Mes couilles... » Nouveau coup de feu. Le tireur ne croit visiblement pas avoir affaire à des policiers. Il me faut palabrer durant de longues minutes pour convenir d'une rencontre sous un réverbère éclairant la route à quelques dizaines de mètres. Le tireur n'est autre que le tenancier de l'établissement voisin qui pensait se trouver en présence de concurrents avec des intentions malveillantes, les deux enquêteurs ayant pénétré par méprise dans l'une des dépendances de son bar. Mes deux collègues n'avaient pas répondu à mon appel, car ils étaient également aplatis au sol et muets pour ne pas être repérés par l'auteur des coups de feu. Tout est bien qui finit bien. Nous avons été avisés de ne pas répliquer. Une sanction s'impose cependant pour marquer le coup : confiscation immédiate du fusil à pompe et commande d'un déjeuner pour le lendemain, à notre retour de Mont-de-Marsan en rentrant sur Bordeaux. Notre interlocuteur estime s'en tirer très correctement pour avoir tiré sur des flics. Il saura se montrer à la hauteur de la situation : foie gras, magrets de canard... seront au menu. Curieusement, il refuse tout règlement de l'addition. Cela s'appelle « payer d'une chaleureuse poignée de main ». Autre temps, autres mœurs !

***

Une autre anecdote en matière de proxénétisme mérite d'être relatée. Une tenancière de bar d'origine corse et au grand âge avait vu son établissement, situé quai des Chartrons à Bordeaux, faire l'objet d'une fermeture administrative. Alors qu'en compagnie d'un inspecteur du GRB, je me trouve de sortie nocturne, nous constatons malgré les rideaux tirés que l'intérieur du bistrot est éclairé. Je décide de vérifier de quoi il en retourne. Après avoir frappé à la porte, la patronne aux cheveux blancs vient nous ouvrir et nous invite fort courtoisement à pénétrer dans les lieux. Nous y trouvons alors les trois jeunes prostituées qui y exerçaient le commerce de leurs charmes avant la fermeture, attablées et s'activant sur... des machines à coudre. Tout en nous proposant un verre, Mme C. nous explique qu'elle n'a pas les moyens de laisser son personnel inactif durant plusieurs semaines. Comme elle possédait de bonnes connaissances en couture, elle avait donc formé ses filles et pouvait ainsi limiter ses pertes financières. Elle était en réalité surtout accro à son métier ; le bar était toute sa vie et elle ne pouvait se résoudre à se cloîtrer dans un appartement.

***

Rapidement adopté par mes collaborateurs, la vie de « bande » reprend à Bordeaux de la même manière qu'à Rouen. Repas partagés aux Capucins, dans des restos portugais, des bodegas ou au MIN, quai de Paludate. Connaissance de la vie nocturne bordelaise... Une différence toutefois, de « Tonton » rouennais, je suis devenu « le Breton » ou « Le Tens », voire « Le Tins », pour ceux qui ont l'accent prononcé des quais de Bacalan. Le groupe est solide, les heures ne sont pas comptées.

La cavale sanglante de Lionel Cardon[3]

Le 11 octobre 1983 au matin, Mme S., médecin anesthésiste à la clinique de Pessac (Gironde), constate que le docteur François-Xavier Aran, chirurgien avec qui elle doit opérer, est absent de l'établissement. Elle tente vainement de le joindre, de la même manière que son épouse, Aline, anesthésiste à l'hôpital Pellegrin de Bordeaux. En désespoir de cause, elle téléphone enfin à des proches du couple.

Parmi ceux-ci se trouve le docteur B., chirurgien-dentiste, ami intime de M. Aran. Sachant qu'un voisin du couple est dépositaire des clefs de la maison, il décide de se

[3] Voir l'émission « Faites entrer l'accusé », saison 10 : « La folle cavale de Lionel Cardon ».

rendre à leur domicile, une élégante chartreuse, 57 avenue Pasteur à Pessac. S'étant fait remettre les clefs, il pénètre vers midi dans les lieux déserts. Son exploration le conduit jusqu'à une salle de bains du premier étage. Après avoir déplacé une chaise faisant obstacle, il en ouvre la porte et constate avec effroi que gît dans la baignoire le corps ligoté de François-Xavier Aran.

Les services des polices urbaines sont aussitôt avisés, se transportent sur place et procèdent aux premières constatations. Informé des faits, je me rends également sur les lieux dès 13 heures, accompagnant le chef de la section criminelle. Les fonctionnaires de l'identité judiciaire du SRPJ se livrent à un travail minutieux et relèvent à l'intérieur du domicile un certain nombre d'empreintes digitales. Mais aucune trace de la présence de Mme Aran. La voiture qu'elle utilise habituellement, une Renault 5, est stationnée dans le parc. Par contre, la BMW du docteur Aran n'est pas là. Le corps du médecin, habillé, repose ligoté dans la baignoire. Les chevilles sont liées avec un câble TV. Une corde enserre les poignets ramenés dans le dos et remonte vers le cou, entrant profondément dans les chairs. Sur le visage est nouée une serviette de toilette formant bâillon. Aucune trace d'effraction n'est notée, ni sur les portes ni sur les fenêtres.

Le lendemain, 12 octobre, une information est ouverte et le juge d'instruction nous confie la poursuite de l'enquête. Une diffusion nationale de recherches d'Aline Aran et du véhicule BMW est adressée à tous les services de police et de gendarmerie. Une photographie de Mme Aran est fournie à l'Agence France-Presse pour diffusion dans les médias régionaux et nationaux.

J'assiste à l'autopsie du docteur Aran qui révèle que celui-ci a succombé à une asphyxie par strangulation. L'enquête de voisinage n'apporte aucun élément intéressant.

Il ressort du recueil des témoignages que la vie du couple Aran ne présente guère de mystères. Pas de vie tapageuse pour ces deux médecins, pas de scandales juteux, comme certains voudraient l'imaginer, pas de maîtresse, pas d'amant, pas d'ennemis. Reste selon toute vraisemblance un crime crapuleux avec la pressante nécessité de retrouver la trace d'une femme disparue pour laquelle tout peut laisser penser qu'elle est un otage. Le fait d'avoir utilisé des liens trouvés sur place pour ligoter F.-X. Aran et d'avoir fui avec sa propre voiture laisse penser à une non-préméditation ou pour le moins, à une mauvaise organisation. On ignore à quel moment le couple s'est trouvé confronté à son ou ses agresseurs. Un ami des Aran, qui appelle leur domicile le 10 octobre à 20 h 40, reçoit une réponse d'Aline disant que son mari n'est pas là. Elle a une voix lasse, elle paraît épuisée. Sans doute, à ce moment-là, le couple est-il déjà sous l'emprise d'une pression indépendante de sa volonté. Cet ami rappellera vers 23 heures, mais n'obtiendra pas de réponse.

Diverses traces de passage d'Aline Aran et de son ou ses ravisseurs vont être portées à notre connaissance grâce aux diffusions et aux organismes bancaires chargés de tracer les comptes des victimes :

11 octobre 2 h 10, retrait de 1 000 francs au Crédit lyonnais, cours de l'Intendance à Bordeaux avec la carte bleue d'Aline ;

11 octobre 9 heures, retrait de 3 000 francs au Crédit commercial de France de Limoges (Haute-Vienne) par remise d'un chèque par Aline ;

le même jour, plein d'essence réglé par chèque à Guéret (Creuse).

Le 12 octobre à 7 heures, une riveraine de la rue du Clou, à Nevers (Nièvre), remarque en ouvrant ses volets une BMW inoccupée, stationnée en sens interdit, le clignotant gauche fonctionnant. Intriguée, elle s'approche de cette voiture et constate que la vitre côté conducteur est ouverte et que les clefs sont sur le contact. Une partie de la matinée s'écoule. Personne ne s'étant manifesté pour récupérer le véhicule, elle prévient le commissariat local qui dépêche une patrouille sur les lieux. Constatant que la BMW apparaît volée à Bordeaux, le chef de poste fait procéder à son enlèvement puis la fait remiser dans la cour du commissariat. Nous sommes avisés de cette découverte. Des enquêteurs bordelais prennent donc la route pour Nevers. Les constatations effectuées sur la voiture révèlent une tache de sang à la base du siège passager. Ce sang s'est écoulé sur le tapis de sol. Sur le dosseret de ce siège, deux orifices correspondent au trajet d'un projectile. La garniture de la portière droite est également percée. Après démontage de la portière, une balle de calibre 7,65 mm est récupérée. Un coup de feu a donc été tiré depuis l'emplacement du chauffeur vers le passager.

Aucun autre élément déterminant ne permet d'avancer dans l'enquête et la piste semble bien s'interrompre à Nevers… Elle va être reprise à Bordeaux le 20 octobre. Je suis d'astreinte à domicile lorsque vers 22 heures, je suis contacté téléphoniquement par le permanent de nuit. Maître de Caunes, avocat de la famille Aran, partie civile, vient d'informer le service de la réception à son domicile d'un appel d'un correspondant anonyme prétendant agir en tant qu'intermédiaire des ravisseurs d'Aline Aran.

Il a convenu avec « l'intermédiaire » d'un rendez-vous téléphonique le lendemain à 21 heures. La police ne devait pas être prévenue de cet appel.

Nous ignorions à ce moment-là que la famille avait pris l'initiative de diffuser un avis dans la presse nationale pour demander à toute personne pouvant donner des renseignements sur la disparition d'Aline Aran de se mettre en contact avec leur avocat.

Dans l'urgence, la journée du 21 octobre est consacrée à la mise en place d'une surveillance téléphonique de la ligne personnelle de maître de Caunes, à obtenir du service des Télécommunications que du personnel soit mis en alerte aux fins de remonter l'origine de l'appel qui doit parvenir, à organiser un dispositif opérationnel de policiers destiné à assurer filatures et surveillances si le correspondant était localisé, et surtout à définir une attitude commune avec les membres de la famille et le négociateur désigné, Jean-Marie Aran, frère du défunt.

Il est ainsi convenu que Jean-Marie Aran devra exiger, avant toute négociation, des preuves irréfutables que le correspondant détient bien Mme Aran. Il faut tenter de savoir si elle est en vie. Il faut faire durer l'entretien suffisamment longtemps pour permettre techniquement de « remonter l'appel ». À l'époque, une telle remontée d'appel nécessite une intervention humaine du personnel des Télécommunications et peut demander un délai de plusieurs minutes.

Curieusement, le directeur du SRPJ part en week-end en Vendée en fin d'après-midi de ce vendredi, laissant à son adjoint la direction des opérations, au siège du service. Claude Benay, chef de « Crim' », sera présent au domicile de

Maître de Caunes, pour assurer le rôle sensible de « conseil » auprès de Jean-Marie Aran et de l'avocat. Quant à moi, je suis désigné pour diriger le dispositif opérationnel sur le terrain.

À 21 h 04, le 21 octobre, le correspondant appelle comme convenu. Il confirme détenir Aline Aran, vivante, mais blessée à l'aisselle droite. Selon lui, ses jours ne sont pas en danger, mais elle se trouve dans un état d'affaiblissement général. Elle refuse de s'alimenter depuis le décès de son mari. Jean-Marie Aran lui demande alors une preuve de ce qu'il avance. Le correspondant fait alors allusion à un collier qu'elle porte autour du cou, précisant qu'« elle y tient énormément, car c'est son père qui le lui a offert ». Ce détail exact donne de la crédibilité à l'entretien.

M. Aran demande alors des preuves qu'Aline est en vie en proposant à son correspondant quelques questions d'ordre privé à lui poser. Ce dernier tergiverse, puis déclare qu'« on » va fournir les réponses et qu'il rappellera.

Plusieurs minutes après la fin de cette première communication, les Télécoms nous situent la source de l'appel dans le secteur dit Aquitaine (quartiers place de la Victoire – gare Saint-Jean à Bordeaux), mais le poste ne peut être localisé. Dès cette annonce, sept inspecteurs et enquêteurs du GRB et moi, nous portons sur ce périmètre en centrant nos recherches sur les nombreuses cabines téléphoniques publiques qui y sont implantées. Les téléphones portables n'existant pas à l'époque, on voit mal l'inconnu appeler d'un poste fixe attribué à un particulier. Les consignes sont strictes : nous ne devons procéder à aucune interpellation sans savoir si la vie de l'otage ne serait pas compromise par cette intervention.

22 h 39, deuxième appel. X… demande à M. Aran de se déplacer pour venir voir sa belle-sœur. Cette solution sentant le traquenard, M. Aran refuse et tente de raisonner son interlocuteur et d'exiger de lui les réponses aux questions posées. L'appel est trop bref, il ne permet pas de « remontée ».

Trois nouveaux appels vont suivre : à 23 h 49, 0 h 04 et 0 h 15.

Entre 22 h 40 et minuit, sur le terrain, nous remarquons un homme dans une cabine située à l'angle des rues Élie-Gintrac et Leyteire. Il est âgé de 25 à 30 ans, mesure 1 m 75 à 1 m 78. Il est athlétique, blond et porte un collier de barbe.

Vers minuit, il est encore aperçu près d'une cabine implantée place de la Victoire. C'est à ce moment-là que nous apprenons qu'un appel a bien été émis depuis la cabine de l'angle de la rue Élie-Gintrac.

Vers 0 h 05, nous repérons ce même personnage en train de téléphoner dans la cabine située à l'angle de la place des Capucins et du cours de la Marne. Un homme d'une soixantaine d'années attend à l'extérieur et semble s'impatienter. Notre objectif raccroche le combiné et sort. L'autre personne passe son appel. Quand elle termine, notre individu rentre à nouveau dans la cabine et nous l'observons composer un numéro, information que je transmets en direct par radio au PC. Bingo ! Au même moment, le téléphone sonne chez Maître de Caunes. Nous tenons *a priori* celui qui se fait passer pour un des ravisseurs. Je sollicite à nouveau des instructions, car nous sommes quatre hommes dissimulés non loin de la cabine. Des conditions d'interpellation idéales sont réunies. Mais il nous est confirmé de poursuivre la surveillance malgré les circonstances délicates : heure tardive, rues quasi désertes, impossibilité de « coller » à l'objectif qui se déplace à pied.

À sa sortie de la cabine, nous poursuivons donc la filature : cours de la Marne, rue Charles-Domerq où il se restaure dans un fast-food durant une vingtaine de minutes. Quittant ce commerce, il prend la direction de la gare Saint-Jean. Nous le perdons de vue dans ce quartier. C'était à prévoir… Il ne sera plus revu à Bordeaux. L'opiniâtreté de la famille à exiger des preuves que Mme Aran était encore en vie l'a fait renoncer à ses prétentions.

Je rentre très tardivement chez moi, dépité et mécontent de ne pas avoir été autorisé à procéder à cette arrestation. L'évolution de la « doctrine » en matière d'enlèvement de personne amènerait aujourd'hui à interpeller cet homme.

À son retour au service le lundi matin, notre directeur est de fort mauvaise humeur : pas d'interpellation, perte de la filature, enquête dans l'impasse… Allez comprendre. A-t-il passé au moins un bon week-end ?

À partir de nos observations sur le terrain et du signalement relevé, le service de l'Identité judiciaire établit un portrait-robot de notre suspect. Sa diffusion au public est exclue afin de ne pas donner l'éveil à cet éventuel « ravisseur ». Il s'agit d'un document de travail présenté lors des recherches et des contacts avec les hôteliers, cafetiers, autres témoins éventuels dans le quartier où il a sévi.

Par ailleurs, la carte bancaire d'Aline Aran continue d'être utilisée dans des distributeurs automatiques de billets pour effectuer des retraits de numéraire : le 12 octobre à Nevers, le 21 à la gare Saint-Jean de Bordeaux. Ce fil ténu qui nous permet de suivre les allées et venues du mystérieux personnage va également se rompre le 22 octobre, dans une agence de la Société Générale de Bordeaux où la carte est absorbée. Ces retraits d'argent démontrent que la ou les personnes qui détiennent Aline Aran ne sont ni très fortunées, ni très organisées. Il y a totale disproportion entre l'acte criminel et ces pratiques de gagne-petit.

La piste une fois de plus interrompue à Bordeaux sera reprise près de Nevers le 23 octobre. Une agricultrice de Poignet (Nièvre) remarque dans un fossé non loin de sa ferme un sac à main ouvert d'où dépasse un soutien-gorge. Elle le ramasse, en fait un bref inventaire et constate qu'il contient des documents au nom d'Aline Aran et quelques bijoux qui seront plus tard reconnus par la famille. Elle prévient la gendarmerie locale. Dès le 24 octobre, des enquêteurs bordelais sont sur place. Une battue est organisée à partir du lieu de son abandon, mais ne permet pas de découvrir d'autres indices.

Le vendredi 28 octobre, un retraité demeurant à Prémery (Nièvre) se promène en fin de matinée sur un chemin de terre de la commune. Il fait cette promenade quasi quotidiennement et, depuis une semaine, il détecte une odeur nauséabonde. Pour en connaître l'origine, il pénètre dans une haie touffue et découvre alors le corps d'une femme en état de décomposition avancée. Il en avise la gendarmerie locale. Le SRPJ d'Orléans est saisi de l'enquête pour assassinat par le procureur de la République de Nevers. Les plus fortes présomptions existant pour que ce corps soit celui de Mme Aran, une équipe d'enquêteurs de Bordeaux est dépêchée à Prémery. L'examen des vêtements recouvrant le torse permet de constater qu'ils présentent au niveau du sein gauche un orifice. Quelques bijoux sont restés en place. À l'issue des constatations et du recueil de témoignages, le corps est transféré à l'institut médico-légal de Bordeaux pour y être autopsié. Malgré l'état de décomposition du cadavre, une fracture de la onzième côte droite est décelée, suggérant le trajet d'un projectile. L'examen de la dentition, des bijoux et des vêtements ne laisse subsister aucun doute. Il s'agit bien du corps de Mme Aran.

Le 14 novembre, un inspecteur de la sûreté urbaine de Bordeaux (polices urbaines) ayant appris que la PJ était en possession du portrait-robot d'un auteur potentiel de ce qui est devenu l'« affaire Aran » (suivie par les médias nationaux), contacte un de mes collaborateurs du GRB pour lui faire une « confidence ». Il s'était vu attribuer, courant septembre 1983, un dossier d'enquête débutée par le commissariat de Pessac. Ce dossier concernait la découverte, le 9 septembre à Pessac, d'une Citroën CX dérobée le 26 août 1983 à Lacanau (Gironde) à l'occasion d'un cambriolage, la clef de contact ayant été trouvée sur les lieux par le ou les auteurs. Lors de ce « casse » avait entre autres disparu un pistolet automatique MAB de calibre 7,65 mm. Dans cette CX, retrouvée à Pessac, figuraient notamment des documents dérobés le 28 août 1983 chez des voisins des Aran, également victimes d'un vol avec effraction. Et surtout, dans la voiture avait été découverte une carte nationale d'identité n'appartenant ni à ces voisins ni au propriétaire légitime du véhicule ; elle pouvait donc être celle de leur cambrioleur. Cette CNI avait été conservée par les policiers de Pessac puis transmise avec le dossier à l'enquêteur de la sûreté urbaine de Bordeaux. Ce dernier confiait à mon collaborateur que le commissaire principal dirigeant le commissariat de Pessac était venu récupérer discrètement cette pièce d'identité, lui précisant de ne pas en parler.

Notre portrait-robot sans avoir été diffusé au public, avait été présenté à plusieurs policiers bordelais, dont ceux du commissariat de Pessac, ce qui explique ce rapprochement avec la photographie apposée sur la CNI qui, mystérieusement, n'a pas été portée à la connaissance de la PJ. Informé le 15 novembre au matin de cette histoire de carte d'identité, je tente vainement de contacter le commissaire principal qui se trouve en tournée de « vacations » d'assistance à huissier. Dans le courant de l'après-midi, il daigne se présenter au SRPJ et remet la carte d'identité qu'il explique confusément avoir conservée pour « vérifications ». Dès que les enquêteurs ayant exercé la filature du correspondant téléphonique et moi-même examinons la photographie apposée sur cette pièce d'identité, notre conviction est faite : il s'agit bien de cet homme, Lionel Cardon, né le 6 janvier 1958 à Honfleur (Calvados). Condamné en 1977 à dix ans de réclusion criminelle pour vols à main armée, cet individu a bénéficié d'une libération conditionnelle et a été relâché de la maison centrale d'Ensisheim (Bas-Rhin) le 30 mai 1983, après avoir purgé une bonne partie de sa peine à Fresne. Et cette C.N.I. dormait depuis plus de deux mois dans un dossier ! Notre commissaire de Pessac pensait vraisemblablement se faire briller sur le coup.

Dès le 16 novembre, tandis qu'une équipe de la PJ se transporte dans le Haut-Rhin afin de recueillir le maximum de renseignements sur Cardon (exploitation du dossier pénal, identification des visiteurs, photographies récentes...), un fonctionnaire de l'Identité judiciaire se rend au service central IJ, à Paris, pour effectuer les comparaisons entre les traces papillaires découvertes dans la maison des

Aran, sur la Renault 5 d'Aline et la BMW abandonnée à Nevers. Il en ressort que deux traces relevées, l'une sur une bouteille de Pineau des Charentes dans la maison, l'autre sur la R5, correspondent à l'empreinte de l'annulaire de Lionel Cardon.

Forts de la certitude que Cardon est bien impliqué dans l'assassinat des époux Aran et sachant que ses proches résident en région parisienne, deux enquêteurs partent en éclaireurs le 17 novembre à Paris afin de « reconnaître le terrain » et de préparer la localisation éventuelle de l'intéressé. Les deux « cibles » privilégiées susceptibles d'être contactées par Cardon sont sa mère et sa sœur, Myriam. Des placements sur écoute téléphonique sont donc sollicités sur ces deux lignes. Il est prévu que le 18 novembre au matin, je rejoigne Paris avec des enquêteurs du GRB et du groupe criminel pour y exercer des surveillances physiques sur les deux domiciles avec le concours de l'OCRB et de la 5e section de la direction centrale de la police judiciaire et réaliser, nous l'espérons, l'interpellation de Cardon. Nous croyons toucher enfin au but.

Le 18 novembre vers 7 heures, après avoir préparé mon paquetage pour une durée indéterminée, je me rase dans la salle de bains de mon domicile en écoutant une radio périphérique. Stupeur ! L'identification du suspect « numéro un » de l'affaire Aran est annoncée : un certain Lionel C. sortant de « Fresne ». L'information initiale a été communiquée triomphalement par le journal *Sud Ouest* qui, pour couronner le tout, publie un soi-disant « portrait-robot » qui n'est en fait que la honteuse compilation de la photographie figurant sur la carte d'identité de Cardon. Les radios et la presse nationale reprennent le « scoop ». Je ne le sais pas encore, mais Lionel Cardon est aussi à la même heure à l'écoute de la radio… Le journaliste de *Sud Ouest* qui est un habitué de nos locaux n'a même pas daigné prendre contact avec le service avant de balancer l'info. Cette fuite totalement irresponsable, tant de la part du journaliste que de sa « source », aura des conséquences funestes.

Dépités, mes collaborateurs et moi prenons la route de Paris. Dès notre arrivée au 127 rue du Faubourg-Saint-Honoré, siège de l'OCRB, les écoutes viennent de démarrer et le dispositif de surveillance des domiciles de la mère et de la sœur de Cardon est mis en place. La première communication échangée entre Myriam et sa mère permet d'apprendre que Lionel qui logeait chez sa sœur depuis peu a quitté son appartement le matin même du 18 novembre à 7 heures, après avoir entendu les informations diffusées par la radio. Il a quitté les lieux en emportant son « pétard ». Bref, nous l'avons manqué de quelques heures. Un sacré coup au moral ! Les surveillances sont étendues à d'autres membres de la famille, de nouvelles écoutes sont posées, mais l'espoir d'un dénouement rapide s'amenuise.

Dans la nuit du 21 au 22 novembre, le brigadier motocycliste de la préfecture de police de Paris, Claude Hochard, qui poursuit un motard ayant voulu se soustraire à un contrôle routier, est froidement abattu par cet individu. Avant de mourir, il réussit cependant à tirer un coup de feu sur son assassin. Ce dernier prend la fuite à pied dans le bois de Boulogne. À mon arrivée matinale au siège de l'OCRB, mes collaborateurs du GRB qui assurent la permanence de nuit aux écoutes m'apprennent cette triste nouvelle. Je les invite à se rapprocher de nos collègues parisiens de la brigade criminelle en charge de l'enquête pour obtenir quelques précisions complémentaires sur les faits. Il nous est ainsi communiqué un signalement du tueur qui pourrait étrangement correspondre à celui de Cardon. Je décide aussitôt de me rendre au 36 quai des Orfèvres où je suis accueilli par un collègue de promotion, Jean-Pierre Birot. Je lui fais part de nos présomptions et du dispositif que nous avons en place, et dont la DCPJ n'avait pas souhaité informer la préfecture de police. Officiellement, pour des raisons de discrétion, mais je pense qu'un esprit de concurrence malsain n'y était pas étranger. Jean-Pierre Birot me conduit immédiatement dans le fameux bureau 315 du chef de la Crim', Jacques Genthial. J'explique alors dans le détail l'état de nos investigations, les adresses en notre possession sur les relations de Cardon... Le téléphone sonne alors dans le bureau légendaire. C'est pour moi ; Genthial me tend le combiné. Je prends un « savon » du sous-directeur des affaires criminelles de la DCPJ qui me fait savoir que je n'ai rien à faire au quai des Orfèvres et que je suis attendu de toute urgence au 127 Faubourg-Saint-Honoré. Cardon vient de revendiquer l'assassinat du policier par un appel téléphonique auprès de l'Agence France-Presse. Amer, je quitte donc le « 36 » pour rejoindre l'OCRB. Il est décidé de poursuivre et d'étendre le dispositif de surveillance.

Dans le courant de l'après-midi, Cardon reprend contact avec l'AFP et déclare avoir été blessé par balle lors de la fusillade du bois de Boulogne. Selon ses propres termes, il « (se) vide de son sang » et tient à faire un communiqué ayant trait à l'affaire Aran. Il affirme y être étranger et victime d'une machination policière.

La situation n'évoluant guère, il est décidé de procéder le 24 novembre dès 6 heures à une série de perquisitions aux domiciles de proches de Cardon, dont ceux de sa mère et de ses frère et sœur à Paris, Boulogne-Billancourt et Champigny-sur-Marne. Les personnes résidant à ces adresses sont interpellées et conduites au siège de l'OCRB où elles sont placées en garde à vue. La presse qui s'est trouvée l'ennemi public « numéro un » du moment, aux aguets, se fait l'écho de cette opération.

Les interrogatoires sont en cours lorsque vers 9 heures, Lionel Cardon fait irruption dans le cabinet de maître Nicole Dreyfus, 59 rue Nicolo à Paris. Cette avocate a plaidé contre lui en 1981 pour défendre les intérêts d'une victime, partie civile dans une affaire de vol à main armée. Il se présente à l'avocate, armé, et lui demande de contacter Annette Kahn, journaliste au *Quotidien de Paris*, pour l'inviter à venir d'urgence au cabinet afin de lui faire des révélations sur Cardon, sans faire mention de sa présence dans les lieux. Vers midi, Annette Kah arrive sur place. Avec surprise, elle découvre la présence de Cardon qui lui reproche aussitôt les termes d'un article le concernant, publié le jour même dans son journal. Se trouvent également dans les locaux, la secrétaire de Nicole Dreyfus et son employée de maison. Cette dernière parvient à un moment favorable à aviser une voisine de palier d'un problème en cours au sein du cabinet. Cette voisine alerte Police Secours et des gardiens de la paix sont dépêchés sur les lieux, mais sans connaître précisément la situation. Ils sonnent, la porte s'ouvre, Cardon s'abrite derrière Mme Kahn, lui braquant son pistolet sur la tempe. Une fusillade éclate. Le brigadier Jean-Pierre Molveau, atteint à l'abdomen, est grièvement blessé. Cardon se retranche dans les bureaux avec les quatre femmes en otages. Un dispositif approprié est mis en place par la préfecture de police.

Des négociations s'engagent; elles sont menées par deux hommes reconnus pour leur grand professionnalisme : un magistrat de terrain, Jacques Davenas, et Claude Cances, chef de la BRI. Après de multiples tractations et avoir libéré une à une les otages, Cardon se rend à 20 heures. Il est porteur d'un pistolet automatique de calibre 7,65 mm de marque MAB et deux chargeurs contenant huit cartouches. Une expertise balistique établira que cette arme a servi au meurtre du brigadier Hochard et a tiré un coup de feu dont on retrouve les traces dans la BMW du docteur Aran. Cardon s'est exprimé durant la prise d'otages sur les faits de Pessac. Des explications des plus fumeuses. Il aurait bien participé à l'action avec d'autres personnes. Il s'agissait d'organiser le rapt d'Aline Aran, mais le décès accidentel de François-Xavier « saucissonné » dans la baignoire avait contrarié le projet initial. Il avait donc été décidé de supprimer Aline, témoin gênant, mais il n'était pas l'auteur du coup de feu. « L'arme avait été jetée » !

Il avait bien été blessé lors de la fusillade du bois de Boulogne, puis soigné par un médecin qui avait extrait la balle de son épaule. Ce praticien n'avait pas jugé bon de se manifester.

Nos collègues de la Brigade criminelle, en charge de l'enquête sur les faits commis à Paris procèdent aux auditions des témoins, des victimes et de Cardon. M. Jean-Pierre Esperben, juge d'instruction à Bordeaux, délivre ce même 24 novembre 1983, au vu des indices graves et concordants retenus à l'encontre de Cardon dans l'« affaire Aran », un mandat d'arrêt des chefs d'assassinats, séquestration de personne, vol avec violence. Sur le plan juridique, ce mandat m'interdit donc de l'entendre sur ces faits.

Je procède toutefois à son audition sur un vol à main armée commis le 16 novembre 1983 à la Société Générale de Pessac. Il reconnaît en être l'auteur, ses empreintes digitales ayant été relevées sur un sac contenant des objets lui appartenant, dissimulés à proximité de l'agence bancaire. En effet, durant la phase parisienne des investigations, des enquêteurs bordelais ont reconstitué le parcours de Cardon depuis sa sortie de la Centrale d'Ensisheim, établissant des navettes entre la région bordelaise et Paris ainsi que la commission de plusieurs méfaits dans le Sud-Ouest.

Fatigué par ces huit journées passées sous tension à Paris et à peine entrecoupées de quelques heures de sommeil, je rentre à Bordeaux où une autre surprise m'attend : un contrôleur général de l'Inspection générale de la police nationale (« Les Bœufs-Carottes ») souhaite procéder à mon audition. Effectivement et à juste titre, une enquête administrative à la suite de la « fuite » dans le quotidien régional *Sud Ouest*, a été ouverte. Plusieurs de mes collègues de la PJ et des Polices urbaines ont déjà été entendus. Le contrôleur général en charge du dossier se montre désagréable. Il essaye de me mettre en difficulté en évoquant une déposition de collègue qui contredirait mes propos. Je maintiens mes dires. Il feuillette avec un air suspicieux son dossier. Il me donne lecture du procès-verbal d'audition de ce collègue pour finir par admettre finalement qu'il s'agit d'une « confusion » de sa part et qu'il n'existe pas de contradiction. Prends-moi donc pour un c... !

À défaut d'identifier formellement l'auteur de la « fuite » – dont l'identité est quasi certaine : il fallait qu'il ait eu en main la fameuse carte d'identité et qu'il ne soit pas directement intéressé à l'arrestation rapide de Cardon –, quatre policiers sont sanctionnés par des mutations : trois des polices urbaines, dont le commissaire de Pessac (pour négligence dans le traitement du dossier de cambriolage du voisin des Aran) et le directeur adjoint du SRPJ. Il est reproché à ce dernier d'avoir remis à un journaliste du *Figaro*, la photographie de Cardon... mais alors que son identité avait déjà été largement diffusée. Il ne s'en était jamais caché et l'avait fait dans l'idée de favoriser les recherches.

Cette affaire me laisse une impression de gâchis : l'instruction de ne pas interpeller Cardon dans la cabine téléphonique lors de la demande de rançon, sa carte d'identité négligemment « oubliée » dans un dossier, le « salaud » de flic qui a balancé l'info à la presse, le journaliste sans scrupule de *Sud Ouest*, le manque de communication entre la DCPJ et la PJ parisienne, la mort du brigadier motocycliste et pour finir l'attitude lamentable du « Bœuf-Carotte ». Un seul remède dans ces cas-là : une soirée quelque peu arrosée avec les gars du GRB, ça vaut toutes les cellules psychologiques du monde !

Par la suite, une enquête judiciaire visant les mêmes faits de violation du secret de l'instruction sera ouverte en 1984 et confiée à M. Marcel Leclerc, grand flic de PJ, victime d'un règlement de comptes politique et muté provisoirement au « cimetière des éléphants ». Lors de ma nouvelle audition qui a lieu à Paris, ambiance bien différente. J'ai affaire à une personne qui, malgré sa notoriété et ses hautes fonctions antérieures, se comporte de manière respectueuse, pour ne pas dire chaleureuse. Il a bien compris que le jeune commissaire que je suis et qui était sur le point d'interpeller Cardon n'avait aucun intérêt à divulguer à un journaliste la progression de l'enquête. L'audition est rapidement menée et se clôture par un verre dans un bistrot du quartier.

Quatorze ans plus tard, alors que Marcel Leclerc, préfet retraité, est en charge de la sécurité des casinos du groupe Barrière, et que je suis directeur adjoint du SRPJ de Rennes, nous nous retrouverons à son invitation le 26 novembre 1998 à Dinard pour animer une action de formation destinée aux responsables et aux agents de sécurité des casinos de Dinard et Saint-Malo. Nous trinquerons à nouveau à l'issue de cette réunion, en évoquant notre première rencontre. La 70e promotion (2019) de l'École nationale supérieure de police choisira, après un vote des élèves commissaires, de porter comme nom de baptême celui de Marcel Leclerc, décédé en 2018.

Lionel Cardon sera condamné à deux reprises en 1986 à la réclusion criminelle à perpétuité, par la cour d'assises de Paris pour le meurtre du brigadier Hochard et par la cour d'assises de la Gironde pour l'assassinat des époux Aran. Trois ans après ces jugements, il tentera de s'évader de la prison de Fresne (Val-de-Marne) puis, en 1991, il prendra un gardien en otage à la Centrale de Saint-Maur (Indre). Faisant l'objet d'une mesure de semi-liberté en 2012 puis d'une libération conditionnelle en 2013, il commettra en août 2015 avec un complice, deux vols avec arme et séquestration au préjudice d'un couple de bijoutiers à Labarthe-sur-Lèze (Haute-Garonne) puis d'une responsable de bureau de poste à Seysses (Haute-Garonne). Interpellé le 22 octobre 2015 près de Nice, il sera condamné le 14 juin 2018 par la cour d'assises de Haute-Garonne à 20 ans de réclusion criminelle pour ces faits, peine réduite à 18 ans en appel par la cour d'appel d'Albi le 19 octobre 2020.

Jeu de racket à Bordeaux

Wojciech Chmielar est un journaliste et romancier polonais, également rédacteur en chef de « Niwservis », site polonais dédié à l'étude du crime organisé, du terrorisme et de la sécurité internationale. Dans son roman policier intitulé *Pyromane*, il présente ainsi un policier : « Un flic de la vieille école qui pouvait aussi bien boucler des malfrats que boire un coup avec eux. » On m'a souvent qualifié dans la presse ou au sein même de la maison, de flic à l'ancienne, ce que j'accepte volontiers ; j'y associe recherche d'efficacité et pragmatisme. Une réputation pas totalement usurpée en ce qui concerne les verres éclusés avec des voyous. Une anecdote à ce sujet.

Francis Ardanny appartenait au milieu bordelais des années 1980 ; il était notamment connu pour du racket qu'il exerçait au préjudice de tenanciers de bars de nuit et night-clubs. Il inspirait de la crainte à ses victimes qui, évidemment, se gardaient bien de déposer plainte. Il m'arrivait de le croiser au Number One, une discothèque exploitée par un proche parent d'un inspecteur du GRB. Il se tenait correctement dans cet établissement et il nous était arrivé, à quelques reprises, de boire un verre ensemble. Il n'ignorait pas que si l'occasion de le mettre à l'ombre se présentait, je ne la manquerais pas. C'est ce qui se produisait en fin d'année 1982. Dans la nuit du 27 au 28 novembre, Ardanny faisait irruption au night-club Le Lord 2000 à Saint-Médard-en-Jalles (Gironde) et, après avoir semé la terreur parmi les clients et le personnel de l'établissement, s'emparait sous la menace d'un pistolet automatique, de la recette et de quelques bijoux appartenant au tenancier et à son épouse. Il quittait ensuite les lieux en proférant des menaces de mort au cas où la police serait prévenue. Le 6 décembre, après hésitation, le patron se décidait à déposer plainte. Une information était ouverte par le parquet ; un juge d'instruction saisi de l'affaire nous délivrait une commission rogatoire et décernait un mandat d'amener à l'encontre d'Ardanny le 22 décembre. Dès le lendemain, je me transportais, assisté de trois inspecteurs à son domicile de Villenave-d'Ornon pour l'interpeller et procéder à une perquisition. Cette opération permettait de découvrir plus de 1 000 cartouches de calibres 38 special, 357 magnum, 9 mm et 45 ainsi qu'une chaîne Cartier en or, dérobée au gérant du Lord 2000. L'épouse d'Ardanny remettait spontanément un revolver de calibre 22 long rifle, qui n'était certainement pas l'arme utilisée lors de l'intrusion au night-club. En effet, la victime et les témoins étaient formels : il s'agissait d'un pistolet automatique. Dans la soirée, l'inspecteur principal Jean-Jacques Mathéou et moi conduisions Ardanny devant le juge d'instruction qui l'entendait sur les faits et le plaçait sous mandat de dépôt. Il nous appartenait donc en cette avant-veille de la célébration de Noël de le faire écrouer à la maison d'arrêt de Gradignan. À notre sortie du palais de justice vers 20 h 30, Ardanny nous interpellait : « Les gars, vous n'allez pas me conduire à la taule sans boire un coup alors que je vais passer Noël en cabane ! » Après trois secondes d'hésitation, j'acceptais en échange de sa promesse de ne pas « faire le con ». Nous nous éloignions de quelques centaines de mètres du palais de justice à bord de notre véhicule pour éviter tout de même que le juge d'instruction, regagnant son domicile nous tombe dessus. Cela aurait fait désordre ! Ayant trouvé un bistrot à une distance raisonnable, nous y entrions et commandions une tournée de trois Ricard.

Ardanny trouvant que cela avait un goût de trop peu, insistait pour en remettre une autre. Celle-ci engloutie, il voulait en boire une troisième. Ce que je refusais, car je voyais l'affaire mal finir, d'autant que nous étions attendus à la maison d'arrêt pour y déposer le « colis » à une heure déjà jugée tardive. Bonsoir tout le monde : direction Gradignan.

En 1984, alors que je me trouvais une fois de plus en « patrouille de nuit » au Number One avec Jean-Jacques Mathéou, nous voyions débarquer dans l'établissement Francis Ardanny accompagné de trois amis. Il arrosait sa « conditionnelle » et nous offrait un verre. Il nous invitait « si nous n'étions pas des pédés (sic) » à prendre l'apéritif à son domicile le lendemain midi, un samedi. Nous y allions et trouvions nos quatre « fêtards » avec des petits yeux. Ils ne s'étaient pas couchés de la nuit. Après nous avoir servi un Ricard, Ardanny s'absentait quelques instants et revenait porteur d'une mallette. Il l'ouvrait en déclarant : « Voici ce que vous n'avez pas trouvé en 1982. » La mallette contenait trois armes de poing : un pistolet automatique et deux revolvers. Je lui conseillais de déménager son attirail rapidement, car nous n'hésiterions pas au premier prétexte à revenir et à retourner la maison. Verre bu, nous quittions les lieux.

C'était la dernière fois que je voyais Ardanny personnellement. Il devait faire parler de lui ultérieurement, se faisant condamner à la réclusion criminelle à perpétuité par la cour d'assises des Landes en 1989, peine confirmée dans un second arrêt en 1991. Il lui était reproché d'avoir commandité une expédition meurtrière contre le gérant d'un relais de chasse à Belhade (Landes)[4].

[4] Voir l'émission « Faites entrer l'accusé », saison 11 : « La tuerie de Belhade ».

Le 15 décembre 1985, ce gérant, sa compagne et un employé avaient été exécutés par balles, avant d'être dévorés par les flammes dans l'incendie du bâtiment. Les trois auteurs des faits avaient été arrêtés par la PJ de Bordeaux. Ardanny et un second individu avaient été dénoncés comme étant les commanditaires de ces crimes. Ardanny aurait précisé qu'il fallait tuer les patrons et incendier le relais, sans laisser de témoins. Le massacre aurait pu être motivé par le refus du gérant d'installer un bordel dans ses locaux. Les armes utilisées étaient deux carabines, l'une de calibre 22 long rifle, l'autre de 9 mm. Rien à voir avec les armes de poing présentées par Ardanny à son domicile. J'aime autant ! Ardanny a été libéré après avoir purgé 18 ans de réclusion criminelle. Il aurait, selon Philippe Laflaquière, ancien juge de l'application des peines et auteur d'un ouvrage intitulé *Longues peines, le pari de la réinsertion*, bien réussi la sienne. Le truand repenti a même accompagné M. Laflaquière pour apporter son témoignage lors d'une conférence organisée à Paris à l'attention de magistrats. Mais sans Ricard, cette fois !

Règlement de compte à Libourne

Le jeudi 3 mars 1983 au matin, le cadavre d'un homme tué d'une balle dans la tête est découvert sur la banquette arrière d'une Golf GTI immatriculée dans le Lot-et-Garonne, stationnée quai du Priorat à Libourne (Gironde). Du sang macule l'extérieur de la portière côté conducteur et un revolver dépasse de la poche intérieure du blouson de la victime. Le procureur de Libourne saisit la PJ de l'enquête.

Je me rends aussitôt sur les lieux avec des inspecteurs pour procéder aux constatations. Le corps est rapidement identifié ; il s'agit de Mamoud Belferadji, dit « Michel », âgé de 31 ans, sorti de la prison de Gradignan trois mois plus tôt. À plusieurs reprises, il a été condamné pour vols à main armée, proxénétisme et extorsions de fonds, méfaits commis en région bordelaise. Un enfant de chœur ! Son frère Belkacem est emprisonné, soupçonné d'avoir tué un homme à Casseneuil (Lot-et-Garonne) début 1982. Sans domicile attitré, « Michel » se déplaçait entre Casseneuil et Libourne. Dans son portefeuille est retrouvée une somme de 4 000 francs. La trace de sang découverte sur la portière laisse penser que son corps a été traîné dans la voiture et que l'exécution a été commise ailleurs. Belferadji, connu pour sa passion du poker, fréquentait un bar de Libourne, Le Sandokan. Une rapide enquête de voisinage révèle que des cris provenant de l'immeuble abritant ce tripot ont été entendus vers 6 heures du matin le 3 mars. Nous y interpellons donc la patronne et son concubin. Peu loquaces dans un premier temps, leur placement en garde à vue les rend plus bavards au bout de quelques heures. Selon eux, un certain « Marcel Dumas », occupant avec une amie un appartement au deuxième étage du bâtiment, avait sollicité leur aide en fin de nuit pour transporter le corps de Belferadji dans sa voiture, après l'avoir tué d'un coup d'arme à feu. Ils avaient par crainte procédé ensuite au nettoyage des lieux pour faire disparaître des traces de sang. Dumas avait pris le large. Son véhicule étant identifié, nous engageons immédiatement après sa diffusion sur les ondes de police, des recherches visant à le localiser. La chance nous sourit : le lendemain, vers 18 heures, la voiture est repérée à proximité de Fronsac. Nous la prenons de vitesse, la dépassons, la bloquons et interpellons à son bord le soi-disant Marcel Dumas, en réalité Marcel Dramé, né en 1953 à Casablanca, recherché pour tentative d'homicide dans les Bouches-du-Rhône. Il avait déjà un beau palmarès à son actif, ses condamnations lui ayant valu un circuit à la fois carcéral et touristique : Les Baumettes à Marseille, les prisons d'Avignon, d'Ajaccio et de Gradignan. Une fois « pincé », il reconnaît avoir abattu Belferadji au cours d'une discussion orageuse, mais selon lui, par « accident », alors que celui-ci s'était présenté en frappant violemment à coups de poing sur sa porte. Il semblerait qu'un litige trouvant sa source dans des dettes de jeu impayées opposait les deux hommes. Inculpé d'homicide volontaire, Dramé retrouve le chemin de Gradignan.

Tentative d'évasion par les airs[5]

Le samedi 10 mars 1984, j'assure la permanence de commissaire au siège du SRPJ lorsque les services de la police de l'air et des frontières (PAF) de l'aéroport de Bordeaux-Mérignac communiquent un renseignement concernant le comportement suspect de trois individus désirant louer, auprès de la société Airlec, un hélicoptère pour la matinée du dimanche 11 mars à 9 h 30. Deux d'entre eux s'étaient présentés dans les locaux de la société implantée à proximité de l'aéroport, tandis qu'un troisième homme les attendait à l'extérieur au volant d'une Mercedes immatriculée 713 EPA 75. Ils se prétendaient reporters et souhaitaient effectuer des prises de vues aériennes de châteaux du

[5] Voir l'émission « Faites entrer l'accusé », saison 2 : « Bruno Sulak, le charme au poing ».

vignoble bordelais dont le château Lafitte à Pessac et une autre propriété située à proximité de l'échangeur de Villenave-d'Ornon et l'île d'Arsin. Pour réserver l'hélicoptère, ils avaient laissé en acompte un billet de 100 dollars. L'un d'eux avait déclaré se nommer Gregory Fanelli et loger à l'Hôtel de Famille, cours Clemenceau à Bordeaux. Le directeur de la société Airlec émettant des doutes sur l'authenticité du billet, s'était rapproché des services de la PAF qui nous consultaient pour avis. Le billet est bien authentique, mais la démarche de cette « caution » en dollars et le choix du dimanche matin pour filmer semblent curieux. Il apparaît à l'examen du plan de vol prévu qu'il comporte notamment le survol de la maison d'arrêt de Gradignan.

L'incarcération dans cet établissement pénitentiaire de Bruno Sulak, « star du braquage » des années 1980, nécessitant des mesures de sécurité particulières, je décide d'organiser avec le GRB, en collaboration avec la PAF, un contrôle des individus suspects le lendemain matin avant leur embarquement à bord de l'hélicoptère afin de contrecarrer une éventuelle tentative d'évasion. Sulak s'était déjà évadé le 24 janvier 1980 de la maison d'arrêt d'Albi, en sciant les barreaux de sa cellule. En 1981, il décrochait son brevet de pilote d'hélicoptère, ça peut toujours être utile ! Repris le 22 janvier 1982 à Paris par l'OCRB, deux complices armés parvenaient quelques mois plus tard à le libérer alors qu'il était transféré par train de Montpellier à Lyon, escorté de cinq gendarmes qui se faisaient soustraire leurs pistolets automatiques MAC 50. Il enchaînait les braquages de bijouteries, avant d'être interpellé fortuitement en février 1984 à la frontière franco-espagnole, sous une fausse identité. Antécédents incitant à la prudence…

Les vérifications effectuées le samedi après-midi ne nous apportent aucun élément complémentaire. La présentation de photos (malheureusement pas très récentes) en notre possession de relations de Sulak ne donne rien. La Mercedes est un véhicule de location et la société qui en est propriétaire, implantée à Paris, est fermée le samedi. Je contacte Paul Leray, commissaire à l'OCRB, dont le service est saisi de plusieurs enquêtes relatives aux activités criminelles de Bruno Sulak et traque ses complices encore en liberté. Ils n'ont connaissance d'aucun projet d'évasion le concernant. Il me conforte dans mon idée de monter cette opération de contrôle en me précisant : « Soyez prudents. Si ça concerne Sulak, ça peut être chaud ! »

Je rends compte téléphoniquement du projet d'opération à mon directeur qui la valide, tout en me recommandant toutefois de faire preuve de pondération dans ce contrôle, car il ne s'agit à cette heure que d'une supputation policière. Il avait effectivement dû gérer le mois précédent les suites d'une opération où nos collègues de la PJ de Bayonne avaient abattu un membre de l'organisation terroriste basque *Iparretarrak*.

Par précaution, je contacte la direction de la maison d'arrêt de Gradignan pour que des mesures de surveillance renforcées soient prises le lendemain.

À 21 h 20, le patron de la société Airlec nous fait savoir que ses clients l'ont contacté et lui ont demandé de se tenir à leur disposition dès 8 h 30 au lieu de 9 h 30. Les recherches effectuées dans la soirée pour tenter de localiser la Mercedes demeurent vaines, mais une vérification plus tardive dans la nuit permet de constater à 4 h 30 la présence de ce véhicule stationné à proximité de l'Hôtel de Famille.

Le dimanche 11 mars dès 7 heures, je prends la tête du dispositif composé de fonctionnaires du GRB et de trois policiers de la PAF. Ce dispositif comprend un groupe d'enquêteurs chargés de la surveillance extérieure et un groupe, dont je fais partie, chargé des opérations de contrôle à l'intérieur même des locaux de la société Airlec.

Entre 7 h 45 et 8 heures, le dispositif extérieur signale le départ de l'Hôtel de Famille des trois hommes, deux d'entre eux à bord de la Mercedes, le troisième à bord d'un taxi l'ayant pris en charge place Tourny. En raison du nombre limité de fonctionnaires présents, seul le taxi est pris en filature. Si la Mercedes arrive en zone aéroportuaire, on la détectera sans problème.

À 8 h 15, c'est le taxi qui dépose à l'aéroport son client qui, après quelques minutes passées à l'intérieur de l'aérogare, prend la direction des locaux d'Airlec. Pour ne faire courir aucun risque au directeur de la société, je lui demande de s'éloigner. Un enquêteur se faisant passer pour un membre du personnel se chargera de l'accueil, tandis que les autres se dissimulent dans deux bureaux.

À 8 h 30, l'individu pénètre dans le hall et le « réceptionniste » l'invite à se diriger vers les bureaux pour accomplir les formalités de vol. Puis tout va très vite. À l'annonce du contrôle de police, l'homme amorce aussitôt un mouvement de recul et se saisit d'un revolver de gros calibre qu'il porte dans un holster d'épaule et s'apprête à en faire usage. Il n'en aura pas le temps. Un inspecteur divisionnaire du GRB particulièrement expérimenté qui dissimulait son arme de service derrière le dos au cas où… fait feu le premier. Atteint à la poitrine, le malfaiteur est grièvement blessé.

Je fais alerter le SAMU par le canal du P.C. Radio, afin de nous rejoindre sur place.

J'avise téléphoniquement le directeur du SRPJ de la situation ainsi que le substitut du procureur de permanence, tandis qu'une fouille sommaire de sécurité du blessé est effectuée. Il est trouvé en possession d'un armement impressionnant : outre le revolver Smith & Wesson 357 magnum exhibé, deux paires de menottes sont accrochées à sa ceinture ainsi qu'une cartouchière garnie de 12 cartouches de calibre 357. Dans une sacoche qu'il porte en bandoulière sont découverts un pistolet Beretta 7,65 mm et un revolver Colt Detective calibre 38 Special approvisionnés, deux grenades quadrillées, six bombes fumigènes, deux chargettes de six cartouches et cinq mètres de corde.

Les deux autres individus à bord de la Mercedes sont susceptibles d'arriver à tout moment. S'ils sont en possession d'un même arsenal, ça promet d'être sportif. La voiture et ses deux occupants font l'objet d'une diffusion générale. On les attend !

Arrivé sur les lieux, le personnel médical ne peut que constater le décès du malfaiteur. Celui-ci est trouvé en possession de documents d'identité belges au nom de Gregory Fanelli et d'un passeport suédois au nom de Tadeusz Turic. Il détient également un plan et un courrier contenant des instructions relatives à un projet d'évasion de la Maison d'Arrêt de Gradignan.

À la suite de la diffusion radio, la Mercedes et ses deux occupants sont aperçus vers 9 heures, à proximité de l'établissement pénitentiaire par une patrouille de gardiens de la paix du corps urbain de Bordeaux. Ils tentent de les interpeller, mais les malfaiteurs prennent la fuite. La voiture est reprise en chasse peu de temps après par des fonctionnaires de PJ à Mérignac. Les voyous roulent à une vitesse de 150 km/h à contresens sur les boulevards de Bordeaux et sans respect des feux tricolores. Dans de telles conditions, le contact ne peut être maintenu et la poursuite s'interrompt à hauteur de la barrière d'Arès, à Bordeaux.

Quelque temps après, deux appels téléphoniques parviennent à la société Airlec, le correspondant cherchant à contacter M. Fanelli.

À 13 h 15, la Mercedes est découverte, stationnée rue Famatima à Bordeaux. Une surveillance est mise en place à proximité. Elle se poursuit quelques heures, mais en vain. Le véhicule est vraisemblablement abandonné et fait donc l'objet d'une fouille approfondie. On y retrouve entre autres un gilet pare-balle, une robe d'avocat, un gyrophare et une corde d'alpinisme de 15 m.

L'OCRB nous fait parvenir les empreintes digitales du nommé Novica Zivkovik, né le 25 juillet 1953 à Slatine (Yougoslavie), également connu sous l'identité de Radisa Jovanovic, né le 20 novembre 1955, « lieutenant » de Sulak, faisant l'objet de diverses fiches de recherches. Il s'agit bien de l'homme abattu, le jour même.

J'ai connu des dimanches plus reposants…

Jovanovic, comme Sulak, est un homme atypique. Ancien boxeur yougoslave, il a servi de garde du corps à Jean-Paul Belmondo et a même figuré en 1981 dans l'un de ses films, *Le Professionnel*, où il jouait le rôle d'un policier ! Connu sous le surnom de « Steve » ou « le Yougo », il a braqué plusieurs bijouteries avec Sulak, dont Cartier et Van Gold à Paris et Cartier à Cannes. Le 28 mars 1983, un de leurs hold-up tourne mal à Thionville (Moselle), lors d'une agression commise au préjudice de la bijouterie Kreiss. Alertés, deux gardiens de la paix surviennent au cours de l'action. Les deux voyous prennent une femme en otage et Sulak menace les policiers avec une grenade dégoupillée. L'un des fonctionnaires intervenants se propose de prendre la place de l'otage et se voit dépouillé de son arme, un revolver Colt Detective calibre 38. Il s'agit de l'une des armes retrouvées en possession de Jovanovic à l'aéroport de Mérignac.

Lors de son audition à la maison d'arrêt de Gradignan, Sulak refuse de s'expliquer sur la tentative d'évasion. Mais, il ne fait aucun doute que le but de l'expédition manquée était de le faire s'évader.

La poursuite des investigations au niveau local ne semblant devoir n'apporter aucun élément complémentaire, l'enquête est confiée à l'OCRB déjà en charge de l'ensemble des activités criminelles de l'équipe.

Bruno Sulak devait connaître une fin tragique. Dans la nuit du 17 au 18 mars 1985, alors qu'il tente de s'évader de la prison de Fleury-Mérogis, il chute au sol d'une hauteur de 7 m. Il ne survivra pas à ses blessures et décédera le 29 mars.

« Coqueluche » de la presse de l'époque, Sulak a été qualifié de « voyou au grand cœur », de « gentleman braqueur », de « Robin des bois ». *Il n'a pas de sang sur les mains…* écrivait-on. Certes, il est beau gosse, séducteur, fidèle en amitié et possède une personnalité hors du commun. Il ne faudrait toutefois pas oublier que lorsqu'il braque, ce n'est pas avec des pistolets à eau, mais des armes de gros calibres et des grenades. Lorsque les personnels des bijouteries se retrouvent face aux canons de ces armes et se font menotter, ils ne sont pas censés savoir comment l'histoire va se terminer. La preuve en est donnée lors du hold-up de Thionville. C'est faire peu de cas du traumatisme subi par ces victimes. Par ailleurs, 90 % des braqueurs, Dieu merci, n'ont pas de sang sur les mains, mais ne font pas preuve d'une telle mansuétude.

Quant à la mort de Jovanovic, bien évidemment, elle a également fait la une de la presse nationale. Le journal *Libération* mettait en doute la version policière. L'article débutait ainsi : « Il voulait libérer son copain, il a été abattu comme un chien. Vous ne lirez évidemment pas ce titre en première page de *France-Soir*. Pourtant, il n'est pas entièrement vrai, il n'est pas tout à fait faux… » À regretter de ne pas être resté au lit ce dimanche matin. Je pense malgré tout qu'on a vraisemblablement évité un carnage à la prison de Gradignan.

Chacun a sa conscience pour soi. Il est certainement plus facile d'écrire son petit commentaire insidieux le cul assis sur une chaise !

29 ans plus tard, en 2013, un romancier, Philippe Jaenada, publie chez Julliard un livre intitulé *Sulak*, censé être une biographie de Bruno Sulak. Sur la couverture figure la photographie de l'intéressé, supportant toutefois en caractères minuscules la mention : « roman » (peut-être pour éviter d'éventuelles poursuites en diffamation). La quatrième de couverture présente le voyou comme « charmeur, généreux et intègre (sic !) ». Notre intervention à l'aéroport de Mérignac y est relatée comme une opération de barbouzes. « La version de la police, c'est un mensonge. » Un ramassis de contre-vérités ponctue les pages consacrées à cette tentative d'évasion : nous filions Jovanovic depuis plusieurs

jours ; c'est un avocat véreux qui nous aurait alertés sur ce projet ; nous n'aurions pas informé l'OCRB qui était pourtant le principal service à travailler sur Sulak. Nous aurions volontairement tardé à diffuser la Mercedes des deux complices.

Ces allégations sont totalement fausses. C'est moi qui ai communiqué téléphoniquement à l'OCRB les informations dont nous disposions dès le samedi 10 mars dans l'après-midi. Cet avis est d'ailleurs acté en procédure. Ce service n'a nullement proposé de détacher des renforts à Bordeaux... C'est le week-end ! Qui plus est, il s'agit à cette heure d'une simple éventualité... Quant à la diffusion générale de la Mercedes après les coups de feu, elle a été immédiate. Je m'en suis chargé *via* le PC du commissariat central de Bordeaux (également acté en procédure). La berline a d'ailleurs été repérée et prise en chasse à deux reprises par des policiers.

Concernant les armes découvertes en possession de Jovanovic que nous aurions malicieusement pu nous procurer ailleurs : figure dans le lot, le calibre 38 volé au policier lors du braquage de Thionville !

Selon l'ouvrage, il semblerait que les méchants policiers aient lâchement abattu le complice du « généreux et intègre » Bruno Sulak, celui-là même qui n'a pas hésité à prendre une femme en otage lors d'un hold-up qui a foiré. Quel galant homme ! Le récit me fait penser à la fascination de certaines « élites » pour les exploits de truands sans que le traumatisme des victimes soit pris en compte.

Dans un entretien avec une journaliste du *Figaro littéraire* (9 septembre 2021), à l'occasion de la parution d'un de ses « romans-enquêtes », M. Jaenada déclare : « Pour toute la partie faits divers, je me fixe comme contrainte de ne rien inventer. Quand je ne sais pas, je dis que je ne sais pas. Mais je ne modifie rien… Ce que je cherche, c'est la lumière. » En ce qui concerne la mort de Jovanovic, l'interrupteur n'a pas fonctionné !

Pour conclure, la mort d'un homme, fût-il un voyou, n'a réjoui aucun des policiers présents à Mérignac en ce dimanche matin.

***

Courant mai 1984, je suis contacté par le commissaire divisionnaire Georges Le Poulard, directeur du SRPJ de Rennes. Il me propose le poste de chef de l'antenne de police judiciaire de Brest qui va être prochainement vacant. Je me plais énormément à Bordeaux, mais l'occasion ne se présentera pas une troisième fois. J'accepte, d'autant que ma famille s'est agrandie le 2 janvier de cette année 1984, avec la naissance à Brest de mon fils. Mon épouse, eu égard à mes contraintes professionnelles, avait préféré prendre ses dispositions et rentrer au pays avant l'accouchement. Préparatifs de déménagement et célébration du départ en juin avec les membres du groupe qui m'offrent un « makhila », le bâton traditionnel du Basque, en néflier sauvage travaillé sur pied, ouvragé à la main. Cette tige porte deux armes : en haut, un aiguillon, pointe d'acier forgée et filetée que l'on découvre en dévissant la poignée ; en bas, une véritable massue. Ce bâton est orné d'une plaque métallique circulaire gravée à mon nom et l'inscription : « *Langile Lagunek Urrun Iniltzeko Laguna* » (« Les camarades de travail, un compagnon pour aller plus loin »). Symboliquement, je leur remets le Gwen ha Du grand format qui était punaisé au mur de mon bureau. On mange, on rit, on boit, on chante jusque tard dans la nuit. L'heure de la séparation a sonné. Au revoir, Bordeaux… et adieu années GRB qui resteront certainement parmi les meilleures de ma carrière.

L'ANTENNE PJ DE BREST
(1984-1987)

L'antenne de police judiciaire de Brest est une unité avancée du service régional de Police judiciaire de Rennes, exerçant son activité sur le département du Finistère. Créée le 1er avril 1973 à une époque où les attentats commis par le Front de libération de la Bretagne connaissaient une ampleur sans précédent, elle est compétente sur le ressort de trois tribunaux de grande instance : Brest, Quimper et Morlaix. Elle a son siège, visé par un attentat le 17 décembre 1975, 12 rue du Bois-d'Amour, en face du commissariat central de Brest. Elle se compose d'une quinzaine de fonctionnaires actifs (inspecteurs et enquêteurs) et de deux secrétaires. Huit actifs, dont deux inspecteurs détachés à Quimper, se consacrent aux enquêtes criminelles, les autres étant spécialisés dans le domaine économique et financier ».

Avant ma prise de fonctions, je suis reçu à Rennes par le commissaire divisionnaire Georges Le Poulard, directeur du SRPJ et son adjoint, le commissaire principal

Louis Kerboeuf. Ils me font part de leur préoccupation : la majeure partie de l'activité du « groupe criminel » a été orientée durant plusieurs années sur les exactions commises par les mouvements autonomistes bretons ; en raison du « sommeil » de ces organisations, ils attendent donc une implication plus soutenue de l'antenne dans le domaine du droit commun. Bref, ils souhaitent voir les résultats progresser.

Ayant pris bonne note de ces instructions, cap sur Brest où je débute à ce nouveau poste le 16 août 1984. Je fais connaissance avec mes collaborateurs et me présente aux diverses autorités judiciaires et administratives du département. Les inspecteurs de l'antenne sont des policiers expérimentés, plusieurs d'entre eux ayant débuté leur carrière en PJ à la préfecture de police de Paris (dont deux à la BRI : Jacques Porcheron, mon adjoint, et Louis Broudin). Ils ont un bon mental et ne demandent finalement qu'à trouver leur place dans un secteur géographique apparemment peu criminogène. Le groupe « financier » connaît bien son job, dans un domaine que, personnellement, je ne maîtrise pas encore. Les structures ne sont pas figées, une osmose et une solidarité certaines existent entre les deux groupes. L'antenne est réputée pour sa convivialité.

En face, rue Colbert, le commissariat central est dirigé par le commissaire divisionnaire François Velly. Originaire de Cléder (Finistère), François est un Léonard pur jus qui n'aime pas voir d'autres services de police ou de gendarmerie empiéter sur son territoire et faire de l'ombre à la sûreté urbaine qui est placée sous son autorité. Il me le fait comprendre d'entrée de jeu, mais rapidement, un courant de sympathie va s'instaurer entre nous, ce qui se traduira ultérieurement par une collaboration fructueuse de la PJ et des polices urbaines dans des affaires traitées en commun.

Je n'arrive pas en terrain inconnu, car quelques années auparavant, j'étais encore étudiant à Brest et ma fréquentation des bars et discothèques m'avait fait rencontrer des patrons d'établissements et leur personnel qui, pour la plupart, sont toujours en activité. Mon idée est d'orienter l'activité de l'antenne sur le trafic de stupéfiants et la matière est, à mon sens, sous-exploitée tant côté police que gendarmerie. Il y a donc une place à prendre sur le Finistère.

Mais avant tout, il faut que je me forme à la matière économique et financière : droit des sociétés, comptabilité, banqueroutes, escroqueries... La police judiciaire organise des stages de deux semaines destinés aux commissaires sortant d'école et s'apprêtant à exercer leurs fonctions en section économique et financière (SEF), ainsi qu'aux chefs d'antennes récemment nommés qui ont débuté leur carrière en « Criminelle ». Je me retrouve donc au Centre national de formation de la police nationale à Gif-sur-Yvette (Essonne) avec une dizaine de « petits nouveaux » et deux autres ex-chefs de GRB, dont mon camarade de promotion et ami, Christian Lothion, qui venait de quitter le GRB de Nice pour prendre la direction de l'antenne PJ de La Rochelle. Christian terminera sa carrière comme directeur central de la police judiciaire à Paris. Nous assurons tous les deux, en tant que jeunes « anciens » et bons vivants, l'animation du stage. L'humour n'est pas de trop, car la matière est ardue. Nous allons faire une autre découverte, le dernier jour du stage : une psychologue ! Effectivement, la police nationale vient de procéder à un recrutement de psychologues, dont la mission est encore mal définie. Nous sommes donc mis en présence d'une femme d'âge mûr, vêtue d'un long gilet en peau de mouton et fumant le cigarillo, look de soixante-huitarde que l'on aurait plutôt imaginée se déhanchant sur une musique de Jimi Hendrix au festival de Woodstock. Elle nous explique que nous allons procéder à un « jeu de rôle » (terme inconnu jusque-là). Il s'agira de simuler l'interrogatoire d'un banquier malhonnête par un policier. Personne ne veut jouer. Elle nous demande pourquoi. Nous lui expliquons que, par expérience, dans une situation donnée, on peut être bon policier, mais par ailleurs mauvais comédien. Elle nous explique qu'il s'agit d'un refus de notre part de dévoiler notre personnalité profonde… À ses yeux, nous sommes ringards avant l'âge. Tant pis ! Elle décide donc de nous faire visionner une cassette vidéo enregistrée avec des collègues qui avaient accepté de « jouer ». Pendant ce temps-là, elle fume tranquillement ses cigarillos. Midi finit par arriver.

*

TRAFICS DE DROGUE ET CRIMINALITÉ

Le trafic de stupéfiants sur le Finistère, à l'époque, porte essentiellement sur le cannabis (sous forme de résine, d'herbe ou d'huile) et sur l'héroïne. La cocaïne est rare. Les quantités qui circulent n'ont rien de commun avec les saisies réalisées aujourd'hui. Les affaires se succèdent sur Quimper et Brest. Les fournisseurs s'approvisionnent essentiellement à Paris, Amsterdam et Le Havre. Les tuyaux que nous recueillons sont de qualité. Au terme de surveillances et filatures, plusieurs réseaux sont démantelés. Entre autres :

Le 21 juin 1985, en collaboration avec les douanes, un Finistérien expatrié au Bénin, est interpellé à l'aéroport de Quimper-Pluguffan, au moment où il retire une valise contenant 30 kilos d'herbe de cannabis. La poursuite des investigations amène à la découverte de deux cantines expédiées de Cotonou, renfermant 67 kilos du même produit.

Le 1er octobre 1985, c'est un réseau de revente de résine de cannabis organisé à partir du bar L'Agadir, à Brest, tenu par des ressortissants marocains et algériens, qui est démantelé : quatre personnes sont écrouées.

Le 8 janvier 1986, au terme d'une filature engagée depuis Quimper, nous interpellons à Paris un certain Jean-Louis Nicolas, 34 ans, principal pourvoyeur d'héroïne sur Brest et Quimper. Il vient d'effectuer une transaction importante d'héroïne avec un Pakistanais, Vakil Siddiki. Plusieurs personnes précédemment identifiées et impliquées dans ce trafic sont également interpellées avec l'assistance de l'office central pour la répression du trafic de stupéfiants (OCRTIS) à Quimper, Versailles et Montigny-le-Bretonneux (Yvelines). Six individus sont inculpés par le juge d'instruction quimpérois en charge du dossier puis écroués. La poursuite de l'enquête, notamment sur commission rogatoire internationale au Danemark, amène l'identification d'un certain Frizt Hansen, 43 ans, qui écoulait dans ce pays une partie de l'héroïne que lui revendait Jean-Louis Nicolas.

Courant mai 1986, nous interpellons huit personnes s'adonnant à un trafic d'héroïne et de résine de cannabis dans la région de Saint-Pol-de-Léon et Roscoff. Outre ces faits de trafic, une dizaine de cambriolages et braquages de pharmacies perpétrés dans les départements du Finistère, des Côtes-du-Nord (pas encore Côtes-d'Armor) et d'Ille-et-Vilaine sont solutionnés. La poursuite des investigations à Brest, Paris et Grenoble (Isère) permet d'identifier et d'interpeller les quatre fournisseurs des revendeurs bretons. Au total, neuf individus sont inculpés : cinq sont écroués et quatre placés sous contrôle judiciaire.

Du 17 au 21 novembre 1986, 18 individus impliqués dans un trafic de résine de cannabis sur la région brestoise sont interpellés. Quatre d'entre eux sont écroués.

Courant février 1987, 12 Brestois appartenant à un réseau de revente de résine de cannabis acquise à Amsterdam sont arrêtés à leur tour. Cinq sont écroués à l'issue de leur garde à vue.

***

Peu de vols à main armée sont commis sur le ressort. Ils ne sont pas le fait de professionnels et visent principalement des bureaux de poste, des commerces, des stations-service ou des pharmacies. Nous les solutionnons en général rapidement. De la même manière, quelques équipes de cambrioleurs sont neutralisées. Les tâches administratives de gestion de l'antenne ne sont pas à l'époque très contraignantes, ce qui me permet d'être régulièrement sur le terrain avec mes collaborateurs.

En cherchant bien, nous trouvons même un « claque » à dégringoler au fin fond de la campagne finistérienne à Rédéné. Le patron contraignait les hôtesses à se livrer à des pratiques sexuelles sur les clients, exerçant des violences sur les filles récalcitrantes. Il profitait la plupart du temps de l'état d'ébriété de la clientèle pour soutirer des sommes d'argent ou des chèques d'un montant sans commune mesure avec ce qui était réellement dû.

Inculpé de vols, escroqueries, coups et blessures volontaires et proxénétisme, il partait croupir quelque temps à la maison d'arrêt de Quimper.

***

En matière d'homicides, plusieurs affaires sont solutionnées sur Quimper et Brest :

Le 8 novembre 1984, un cadavre est découvert, dissimulé dans la cheminée d'un immeuble inhabité rue de Ker-Ys à Quimper. La victime est identifiée assez rapidement, un certain Roger Burel, âgé de 57 ans. Marginal, mais pensionné, il faisait l'objet d'un racket de la part de deux SDF : Jean-Claude G. et Christian H. Interpellés par la suite, les intéressés reconnaissent les faits. Burel avait été tabassé à mort par ces deux hommes, car quelque temps auparavant, il s'était trouvé dans l'impossibilité de leur remettre de l'argent.

Le 20 mai 1985, M. Jean-Marie Archambeau, cadre de la Compagnie des Wagons-Lits à Paris, se déplace à Quimper pour assister le lendemain aux obsèques d'un collègue de travail. Arrivé par le train à 22 h 50, il dépose ses affaires dans un hôtel proche de la gare, boit un demi de bière au comptoir et décide de se promener quelques minutes avant de se coucher. À 23 h 30, il est découvert gisant dans une mare de sang, au bas de la rue Élie-Fréron, abattu de cinq balles de calibre 22 long rifle tirées en pleine tête. Nous peinons à trouver une explication à ce meurtre. Toutes les hypothèses sont étudiées (règlement de comptes, vengeance, dispute…). Finalement, c'est lors de l'interpellation banale d'un cambrioleur, Ronan Le S., âgé de 21 ans, que la vérité va éclater. En perquisition à son domicile est découvert un revolver 22 long rifle approvisionné de six cartouches.

Le S. va passer des aveux circonstanciés et nous conduire à l'endroit où il s'est débarrassé des cinq douilles après avoir fait feu sur sa victime. Il ne motive absolument pas son geste. Il n'avait jamais vu auparavant M. Archambeau, ne lui a pas adressé la parole et son argent ne l'intéresse pas. C'est le crime froid, cynique, gratuit. L'envie de tuer quelqu'un. Le S. est inculpé d'assassinat et écroué. Nous établirons également qu'il est l'auteur d'un vol par effraction commis dans la nuit du 4 au 5 mai 1985 au garage Mercedes de Quimper. Il avait été surpris par le propriétaire des lieux, alerté par une société de gardiennage. Il venait de dérober de l'argent dans la caisse et s'apprêtait à voler un véhicule Porsche. Il avait fait feu à six reprises avec le pistolet 22 long rifle, blessant légèrement le garagiste au côté. Il sera condamné le 12 octobre 1988 par la cour d'assises du Finistère à la réclusion criminelle à perpétuité, assortie d'une période de 18 ans de sûreté pour assassinat et vol avec arme.

Le 17 septembre 1987 à 11 h 50, les sapeurs-pompiers de Brest interviennent dans un immeuble rue Massillon d'où une fumée suspecte s'échappe d'un appartement, dont la porte est verrouillée. Ils éteignent rapidement un début d'incendie, le feu ayant pris dans des papiers et découvrent alors, sous la couverture d'un lit, les cadavres d'un homme et d'une femme, retraités propriétaires des lieux. L'homme, Louis Le Roy, a été égorgé et présente six coups d'arme blanche à la tête, ses mains sont liées avec une ceinture de cuir et ses pieds sont entravés par un pantalon. Son épouse a également été égorgée et poignardée à la tête et au thorax. L'antenne PJ et la sûreté urbaine de Brest sont cosaisies de l'affaire. Il ressort de l'enquête de voisinage que la mort remonte à la veille vers 21 h 30. L'appartement a été manifestement fouillé. Les victimes étant propriétaires d'une maison à Porspoder (Finistère), nous nous y transportons et constatons qu'elle a été cambriolée au cours de la nuit écoulée. Le véhicule des époux Le Roy ayant disparu, il est vraisemblablement aux mains du ou des meurtriers. Il est effectivement découvert dans une rue de Brest au cours de la nuit suivante et une surveillance mise en place aboutit peu de temps après à l'interpellation de Pascal L., puis, le lendemain, à celle de son complice Gildas U. Les deux jeunes hommes reconnaissent les faits sans réticence. Ils sont allés au domicile de Louis Le Roy qui avait entretenu une relation homosexuelle avec Pascal L., dans l'intention de lui voler de l'argent, sa carte de crédit et les clefs de son domicile de Porspoder. Ils ont ligoté leur victime dans le but de lui extorquer des renseignements sur la cachette de l'argent, puis ils ont frappé à la tête Eugénie Le Roy, dont ils ignoraient la présence et qui tentait d'appeler au secours. Devant les cris répétés et comme ils se savaient identifiés, Pascal L. qui était muni de deux pistolets à grenaille et d'un poignard les tuait à l'aide de cette arme blanche. Les deux malfaiteurs utilisaient ensuite la voiture des Le Roy pour se rendre à la maison de Porspoder. Ils y dérobaient une somme de 6 000 francs qu'ils se partageaient et dépensaient aussitôt lors d'une soirée bien arrosée. Au matin du 17 septembre, ils retournaient rue Massillon pour y brûler des documents susceptibles de révéler leur identité. Inculpés d'assassinats et de vol avec arme, ils sont écroués. Le 8 mars 1990, L. et U. seront condamnés respectivement à 11 et 7 années de réclusion criminelle pour meurtre par la cour d'assises du Finistère, le jury n'ayant pas retenu la préméditation.

***

Dans le domaine des affaires subversives, la période sera plutôt calme. En dehors d'actions sporadiques, elle sera toutefois marquée par trois attentats commis dans la nuit du 3 au 4 juin 1985 à Guingamp. Ils visaient les bureaux de l'ANPE, la permanence du député-maire et le palais de justice de la ville. Christian Le Bihan, 28 ans, employé à l'hôpital de Morlaix, auteur des faits, était déchiqueté par la charge de la dernière bombe qu'il s'apprêtait à poser. Le « malheureux » avait vraisemblablement interverti l'ordre de dépôt des engins explosifs. Sa famille s'était rapprochée de l'antenne PJ de Brest, car il avait été nécessaire de publier la photographie de la tête du jeune homme (séparée du reste du corps) dans la presse pour parvenir à son identification.

ÉVASION ROCAMBOLESQUE

Incarcérés à la maison d'arrêt de Mesgloaguen à Quimper, quatre détenus, dont trois meurtriers incarcérés, parviennent à s'enfuir dans la nuit du 7 au 8 juillet 1985, après avoir exercé des violences sur un surveillant (version officielle initiale) et franchi le mur d'enceinte. L'antenne PJ est saisie de l'enquête par le Parquet de Quimper le 8 juillet au matin. Des constatations et des auditions sont effectuées et font ressortir des contradictions quant au déroulement des faits tel qu'il nous est présenté. Certes, le seul surveillant présent au sein de la « Détention » a les yeux au « beurre noir », mais les explications données sur les circonstances de l'évasion ne nous satisfont pas. Je le fais savoir et nous finirons par obtenir la vérité. Le surveillant blessé a pris son service en état d'ébriété la veille au soir, mais estimant sans doute ne pas avoir assez bu, il s'est muni de quelques bouteilles de boissons alcoolisées pour passer la soirée. Ne souhaitant pas boire seul (ce qui pourrait sans doute lui donner mauvaise conscience), il s'invite dans la cellule de deux détenus avec lesquels il a sympathisé. Et ça picole, et ça picole ! Histoire de rire, les deux détenus finissent par s'emparer du trousseau de clefs du surveillant qui « comate » et ouvrent toutes les cellules de la maison d'arrêt. Les quatre prisonniers incarcérés pour les faits les plus graves en profitent pour se faire la belle. Lorsque le fonctionnaire de la pénitentiaire recouvre ses esprits, il lui faut aviser sa hiérarchie de la catastrophe. Le premier supérieur arrivé sur place est sidéré et, fou de rage, lui emmanche deux coups au visage, ce qui explique les deux « cocards ». Sur instruction du procureur, notre surveillant est placé en garde à vue. Simple changement de cellule, mais sans boisson alcoolisée, cette fois ! Fort heureusement, les quatre « évadés », dont l'un s'était blessé en franchissant le mur, seront repris dès le 9 juillet à Bénodet (Finistère). L'impréparation de l'évasion ne leur avait pas permis d'aller bien loin. Parmi eux figurait Ronan Le S., assassin de M. Archambeau.

De leur côté, les enquêteurs du groupe financier ne sont pas en reste. Je découvre de plus près les préjudices parfois énormes que des particuliers ou des entreprises peuvent subir du fait de personnages indélicats : promoteurs véreux escroquant des artisans et entreprises du bâtiment œuvrant en qualité de sous-traitants, constructeurs de maisons individuelles encaissant des fonds de gens de milieu modeste ayant contracté des emprunts auprès des banques pour des maisons jamais terminées, carambouilleurs, employés de banque détournant des fonds de clients, dirigeants de sociétés et même parfois officiers ministériels peu scrupuleux…

L'*EKSUND*

Plus de trois années ont passé depuis mon affectation à Brest et je suis approché par la direction centrale pour une nouvelle mutation. Je décline une première proposition, ce qui, à l'époque, n'est pas très bien vu. Je suis contacté en septembre 1987 par le commissaire divisionnaire Jean Etcheberry, directeur du SRPJ de Rouen, qui me fait part de son souhait de me voir prendre la tête de la section criminelle composée de trois groupes : répression du banditisme, stupéfiants et affaires « générales » (homicides, atteintes à la personne…). La criminalité en Haute-Normandie a connu une forte hausse et il serait heureux de me compter dans son équipe. Comme son nom l'indique, Jean Etcheberry est basque. Homme de caractère, à l'accent du Sud-Ouest prononcé, il a la réputation d'être un bon « patron » de PJ. Son passé parle pour lui : Marseille, Bordeaux, la Corse. Les Basques et les Bretons ont la réputation de bien s'entendre. J'accepte donc le poste de chef de Crim'. Ma nomination doit être effective au 4 janvier 1988. Une dernière affaire brestoise devait toutefois survenir avant mon départ.

***

Le vendredi 30 octobre 1987, je rentre à Brest d'une mission effectuée en Andalousie et à Gibraltar dans le cadre d'une affaire de trafic de stupéfiants. Le lendemain matin, mon adjoint Jacques Porcheron, me contacte pour me faire part de l'interception, la veille, par la vedette garde-côtes des douanes de Brest au large de Roscoff (Finistère) d'un caboteur, l'*Eksund*, battant pavillon panaméen, à bord duquel naviguaient cinq Irlandais et transportant environ 150 tonnes d'armes, munitions et matériel de guerre. Le procureur de la République de Morlaix, territorialement compétent saisissait l'antenne PJ de l'enquête.

Je me rends immédiatement au service, informe ma direction rennaise de l'affaire et rappelle l'ensemble des enquêteurs. Il va falloir organiser dans les meilleurs délais la gestion des cinq gardés à vue, le déchargement, la saisie et le stockage de la cargaison dans les formes de droit et avec les mesures de sécurité qui s'imposent, la réquisition d'interprètes, les contacts avec les autorités étrangères *via* Interpol pour obtenir tous renseignements concernant le navire et l'équipage... Bref, du pain sur la planche pour le week-end. Pour simplifier les choses, il faut attendre l'intervention de démineurs, car le bateau est piégé, plusieurs charges d'explosif ont été posées, reliées à une horloge, et une mise à feu en vue d'un éventuel sabordage. L'inventaire de l'arsenal entreposé dans les cales du navire est impressionnant : 20 missiles sol-air SAM 7, 40 lance-roquettes RPG 7, des mortiers, des mitrailleuses lourdes, 1 000 Kalachnikovs, le tout assorti de leurs munitions, deux tonnes de Semtex, des grenades, des obus... Une coordination est mise en place avec la Marine nationale pour assurer le transport de ce matériel de guerre du navire à la pyrotechnie Saint-Nicolas. Sur la passerelle, cinq Kalachnikovs et un fusil mitrailleur approvisionnés se trouvaient à portée de main de l'équipage.

L'affaire fait grand bruit. La presse nationale et internationale débarque à Brest. Par souci de sécurité et de discrétion, je décide de faire procéder aux auditions des mis en cause dans les locaux de l'hôtel de police plutôt que dans ceux de l'antenne. Dans un premier temps, personne ne se montre loquace. Les identités des membres de l'équipage sont douteuses. Il est bien clair qu'il s'agit d'un convoyage d'armes destinées à l'IRA. Des rumeurs les plus folles circulent sur la place : présence à Brest des services secrets britanniques, d'un commando de l'IRA... Personnellement, je n'ai rien vu de tout ça. Nous gérons notre procédure rigoureusement en relation avec les autorités irlandaises. Trois des individus sont des activistes d'une branche dure de l'IRA la «*Provisionnal Irish Republican Army*» (PIRA). Il s'agit de Gabriel Cleary, James Doherty et James Coll. Ils agissent sous de fausses identités, en possession de passeports volés en 1984 avec une centaine d'autres dans un bureau du ministère des Affaires étrangères à Dublin. Le capitaine Adrian Hopkins, 49 ans, et un ami, Henry Cairns, ne sont pas connus pour appartenance à l'IRA. Ils voyagent sous leur identité réelle.

Le 2 novembre à 10 heures, la 14e section du Parquet de Paris spécialisée dans la lutte antiterroriste se saisit du dossier et son chef Alain Marsaud nous prescrit de poursuivre les investigations. La garde à vue sera de 96 heures. Rien de trop! Avec Jacques Porcheron, mon adjoint, nous nous chargeons des auditions du capitaine Hopkins. Au fil des jours ou plutôt des nuits, ses déclarations vont évoluer. En effet, notre temps est pris durant la journée par l'établissement de la procédure concernant les opérations de déchargement et de saisie. La procédure exigeant la présence permanente d'un mis en cause lors de ces opérations, cela se traduit par une manutention particulièrement fastidieuse sous peine de nullité : après extraction du matériel de la cale, celui-ci est embarqué à bord d'une barge en présence d'un des Irlandais. Un scellé provisoire est apposé sur cette barge qui doit traverser une partie de la rade de Brest jusqu'à la pyrotechnie. Lors de ce déchargement et en présence d'un autre gardé à vue, le scellé est levé pour que l'armement après inventaire soit entreposé dans des locaux appropriés et fasse l'objet d'une saisie définitive. Opération à renouveler à chaque traversée de la barge. Bref, un travail d'une lourdeur (dans tous les sens du terme) que l'on n'imagine pas de l'extérieur. Il nous reste donc les nuits pour procéder aux auditions et dormir trois ou quatre heures au mieux.

En ce qui concerne Hopkins, lors de sa première audition, il se présente comme « embarqué » dans cette affaire contre son gré. En sa qualité de négociant en navires de commerce, il s'était chargé à la demande de son ami Cairns de l'achat de l'*Eksund* en Suède, des formalités d'enregistrement sous pavillon panaméen, de la réalisation de réparations en Angleterre et de son acheminement jusqu'à Malte. Son rôle devait s'arrêter là contre rétribution. Il ignorait alors qu'il s'agissait au final de transporter des armes pour le compte de l'IRA. Puis, sous la contrainte et en raison de menace de représailles sur sa famille, il avait accepté à Malte d'assurer le convoyage du navire jusqu'à Tripoli. Le chargement des armes avait été effectué dans le port militaire durant deux nuits avec obligation de s'en éloigner le jour, car les autorités libyennes ne voulaient absolument pas que la présence du navire soit détectée à cet endroit. L'embarquement des armes avait été assuré par une vingtaine de militaires. Une fois la cargaison à bord, l'*Eksund* avait appareillé le 15 octobre et mis le cap sur la mer d'Irlande où les armes et munitions devaient être transbordées sur des bateaux de pêche.

Le survol du bateau à plusieurs reprises par un avion, avait fait craindre à l'équipage d'être repéré. Il aurait alors été décidé de saborder le navire, dans un premier temps en le faisant sauter, puis eu égard au risque encouru, en le faisant couler au large de l'île de Batz. C'est à ce moment que les douaniers français étaient intervenus. Ce n'est que lors de sa quatrième audition dans la nuit du 2 au 3 novembre de 0 h 15 à 9 heures du matin, que Hopkins passe des aveux complets. Je lui ai fait miroiter une clémence certaine de la justice française à son égard si ses déclarations étaient sincères, d'autant que Cairns, de son côté, commençait à être plus bavard. En sa présence, j'ai simulé une conversation téléphonique avec un « faux » procureur de la République, lui assurant un statut de « repenti » et une quasi-impunité dans l'affaire. Ainsi, Hopkins reconnaît en être à son cinquième convoyage d'armes et de munitions pour le compte de la PIRA contre rémunération. Il évalue les quantités transportées précédemment à environ 130 tonnes. Pour effectuer ces quatre premiers voyages, il s'était procuré deux autres navires de tonnage plus réduit que celui de l'*Eksund.* Des bateaux libyens livraient l'armement et le transbordement avait lieu en mer, au large de Malte. C'était la première fois avec l'*Eksund* que l'embarquement de la cargaison avait été effectué dans le port de Tripoli. Le déchargement se faisait sur la côte est de l'Irlande, à bord de deux grands zodiacs. Lors du quatrième voyage, il avait fallu 27 rotations de ces zodiacs pour acheminer les armes à terre où des tracteurs agricoles les avaient pris en charge pour les déposer dans des camions qui les transportaient ensuite vers une destination inconnue. Selon Hopkins, la PIRA envisagerait une attaque massive dans le sud du comté d'Armagh en Irlande du Nord, ainsi que sur le pénitencier de « Long Kesh » où sont détenus des membres de l'IRA. Des canons de 106 mm étaient prévus pour abattre les miradors et les SAM 7 pour tirer sur les hélicoptères. Cleary, Doherty et Coll qui observent quant à eux un mutisme total, avaient participé aux voyages précédents. Cleary avait même suivi un entraînement militaire en Lybie entre novembre 1986 et février 1987.

Cairns, après avoir prétendu initialement ignorer le but du voyage de l'*Eksund*, admet en être à son deuxième convoyage et se faire rétribuer par la PIRA pour sa participation.

Les magistrats parisiens en charge du dossier nous prescrivent de présenter les cinq gardés à vue le 4 novembre au matin, au cabinet de M. Jean-Louis Bruguière, juge d'instruction spécialisé en matière de terrorisme. Il faut donc organiser le transport de ce petit monde à Paris en prenant des mesures de sécurité, car il est fait état de menaces éventuelles pesant sur certains de nos clients. La direction centrale de la PJ me promet un avion pour simplifier les choses. Finalement, pas d'avion, mais un wagon rajouté au train de nuit Brest-Paris. Pour échapper à la meute de journalistes français et étrangers qui font le siège de l'hôtel de police, au moment du départ, j'ai convenu avec le procureur de la République de Brest qu'il tienne une conférence de presse au palais de justice. Toutefois, un journaliste plus inspiré que ses confrères, ou mieux renseigné, est présent à la gare. Il remarque qu'un wagon supplémentaire est rajouté au convoi au moment du départ. Sur les quais de plusieurs gares du trajet, des photographes de presse tentent leur chance avec plus ou moins de succès. Et une nuit blanche supplémentaire ! Pour éviter Montparnasse, descente du train au petit matin en gare de Versailles où des collègues de la 6e section de la DCPJ (Antiterrorisme) nous prennent en charge et nous conduisent en convoi au palais de justice de Paris. Les Irlandais rejoignent le « Petit Dépôt » avant de comparaître devant le juge, tandis que je suis enfermé avec les deux inspecteurs brestois qui m'accompagnent dans un petit local attenant au bureau de M. Bruguière. Celui-ci souhaite nous rencontrer, mais n'est pas encore arrivé. En attendant d'être libérés, morts de fatigue, nous nous endormons après une crise de fou rire incontrôlable. Le manque de sommeil aidant, les nerfs nous lâchaient… Quelques instants plus tard, le greffier nous réveille. Le juge se présente, retire son arme de gros calibre de la ceinture, la range dans un tiroir et nous salue. Puis nous engueule, nous priant fermement de retirer de son cabinet une caisse d'obus de mortier que nous venions de déposer sur son bureau sur instructions malheureuses de notre directeur, cette caisse étant la seule à avoir conservé des inscriptions attestant de la provenance libyenne de ces munitions. Après avoir fait le point sur le dossier avec le magistrat et évoqué les investigations restant à réaliser, nous quittons les lieux. Retour à Brest. Ouf !

Cette affaire connaît un grand retentissement dans la presse. Les autorités britanniques sont particulièrement satisfaites. Quant aux autorités libyennes, elles déclinent bien évidemment toutes responsabilités dans l'affaire.

En ce qui me concerne, je commence à préparer mon départ pour Rouen. Mission accomplie à Brest, car avec la moitié de l'effectif de l'antenne PJ de Nantes, les résultats obtenus en termes d'individus mis hors d'état de nuire sont équivalents. L'année 1987 se termine. Je quitte l'antenne après les traditionnelles festivités. Je me vois offrir un tableau du port de Brest réalisé par François Perhirin, peintre des armées et futur peintre de la Marine, et de surcroît Portsallais de grand talent. *Kenavo* Brest !

CHEF CRIM' SRPJ DE ROUEN

(1988-1991)

Le 4 janvier 1988, je débarque une valise à la main à Rouen, car malgré des recherches préalables, je n'ai pas trouvé de logement susceptible d'héberger ma famille. Le commandant de la compagnie républicaine de sécurité (CRS) de Darnétal a accepté de m'héberger provisoirement sur son cantonnement.

Le SRPJ de Rouen est désormais implanté dans un nouvel hôtel de police, rue Brisoult-de-Barneville sur la rive droite de la Seine. L'ancien bâtiment du boulevard des Belges a été rasé. Je retrouve avec plaisir plusieurs anciens collaborateurs et mes nouveaux patrons. J'ai pour adjoint un jeune commissaire, Hervé Lafranque. Passionné par son job, particulièrement dynamique, Hervé devient rapidement un ami. La criminalité en Normandie a effectivement progressé, notamment sur l'axe de la vallée de la Seine entre

Paris et Le Havre où les incursions de malfaiteurs de la région parisienne sont fréquentes. Par ailleurs, des milieux locaux, issus des cités sensibles de Rouen, du Havre et d'Évreux, se sont développés.

*

HOLD-UP EN TOUS GENRES

À mon arrivée, le SRPJ est sur la piste d'une équipe protéiforme de braqueurs professionnels sévissant sur la Normandie et le ressort de plusieurs autres SRPJ : Lille, Versailles, Reims, Angers, Dijon et même en Belgique. Leurs cibles : des banques, des supermarchés, des bijouteries et un casino. Au minimum 25 vols à main armée, dont 13 commis en Normandie depuis avril 1986. Le gang s'étant attaqué au départ à des agences de la Banque régionale de l'Ouest a été baptisé « gang des BRO ». Des rapprochements ont pu être effectués entre ces véritables opérations « commando », notamment à partir du signalement des malfaiteurs, du mode opératoire, de l'armement utilisé (fusils à pompe à crosse et canon scié, pistolets automatiques, fusils d'assaut, grenade, revolver nickelé) et de l'étude systématique de plaques minéralogiques retrouvées sur des véhicules volés pour commettre les agressions (identités de défauts relevés sur des plaques fabriquées par les mêmes matrices). Lors des braquages, les auteurs grimés, au nombre minimum de quatre, faisant preuve d'une grande audace, investissaient les lieux, regroupaient personnel et clients, se faisaient remettre le contenu des caisses, des coffres et des distributeurs de billets puis enfermaient les témoins dans la salle des coffres avant de prendre la fuite. Ils communiquaient entre eux par talkies-walkies. Les méfaits de cette équipe avaient déjà donné lieu à des réunions entre les différents services concernés au siège de l'OCRB. La plus emblématique des opérations était sans conteste l'attaque menée le 26 octobre 1987 au casino de Forges-Les-Eaux (Seine-Maritime) où sept individus cagoulés, vêtus de treillis militaires et armés de fusils d'assaut avaient neutralisé près de 200 personnes avant de s'emparer de 500 000 francs.

Un renseignement avait été recueilli en septembre 1987 à Rouen concernant un certain Éric Lavet demeurant dans la région de Blanc-Mesnil (Seine-Saint-Denis), qui aurait participé à un vol à main armée commis en Normandie et lors duquel un véhicule de fuite aurait été accidenté. Il se trouvait que lors d'un hold-up commis au préjudice d'une agence de la Caisse d'Épargne de Lisieux (Calvados) le 19 juin 1987, une Citroën BX GTI utilisée par les malfaiteurs avait fini sa course dans un fossé sur un chemin départemental à deux kilomètres de la banque. Un fusil à pompe, une grenade fumigène, des talkies-walkies, des gants et des perruques avaient été découverts dans le coffre. Le véhicule avait été volé le 9 juin 1987 à Levallois-Perret (Hauts-de-Seine). Policièrement, ce braquage s'inscrivait dans la série de méfaits imputables aux « BRO. » Localisé à Drancy (Seine-Saint-Denis), Lavet faisait dès lors l'objet d'une surveillance qui allait permettre au fil du temps d'identifier plusieurs membres de l'équipe et des complices assurant la logistique en fournissant véhicules, armes et service « après-vente » éventuel (recel). Parmi ces malfrats, des figures du grand banditisme parisien : Alain de Saint-Mareville, connu pour des faits de vol à main armée avec prise d'otage, tentative d'homicide sur agent de la force publique, Patrick Becuwe, évadé du centre de détention de Liancourt (Oise) où il purgeait une peine pour vol à main armée, Gilles Benhayoun, Franck Henry et Patrick Ravaux aux antécédents judiciaires également éloquents. Au total, une quinzaine de personnes évoluant dans l'environnement du noyau dur de cette association de malfaiteurs sont recensées. La plupart d'entre elles, basées en région parisienne, se sont connues lors de séjours en milieu carcéral. Courant décembre 1987, un « coup de chaud » faisait craindre à l'équipe d'avoir été repérée et entraînait provisoirement sa dispersion et sa mise en sommeil.

En janvier 1988, les surveillances et filatures reprennent en collaboration avec l'OCRB, y compris à la station de sports d'hiver de Saint-Gervais (Haute-Savoie) où quelques-uns d'entre eux se retrouvent pour un peu de détente. Pendant ce temps mort, nous parvenons à déterminer l'endroit où étaient fabriquées les fausses plaques d'immatriculation apposées sur les véhicules des malfaiteurs, le magasin « Accessoires 3000 » à Pantin (Hauts-de-Seine). Une plaque minéralogique que nous faisons réaliser dans ce commerce présente bien les défauts d'emboutissage des plaques retrouvées après certains vols à main armée.

Le retour d'Alain de Saint-Mareville et de ses complices sur la région parisienne, leur dangerosité et l'usure des enquêteurs amènent à prendre la décision de procéder à une opération d'interpellations dès lors que les principaux membres de l'équipe seront localisés précisément. L'opération est initialement programmée le 28 février 1988 à 6 heures ; elle mobilise 95 fonctionnaires, dont 35 du

SRPJ de Rouen. Malheureusement, le 27 au soir, déception : de Saint-Mareville n'est pas « logé ». Il apparaît donc opportun de différer l'intervention. Dans la journée du 1er mars, une des écoutes téléphoniques nous permet d'apprendre que celui-ci et Ravaux doivent dîner le soir même avec leurs compagnes dans un restaurant des bords de Seine. Vers 19 h 30, nous nous mettons en place à proximité de l'établissement et observons l'entrée d'un premier couple à 20 heures, puis du second, peu de temps après. Nous leur laissons le temps de s'installer à table tranquillement puis investissons les lieux revolver au poing et avec une détermination impressionnante, à la grande surprise du personnel et de la clientèle. Les deux couples sont maîtrisés sans difficulté et mis à l'ombre pour la nuit, sans dîner. C'est ensuite nous qui passons à table, car dans ce job, on ne sait jamais quand sera pris le prochain repas. D'autant que la nuit sera courte, les autres objectifs devant être interpellés le lendemain dès 6 heures. Celui qui m'est attribué : Patrick Bécuwe.

Briefing à 5 heures au siège de l'OCRB au 127 Faubourg-Saint-Honoré. Cinq autres collègues se joignent à moi et après avoir revêtu des gilets pare-balles, nous prenons la direction de Noisy-le-Sec (Seine-Saint-Denis), à bord de deux véhicules. Nous sommes munis d'une masse et d'un pied-de-biche pour enfoncer la porte si nécessaire. À l'époque, le matériel est des plus rudimentaires. Devant la porte de l'appartement 1 allée Guynemer, j'annonce la couleur menaçant d'entrer dans les lieux par la force. La fuite par la fenêtre est impossible, deux camarades étant postés à l'extérieur. Je dois être convaincant, car la porte nous est ouverte rapidement par une femme apeurée.

Nous investissons l'appartement et découvrons Bécuwe couché sur un lit. Il sourit et se laisse passer les « pinces » avec philosophie. C'est mieux comme ça ! On remet les armes à l'étui.

Au total, 22 personnes appartenant de près ou de loin à cette association de malfaiteurs sont appréhendées puis conduites sous bonne escorte à l'hôtel de police de Rouen, l'opération ayant pour cadre juridique une information ouverte au cabinet d'un juge d'instruction de Lisieux pour vol avec arme et association de malfaiteurs. Le résultat des perquisitions est éloquent : des armes et munitions de tous calibres (six pistolets automatiques, un revolver 38 special, trois fusils à pompe), panoplies de parfaits braqueurs (scanner, talkies-walkies, cagoules, treillis militaires...), plus de 600 000 francs en liquide, des documents administratifs volés ou falsifiés (cartes d'identité, passeports, cartes grises, attestations d'assurance...). À l'issue des gardes à vue, 16 individus sont présentés au magistrat instructeur et écroués.

La durée de la garde à vue n'ayant pas permis d'entendre les mis en cause sur l'ensemble de leur activité criminelle, il est procédé ultérieurement à leur audition après exploitation des éléments d'enquête recueillis lors des perquisitions et à partir de témoignages. Ainsi, les sept auteurs du braquage du casino de Forges-les-Eaux peuvent être identifiés : de Saint-Mareville, Lavet, Henry, Bécuwe, Benhayoun, Ravaux et un certain Roger Chabat, exécuté fin novembre 1987 de trois balles de gros calibre. Franck Henry reconnaît sa participation tout en mettant nommément en cause ses complices et le rôle tenu par chacun d'eux. C'est lui qui avait eu l'initiative de ce vol. La préparation du hold-up avait été minutieuse.

Il était venu à deux reprises repérer l'intérieur de la salle de jeux, une première fois avec de Saint-Mareville le 3 octobre 1987 puis le 10 octobre 1987 avec Bécuwe et Ravaux, tous utilisant de fausses identités.

Cinq véhicules avaient été dérobés et maquillés pour la circonstance : une Audi et une Golf, placées sur la route du retour, en campagne entre Forges-les-Eaux et Paris ; deux Peugeot 505 stationnées en contrebas du casino et qui avaient servi de moyens de fuite aux sept malfaiteurs ; et un fourgon Trafic avec lequel ils étaient arrivés au casino, vêtus de treillis militaires. L'armement utilisé était pour le moins impressionnant : Henry avait un revolver 357 magnum dans un holster, un fusil d'assaut entre les mains et un fusil de chasse à crosse et canon sciés à la ceinture, de Saint-Mareville était en possession d'un fusil d'assaut Sig et un revolver 357 magnum à la ceinture, Lavet portait lui aussi un fusil d'assaut et un pistolet automatique, Ravaux, Chabat et Bécuwe étaient armés chacun d'un fusil d'assaut. Il est évident qu'avec un tel arsenal, la rencontre avec un quelconque service de police ou de gendarmerie aurait certainement été redoutable. Ils avaient prévu de s'emparer de l'argent des caisses, des coffres, des tables de jeux, des bijoux et valeurs des clients et du personnel, pour enfin prendre la fuite avec le fichier du casino et supprimer ainsi toute trace de passage et donc toute identification éventuelle.

Henry et Lavet se chargeaient dans un premier temps, à l'étage, de la neutralisation des quelque 60 personnes présentes, rapidement rejoints par Raveaux et Bécuwe, tandis qu'au rez-de-chaussée, de Saint-Mareville contrôlait l'extérieur avec un scanner, aidé par Chabat qui regroupait les employés et les clients de la boule. Lavet, monté sur une table de roulette, gesticulait et hurlait ses ordres, tandis que Henry se faisait accompagner au coffre par le directeur. Pendant ce temps, Ravaux surveillait et Bécuwe s'emparait de l'argent de la caisse principale des jeux. Bécuwe croyant avoir vu le caissier actionner le système d'alarme, lui assénait de violents coups de crosse, semant une certaine panique parmi ses complices et provoquant leur fuite prématurée avec un butin de 545 000 francs. Le Trafic était abandonné sur place, les deux 505 étaient utilisées dans un premier temps puis également abandonnées sur le chemin du retour pour être remplacées par les véhicules-relais, l'Audi et la Golf.

Entendus à leur tour, de Saint-Mareville et Benhayoun se limitent à reconnaître leur participation au braquage sans citer les noms de leurs comparses. Ravaux nie les faits. Les explications de Lavet et de Bécuwe ne peuvent être recueillies, le premier s'étant pendu le 25 août 1988 dans sa cellule de la maison d'arrêt de Lisieux, le second se donnant la mort de la même manière le 15 décembre 1988 à la maison d'arrêt de Rouen. De « mauvais ratiers », selon l'argot des voyous qui qualifient ainsi leurs congénères ne supportant pas l'emprisonnement.

Après avoir été condamnés en cour d'assises à de lourdes peines de réclusion criminelle, de Saint-Mareville et Henry, les leaders, devaient connaître des itinéraires bien différents. Ayant purgé au total une vingtaine d'années de détention après quatre passages aux assises pour vols à main armée, de Saint-Mareville se recyclait dans un premier temps dans le trafic de véhicules volés (condamnation en mai 2006 par le tribunal correctionnel de Créteil), puis dans l'escroquerie (condamnation en septembre 2010 par le tribunal correctionnel de Granville). Il s'expatriait en 2013 au

Cambodge où il coulait une « retraite » paisible avec sa jeune épouse, faisant visiter les îles aux touristes. Atteint d'une pneumonie et souhaitant être soigné en France, il était interpellé à son retour en avril 2018 à l'aéroport de Roissy, en vertu d'un mandat d'arrêt délivré à son encontre pour une escroquerie commise en 2012 au Perreux (Val-de-Marne). Condamné par le tribunal correctionnel de Créteil à deux ans d'emprisonnement ferme, il retournait une nouvelle fois en prison à 61 ans, un endroit qu'il connaît mieux que les îles du Cambodge. Le quotidien *Le Parisien* du 18 mai 2018 titrait : « Le papy braqueur trahi par ses poumons ». Franck Henry, quant à lui, a suivi un parcours peu banal, le journal *Libération* du 19 octobre 2011 titrant à son sujet : « De l'écrou à l'écran ». Après avoir purgé sa peine et fréquenté quelque peu le milieu de la musique et du cinéma, il replongeait en 2001 pour vols à main armée et écopait d'une nouvelle condamnation à huit ans d'emprisonnement. Il n'en effectuait en réalité que trois. Renouant dès sa sortie avec le milieu cinématographique, parfois séduit par la forte personnalité des voyous, il devenait co-scénariste d'un épisode du *Commissaire Moulin* pour TF1 avec Yves Régnier et Johny Halliday puis de la série « Braquo » de Canal + avec Olivier Marshall. Persévérant dans cette voie, après vingt piges passées au placard, Franck Henry parvenait à se hisser au rang de réalisateur avec son film : *De force*, mettant en scène Isabelle Adjani dans le rôle d'un commissaire de police et Éric Cantonna dans celui d'un truand. Qui l'eût cru ? Toutefois, la critique fut sans pitié avec le film, *Télérama* le qualifiant de « polar miteux » et soulignant l'« indigence de la mise en scène ». On ne se refait pas !

***

Avant même que ne tombe le gang des « BRO », une nouvelle équipe de malfaiteurs commence à sévir en Haute-Normandie. Le 1er décembre 1987, quatre braqueurs puissamment armés et grimés investissent les locaux de l'agence de la Société Générale d'Elbeuf (Seine-Maritime), implantée sur deux niveaux. Ils regroupent le personnel et les clients présents (une quarantaine de personnes) dans le hall face au mur puis s'emparent de 643 000 francs contenus dans la caisse centrale, le coffre de service et dans le distributeur automatique de billets malgré une temporisation de quinze minutes préalable au déclenchement de son ouverture. Les agresseurs menacent de prendre quatre personnes en otages si la police intervient. Avant de quitter les lieux, ils emportent le film de la caméra et enferment employés et clients dans la salle des coffres. Une Renault 11 leur ayant servi de véhicule de fuite, dérobée la veille à Paris, est découverte quelques heures plus tard à Elbeuf. L'enquête ne progresse guère jusqu'en mars 1988, époque à laquelle un informateur nous communique un renseignement qui relance les investigations. Les braqueurs seraient originaires de Seine-Saint-Denis. L'un d'eux serait prénommé « Ahmed ». Ce dernier et ses complices bénéficieraient sur la région rouennaise d'un contact local en la personne d'un certain « Kader », propriétaire d'un bar à Oissel (Seine-Maritime). De plus, « Ahmed » aurait été élargi de la maison d'arrêt de Gap en fin 1987. Les recherches entreprises aboutissent à l'identification de Ahmed Mezzoughi, domicilié à Aulnay-sous-Bois. Celui-ci est en contact avec un certain Abdelkader Yaich, gérant du bar Au petit Paris à Oissel.

Des surveillances sont donc exercées sur les intéressés en collaboration avec l'OCRB. Plusieurs autres relations sont ainsi recensées, dont deux frères, Marc et Philippe Signore. Par ailleurs, le frère d'Ahmed Mezzoughi, Milhoud, est sorti le 16 février 1988 de la maison d'arrêt de Fleury-Mérogis, où il était détenu pour vol à main armée et trafic de stupéfiants. Un ancien complice d'Ahmed, Éric Muguet, est également libéré de la prison des Baumettes à Marseille le 28 mai 1988 et reprend rapidement contact avec lui.

La poursuite des surveillances fait apparaître que ces individus, qui n'exercent aucune activité professionnelle, mènent grand train de vie (voyages et séjours à l'étranger : USA, Asie, Espagne ; séjours à la montagne, en Corse ; possession de voitures haut de gamme et motos de grosse cylindrée...).

Leur méfiance permanente ne permet d'effectuer que des surveillances « physiques » ponctuelles et ciblées, tandis qu'au téléphone, ils ne se montrent guère bavards. Lorsque l'on est déjà tombé pour ce type de méfaits, on a une prédisposition à détecter les dispositifs policiers, parfois même lorsqu'il n'y en a pas. Chat échaudé craint l'eau froide...

De nouvelles relations peu recommandables sont identifiées non seulement en région parisienne, mais également à Marseille et dans le Sud-Ouest de la France. Sept agressions commises entre le 26 avril 1988 et le 4 octobre 1988 dans l'agglomération rouennaise et sa banlieue sont certainement imputables à des membres de cette équipe. Généralement, deux à trois agressions sont commises le même jour, impliquant la nécessité pour leurs auteurs de bénéficier d'un support logistique local.

Des braquages commis par la suite à Dijon, Soissons et pour finir, le 15 mars 1989, à Chambéry coïncident curieusement avec la présence de certains de nos clients (dont les frères Mezzoughi et Muguet) dans ces villes ou à proximité. Le dernier vol à main armée perpétré à Chambéry amène à prendre la décision de procéder à l'interpellation des membres identifiés de l'équipe et de leurs proches dans le cadre de l'exécution d'une commission rogatoire délivrée pour vols à main armée et association de malfaiteurs par un juge d'instruction de Rouen. Cette opération sur plusieurs points du territoire national se mènera avec le concours de l'OCRB et des SRPJ de Dijon, Lille, Lyon, Marseille, Bordeaux et Toulouse.

Dès 6 heures, le 21 mars 1989, les interpellations démarrent. Une vingtaine de personnes se retrouvent en garde à vue. Les perquisitions amènent à la découverte d'armes et de munitions (deux pistolets-mitrailleurs, plusieurs pistolets automatiques, chargeurs, revolvers), de véhicules volés et maquillés, de documents d'identité falsifiés, de 290 000 francs en liquide, de cartes routières des régions de Dijon et Soissons (comme par hasard...). Au total 11 personnes seront écrouées. Quant aux frères Signore, nous les avions interpellés dès le 2 juin 1988 dans le cadre de la poursuite de l'enquête sur les « BRO » ; ils se trouvaient à la « charnière » des deux équipes. Ils avaient été placés sous mandat de dépôt pour association de malfaiteurs par le magistrat instructeur de Lisieux.

***

En même temps que ces enquêtes menées sur le long ou moyen terme, il nous faut gérer les braquages du quotidien commis par nos malfrats locaux.

Ainsi, le 2 août 1988, nous interpellons deux frères, Ludovic et Laurent B. et leur acolyte Jacky L., auteurs en moins d'un mois de cinq hold-up et d'une tentative visant des agences bancaires ou postales de l'agglomération rouennaise. Trois de ces agressions ont été commises au préjudice du même bureau de poste à Bapeaume-lès-Rouen, l'un des malfaiteurs, non dépourvu d'humour, se présentant jovialement aux employés lors du troisième braquage : « C'est encore moi ! » Le 2 août, Ludovic B. et Jacky L. cagoulés et armés d'un pistolet automatique et d'un revolver, pénètrent dans l'agence de la BNP, rue Albert-Dupuis, à Rouen, mais l'affaire tourne mal pour eux. Le personnel refuse de céder à leurs exigences et se réfugie dans le fond de l'agence, les guichets étant protégés par des vitres pare-balles isolant les employés de la clientèle. Ils prennent la fuite à bord d'une puissante... Renault 4L, au volant de laquelle les attend Laurent B. Ce véhicule est localisé peu de temps après sur le parking d'une résidence située non loin de la banque. Nous mettons en place une surveillance au cas où l'un des auteurs serait assez fou pour venir le récupérer. Quatre heures plus tard, la patience devait payer : un individu s'installe au volant. Nous l'interpellons aussitôt ; il s'agit de Ludovic B. Lors de la perquisition de son domicile, les armes de poing et cagoules utilisées sont découvertes dans le grenier. Ludovic reconnaît sa participation et balance son frère Laurent et Jacky L. Ils seront arrêtés dans la foulée : Laurent dans un bistrot en compagnie d'une prostituée notoire de la place de Rouen qui partage sa vie. Braqueur de « proximité » et « julot casse-croûte », pas un métier d'avenir ! Une reconversion à envisager.

***

Le 12 janvier 1990 à 14 heures, clap de fin pour Pascal K., un incorrigible du braquage en « solitaire », déjà condamné par la cour d'assises d'Amiens en 1983 pour vols à main armée. Nous le soupçonnions d'avoir repris ses activités. Il vient de commettre une heure plus tôt un hold-up dans une agence BNP, avenue Pasteur à Rouen. Disposant d'un léger temps d'avance sur nous, il a eu le temps de passer à son domicile, mais nous le repérons dans un salon de coiffure situé à proximité. Les « pinces » lui sont passées alors qu'il se trouve sur le fauteuil. Dommage, la coupe de cheveux n'est pas terminée ! Il est l'auteur de six faits antérieurs identiques perpétrés à Rouen et Dieppe depuis le 22 septembre 1989. Lors du braquage du 12 janvier, il a oublié à la BNP un petit cartable d'où il a extrait un pistolet pour menacer le guichetier. Pascal nie dans un premier temps. Problème, lorsque ce cartable est présenté à sa concubine qui ignore ses turpitudes, la jeune femme en revendique la propriété, précisant qu'il arrivait à son concubin de l'utiliser ponctuellement. Déstabilisé par ce témoignage, K. admet être l'auteur du braquage du jour et précise disposer d'une cache dans son appartement où il a dissimulé les 7 300 francs provenant de la banque. Il reconnaîtra ensuite être l'auteur des six agressions précédentes. Il utilisait pour braquer des armes factices achetées au rayon « jouets » du magasin Le Printemps. Simple comme un jeu d'enfant !

***

Parfois, le braquage relève plutôt d'un jeu de hasard. Je le découvrais avec une équipe dite « à tiroirs » (ou plus élégamment : protéiforme) de Mantes-la-Jolie, qui écumait en 1991 des magasins à grande surface dans les départements de l'Eure et des Yvelines. L'équipe était constituée de huit « sauvageons » intrépides et dangereux, qui opéraient au nombre de quatre lors de chaque méfait. Le 9 février vers 20 heures, peu avant la fermeture, ils s'en prenaient à l'Intermarché d'Évreux-la-Madeleine (Eure), mais l'affaire se passait mal, une violente bagarre les opposant au personnel. Le directeur de la grande surface était frappé à coups de crosse et un agent de sécurité était atteint d'une balle dans l'abdomen. Les voyous prenaient la fuite dans la panique, en emportant un butin dérisoire de 10 000 francs. L'enquête menée par notre service aboutissaient à l'identification et l'interpellation de ces quatre malfaiteurs. L'un d'eux, Jean G., auteur du coup de feu, relatait dans le détail le déroulement de l'agression. Quelques heures avant les faits, ils s'étaient retrouvés à six dans l'appartement d'une « copine » à Évreux où ils décidaient de braquer l'hypermarché. Ne disposant que d'une Renault 21 volée pour prendre la fuite, ils louaient une voiture dans l'après-midi pour l'utiliser comme véhicule-relais après l'abandon programmé de la Renault 21. Lors de son audition, Jean G. déclarait : « Au moment de partir de l'appartement, tout le monde voulait venir. Je veux dire, tous les garçons. J'ai pris un jeu de cartes et j'en ai fait prendre une à chacun pour départager. Ce tirage au sort m'a permis d'éliminer André M. et mon cousin Bernard G. » Un mode de sélection inédit ! Les quatre autres membres de la bande les rejoignaient en maison d'arrêt peu de temps après. C'est tout de même un total de 18 vols à main armée qui étaient imputés à ces braqueurs « en herbe », dont deux commis avec usage d'arme à feu.

***

Dans plusieurs autres affaires de braquages, il nous est arrivé d'interpeller nos clients sur la ville d'Elbeuf, à l'époque pépinière de voyous, qui a vu naître entre autres le célèbre Roger Knobelspiess, braqueur reconverti dans la littérature et les seconds rôles au cinéma. Il a fait naître des vocations. Il est vrai que nous avons sur place un informateur de premier ordre au-dessus de tout soupçon, qui n'ignore rien des activités de la pègre locale. Curieusement, il lui arrive même de payer les honoraires des avocats de braqueurs qu'il nous a balancés ! Il faut être bien avec tout le monde !

LA DISPARITION DU PETIT LUDOVIC DELACROIX À VERNON

Triste « temps des cerises... »

Créée en 1983, la « Foire aux Cerises » de Vernon (Eure) se déroule tous les ans le dernier week-end de mai ou le premier week-end de juin. Le dimanche 31 mai 1987, la fête bat son plein sur les divers stands et manèges ; la foule est au rendez-vous. Quelques enfants s'égarent, les parents les retrouvent rapidement après une annonce-micro passée par les organisateurs ; rien de grave. Vers 15 heures, M. Patrick Laurent qui s'était vu confier la garde du petit Ludovic Delacroix, âgé de 3 ans et demi, par son père Emmanuel Delacroix, signalait à la caravane de sonorisation la disparition de l'enfant. Arrivé vers 13 h 30 à la foire, il avait fait faire quelques tours de manège à Ludovic. Éprouvant le besoin d'aller aux toilettes installées sous un chapiteau, il avait laissé le gamin à proximité de l'entrée. À sa sortie, l'enfant avait disparu. Après avoir donné l'alerte, il était retourné chez lui pour revenir aussitôt avec quelques amis effectuer des recherches. Le commissariat de Vernon alerté dépêchait sur place les effectifs présents. En fin de journée, malgré la mobilisation, Ludovic demeurait introuvable. L'angoisse montait : enfant égaré, accident (proximité du fleuve, la Seine), enlèvement ? Une enquête était ouverte. Une diffusion de recherches était adressée à tous les services de police et de gendarmerie.

Patrick Laurent expliquait aux enquêteurs de Vernon les circonstances dans lesquelles sa concubine, Corinne Miot, et lui-même s'étaient vu confier la garde du petit Ludovic et de son jeune frère Damien, âgé d'1 an et demi, depuis le 27 avril 1987. Le père des enfants, Emmanuel Delacroix, en instance de divorce conflictuel d'avec son épouse Colette G., les avait sollicités pour héberger ses deux fils à leur domicile vernonnais. Il ne voulait pas que les garçons vivent avec leur mère qui résidait à Gisors (Eure). Emmanuel Delacroix venait de manière irrégulière leur rendre visite, promettant d'indemniser le couple Laurent-Miot dès que ses revenus le lui permettraient. Le dimanche 31 mai, Patrick Laurent s'était rendu avec Ludovic sur le champ de foire, tandis que sa concubine restait chez eux pour s'occuper de Damien, souffrant. Après la disparition de Ludovic, Patrick Laurent avait vainement tenté de joindre téléphoniquement le père de l'enfant. Il s'était donc rendu à Bois-Jérôme (Eure) chez les grands-parents Delacroix pour leur annoncer la nouvelle inquiétante. Curieusement, ils ne semblaient guère s'en émouvoir. Il faut noter que ces derniers, parents de huit enfants, dont Emmanuel, ne s'en étaient jamais réellement occupés. Très jeunes, les huit frères et sœurs avaient été placés en familles d'accueil ou en foyers par la direction départementale des affaires sanitaires et sociales (DDASS) de l'Eure.

Le dimanche, à l'heure de la disparition, Emmanuel Delacroix travaillait à La Chaussée-d'Yvry (Eure-et-Loir) dans le restaurant Le Relais du Cheval blanc, où il était serveur. Côté logement, il était hébergé chez une certaine dame B. à Saint-Pierre-de-Bailleul (Eure). C'est elle qui avait reçu dans la soirée du 31 mai, un appel téléphonique de la grand-mère Delacroix annonçant la disparition de Ludovic. Cette dernière lui avait demandé de ne pas en parler au père, Emmanuel, lors de son retour du travail dans la nuit, afin de ne pas l'affoler. Elle avait donc attendu le lendemain matin pour lui annoncer la nouvelle. Il avait alors déclaré que ce devait être son épouse, Colette G., qui avait récupéré Ludovic. Il se rendait ensuite à Vernon au domicile du couple Laurent-Miot où Patrick Laurent lui relatait précisément les circonstances de la disparition. Il se présentait de lui-même au commissariat de Vernon où il était entendu. Il expliquait les relations conflictuelles qu'il entretenait avec Colette G. Il avait placé, à l'insu de son épouse, leurs deux enfants chez une dame M. habitant à Vernon du 8 au 10 avril, puis du 10 au 27 avril dans une famille H. à Vernon et, depuis le 27 avril, chez Patrick Laurent et Corinne Miot. Emmanuel Delacroix apparaissait aux enquêteurs comme psychologiquement fragile et doté d'une personnalité quelque peu « mégalo ». Il s'attardait à expliquer qu'il entamait une carrière artistique. Son premier disque, financé par son père, avait coûté 400 000 francs et les « directeurs artistiques » avaient disparu ! Il ajoutait qu'il n'y avait pas de décision de justice fixant la garde des enfants – ce qui se révèlera faux – et qu'il était en mauvais termes avec sa belle-famille.

Colette G., mère de Ludovic, était entendue le 2 juin 1987. Informée de la disparition de son fils aîné le 1er juin au petit matin, elle était allée aussitôt récupérer le petit Damien chez le couple Laurent-Miot, accompagnée de deux policiers. Elle expliquait qu'après avoir passé un an avec son mari et ses enfants chez les parents Delacroix à Bois-Jérôme, son beau-père, Jean Delacroix, les avait tous mis à la porte début avril 1987. En effet, il reprochait à son fils Emmanuel de l'avoir ruiné avec les dettes contractées pour son « fameux » disque enregistré, mais jamais diffusé. Elle s'était alors réfugiée avec les enfants chez son frère Jean-François G. à Gisors. Quelques jours plus tard, Emmanuel, accompagné d'un copain, Thierry Miot, frère de Corinne, s'était présenté à cette adresse et avait emmené de force les enfants. Elle n'avait pas pu les revoir depuis cette date.

Le juge aux affaires matrimoniales d'Évreux avait délivré le 30 avril 1987 une ordonnance confiant à Colette G. la garde des deux enfants. Elle s'était rendue le samedi 30 mai dans la soirée, accompagnée de sa mère et d'un beau-frère, au domicile des grands-parents Delacroix à Bois-Jérôme. Elle leur avait présenté l'ordonnance. Sa belle-mère s'était montrée très violente envers eux. Curieusement, le lendemain, Ludovic disparaissait. Elle déposait plainte pour non-représentation d'enfants contre son mari. L'entourage de la jeune femme était convaincu que Ludovic était caché par Emmanuel Delacroix et ses proches.

Cette disparition semblant s'inscrire dans un contexte familial très dégradé, des perquisitions simultanées étaient réalisées le 4 juin chez Mme B. à Saint-Pierre-de-Bailleul où logeait Emmanuel, chez M. et Mme H. qui avaient gardé les enfants, chez les parents Delacroix et chez une de leurs filles. Elles se révélaient toutes infructueuses.

Le 31 juillet 1987, Ludovic n'étant pas réapparu, Mme Corinne Moreau, juge d'instruction à Évreux, saisissait le SRPJ de Rouen par commission rogatoire pour non-représentation d'enfant. Elle prescrivait en particulier d'entendre les personnes constituant l'environnement de l'enfant disparu, durant les derniers mois.

Une diffusion nationale de recherches complétant la diffusion initiale, ainsi qu'une circulaire, étaient émises.

Tous les membres des familles Delacroix et G. ainsi que les personnes ayant eu la garde de Ludovic depuis début avril 1987, étaient entendus. Emmanuel Delacroix leur avait fait savoir qu'il entendait divorcer et ne voulait absolument pas laisser les enfants avec leur mère. Il donnait pour consignes de ne pas les sortir et au cas où son épouse se présenterait – ce qui s'était d'ailleurs déjà produit – de ne pas dire où ils se trouvaient. Il ressortait des témoignages que le père manifestait davantage d'affection pour Ludovic que pour Damien. La plupart de ces personnes se disaient convaincues que Ludovic était caché par son père. Il travaillait certes le 31 mai dans l'après-midi, mais aurait pu faire enlever l'enfant par une connaissance.

Emmanuel Delacroix ayant trouvé pour l'été un emploi saisonnier de serveur dans un restaurant à Colomars (Alpes-Maritimes), la juge d'instruction décidait d'un transport sur place assistée de deux enquêteurs. La mission s'effectuait le 14 août 1987. Interrogé longuement durant cette journée, Emmanuel Delacroix affirmait être totalement étranger à la disparition de son fils. Son employeur avait appris par hasard cette disparition et, eu égard au caractère fantasque d'Emmanuel, n'avait pas pris l'affaire au sérieux. Quant à son compagnon de chambre, il n'en avait jamais entendu parler.

La parution dans la presse régionale d'articles se rapportant à la disparition et comportant une photographie de l'enfant donnait lieu à des signalements de personnes pensant avoir aperçu Ludovic. Les renseignements recueillis faisaient l'objet d'une exploitation systématique, mais l'enquête ne progressait guère.

Le 21 décembre 1987, Mme Moreau délivrait une nouvelle commission rogatoire visant cette fois, des faits d'enlèvement et séquestration de mineur.

Dès ma prise de fonctions de chef de Crim' à Rouen, en janvier 1988, je m'empresse d'inventorier les principales affaires en cours avec les enquêteurs. Cette disparition mystérieuse m'est particulièrement signalée. Je me rends à Évreux pour rencontrer Mme Moreau et faire le point avec elle sur les investigations complémentaires à entreprendre. La personnalité troublante d'Emmanuel Delacroix et son comportement vis-à-vis de son épouse laissent penser à tous qu'il n'est pas étranger à la disparition de Ludovic. Il est rentré de Colomars depuis un moment et vivait dans un foyer à Évreux. Selon un renseignement communiqué par la direction de l'établissement fin décembre 1987, deux personnes auraient entendu Emmanuel prononcer des paroles inquiétantes, à savoir : « Il va falloir que je m'occupe aussi de Damien… Il est trop malheureux avec sa mère. » Il est donc décidé, avec l'accord du magistrat instructeur, de procéder à l'interpellation du père de famille et de le « cuisiner » (en tout bien, tout honneur !) dans le cadre d'une mesure de garde à vue.

Le 19 janvier 1988, Emmanuel Delacroix est donc interpellé au foyer de l'Essor à Évreux où il dispose d'une chambre puis est conduit au siège du SRPJ. Il est pris en main par l'inspecteur divisionnaire Claude Guillouet, « champion » du recueil d'aveux et fin psychologue – non-diplômé, ce sont souvent les meilleurs. Si Claude n'en obtient rien, on peut présumer qu'il n'y a rien à « tirer » de notre gardé à vue. Entendu à plusieurs reprises durant des heures, y compris par moi-même, Emmanuel Delacroix admet des incohérences dans son comportement et une attitude malveillante vis-à-vis de son épouse, mais nie farouchement toute responsabilité dans la disparition de son fils. Aucun élément ne pouvant être retenu contre lui, il est naturellement laissé libre.

Une nouvelle campagne d'affichage d'appel à témoins est entreprise en février 1988 sur le département de l'Eure et le secteur de Mantes-la-Jolie, relativement proche. De même, lors de la Foire aux cerises du 3 juin 1988, de nouveaux avis de recherches paraissent dans la presse. Ces démarches suscitent de nouveaux témoignages qui, après exploitation, s'avèrent malheureusement sans intérêt.

La disparition inexpliquée d'un enfant n'étant pas acceptable, je décide en étroite concertation avec la juge d'instruction d'approfondir les investigations sur le couple Laurent-Miot, gardiens de Ludovic et Damien au moment des faits. Le couple avait quitté Vernon en octobre 1987 pour s'installer en Haute-Saône où résidaient les parents Miot. Les personnes ayant participé aux recherches de Ludovic à la demande de Patrick Laurent le dimanche 31 mai dans l'après-midi sont réentendues. L'une d'elles, Christophe Mouchard, demi-frère de Patrick Laurent, déclare avoir vu ce dernier accompagné de Ludovic sur le champ de foire. Peu de temps après, il revoyait Patrick qui lui annonçait que l'enfant avait disparu. Il avait ensuite pris part aux recherches. Selon les différents témoignages, les enfants étaient bien traités par le couple.

Courant juin 1988, les parents de Corinne Miot sont entendus à Vesoul (Haute-Saône). Ils rapportent que leur fille Corinne et son ami Patrick ont vécu un mois chez eux en octobre 1987. À la suite d'une « indélicatesse », ils les ont mis à la porte. Le couple avait ensuite résidé à Saux (Haute-Saône) avant de disparaître des « radars ». Depuis début 1988, ils n'en avaient aucune nouvelle. Laurent est décrit comme un homme violent et malhonnête. Leur fils Thierry Miot demeurant à Vernon, leur avait confié récemment que Laurent avait maltraité le petit Ludovic, « l'attachant avec un collier et le faisant manger dans la gamelle du chien, l'enfermant entre des chaises et lui faisant faire le singe en lui lançant des cacahuètes ».

Thierry Miot qui avait accompagné Emmanuel Delacroix début avril 1987 pour retirer de force les enfants de la garde de leur mère avait déjà été entendu en août 1987. C'est lui qui avait suggéré de les confier à sa sœur Corinne et à son compagnon Patrick Laurent. Il n'avait nullement fait part lors de cette audition de mauvais traitements. Réentendu à la suite des déclarations de ses parents, il confirme leurs révélations. Il avait été témoin oculaire des agissements des gardiens de Ludovic. Selon lui, l'enfant était frappé tous les jours. Il avait aussi assisté à la confiscation par Patrick Laurent des clefs de la voiture d'Emmanuel Delacroix qui ne pouvait payer la pension. Selon lui, Emmanuel était terrifié par Patrick et n'osait pas dire que Ludovic avait subi des violences. Ce témoignage nous laisse envisager une nouvelle hypothèse : Laurent aurait pu inventer de toutes pièces la version de la disparition de Ludovic à la Foire aux cerises.

Curieusement, les langues vont se délier à Vernon. L'« omerta » est rompue. Les personnes ayant participé aux recherches le jour de la foire sont recontactées et évoluent dans leurs déclarations, notamment les femmes. Elles reconnaissent que les gardiens de Ludovic lui infligeaient de sévères punitions et avoir vu l'enfant couvert de « bleus ». Mme Isabelle H. rapporte des propos tenus par Patrick Laurent selon lesquels « si Emmanuel ne payait pas la pension, il ne reverrait pas Ludovic et une fois, il avait frappé le gamin si fort qu'il avait cru l'avoir tué... ».

Christophe Mouchard, quant à lui, affirme être arrivé le 31 mai 1987 chez Patrick Laurent en début d'après-midi. Corinne Miot avait suggéré à son concubin d'emmener Ludovic à la foire. Il les avait accompagnés, précisant s'y être rendus avec la voiture de Laurent. Mouchard ajoute avoir été présent lorsque Laurent est allé aux toilettes. Pendant ce temps, il regardait les stands à proximité. Quelques minutes plus tard, Laurent revenait et l'informait de la disparition de Ludovic.

Il lui est alors fait remarquer que Patrick Laurent n'avait jamais évoqué sa présence sur le champ de foire au moment de la disparition. Buté, il ne peut fournir d'explication à ce sujet. Étonnant, mais insuffisant pour le retenir.

Le 29 août 1988 à 7 heures, le couple Laurent-Miot qui avait pu être localisé à Aspach-le-Bas dans le Haut-Rhin est interpellé et placé en garde à vue, une équipe d'enquêteurs du SRPJ s'étant rendue sur place. Lors de la perquisition de leur logement est découvert un livret d'épargne au nom d'Emmanuel Delacroix.

Claude Guillouet est du voyage en Alsace et prend en main les auditions de Corinne Miot. Comme son concubin, elle prétend dans un premier temps que Ludovic a bien disparu à la foire. Au fil de ses déclarations, de légères contradictions apparaissent. Claude Guillouet sait les exploiter et finit par la faire craquer. Lorsque l'on ment, encore faut-il être constant dans ses déclarations ! C'est presque avec soulagement qu'elle admet que Ludovic est mort chez eux dans la nuit du 30 au 31 mai des suites d'une « gifle » que Patrick lui aurait administrée. Il s'était chargé de faire disparaître le corps de l'enfant dans la matinée du dimanche. Elle précise que dans la soirée du 30 mai, son concubin était rentré à leur domicile avec un copain, Patrice L. Les deux hommes étaient ivres. Au cours du repas, Ludovic s'était mis en colère et Laurent l'avait violemment frappé au visage. Il l'avait ensuite couché dans la même chambre que le petit Damien. Les deux enfants ne s'étaient pas manifestés durant la nuit. Patrice L. avait dormi chez eux sur un canapé puis était reparti vers 8 h 30. Vers 9 h 30, trouvant anormal que Ludovic ne soit pas encore levé, elle allait pour le réveiller et se rendit compte que le corps de l'enfant était froid. Elle appelait son ami. Ce dernier, au lieu d'alerter les secours ou la police, décidait de faire disparaître le corps. Laurent « par crainte d'être accusé d'un meurtre » emportait le petit cadavre et imaginait la disparition à la foire.

Confronté aux déclarations de sa compagne, Laurent passe également aux aveux, largement édulcorés certes, mais nous tenons enfin la résolution de cette mystérieuse disparition.

« Au cours du repas du samedi soir, Ludovic a recraché ses bouchées sur Corinne. Je me suis fâché et l'ai amené dans la cuisine où j'ai continué à le faire manger, mais il recrachait tout. Je l'ai alors frappé sur la joue droite. Sa tête a cogné du côté gauche le montant métallique de la fenêtre, ce qui a provoqué une bosse. Il s'est mis à pleurer. J'ai remarqué qu'il avait une bosse au-dessus de l'oreille gauche. Je l'ai ensuite couché dans la même chambre que Damien. Les deux enfants ont été silencieux toute la nuit.

Le lendemain matin, Corinne a découvert Ludovic mort vers 9 h 30. Nous avons paniqué, puis j'ai décidé de ne rien dire. J'ai habillé le cadavre et l'ai porté dans le coffre de ma voiture. Je comptais le déposer en forêt de Bizy, mais la présence des promeneurs m'a dérangé. J'ai poursuivi mon chemin et me suis arrêté à hauteur de Saint-Pierre-d'Aultis en bord de Seine. J'ai sorti le corps du coffre et l'ai enterré sous de grosses pierres et des plaques de bitume. »

Dans l'après-midi à la Foire aux cerises, il mettait en scène la « disparition ». Il y avait bien rencontré son demi-frère Christophe Mouchard, mais celui-ci avait menti en prétendant être arrivé à la foire avec lui et Ludovic. Toutefois, malgré les témoignages concordants concernant les sévices subis par l'enfant, il les nie farouchement.

Sur mandat d'amener du magistrat instructeur, Corinne Miot est inculpée de complicité de coups et blessures volontaires ayant entraîné la mort et écrouée à la maison d'arrêt de Mulhouse. Patrick Laurent est ramené à Vernon et nous conduit à l'endroit où il avait enterré Ludovic. Les fouilles réalisées sur ses indications permettent de découvrir quelques ossements et les vêtements de l'enfant.

Présenté au juge d'instruction, Laurent était inculpé à son tour puis écroué à la maison d'arrêt d'Évreux.

Entendu, Patrice L. reconnaît avoir passé la soirée et la nuit du 30 au 31 mai chez le couple. Ils avaient beaucoup bu. Il précise que Ludovic semblait traumatisé depuis qu'il était chez eux. Il avait vu l'enfant avec des « bleus » sur le visage et sur les bras. Il était présent un jour où ses gardiens lui avaient infligé une punition, « lui mettant un slip plein de pisse sur la tête ». Il n'avait pas assisté à la « gifle » fatale. Ses souvenirs de la soirée étaient plutôt confus. Et pour cause ! Il était reparti le dimanche matin et avait remarqué que Corinne et Patrick étaient nerveux.

Christophe Mouchard qui de toute évidence avait menti sur sa présence à la foire en présence de Patrick Laurent et Ludovic, finira par revenir sur ses dires. Il avait voulu couvrir son demi-frère. Il était passé le dimanche matin rendre visite à Corinne et Patrick qu'il avait trouvés inquiets. Patrick lui avait confié avoir frappé Ludovic, ce qui avait provoqué sa mort. Son problème était de se débarrasser du corps qui se trouvait encore chez eux. Mouchard affirme ne pas s'en être mêlé, mais rien n'est moins sûr. Ce qui conduira la juge d'instruction à l'inculper de recel de cadavre, non-dénonciation de crime et outrage.

Cette affaire fort heureusement solutionnée ne laisse aucun enquêteur de notre service insensible au calvaire enduré par le petit Ludovic : un enfant de trois 3 et demi, balloté de gardien en gardien, échouant finalement chez un couple d'abrutis qui lui fait subir sévices et violences, au point de lui porter (au moins) un coup mortel. L'attitude de Laurent après le décès est révélatrice d'une volonté de dissimuler un corps supportant des traces de violences subies régulièrement qui n'auraient pas échappé à l'examen d'un médecin légiste.

À titre personnel, je m'en veux d'avoir soupçonné le père de la petite victime, de l'avoir placé en garde à vue et de l'avoir ni plus ni moins accusé d'être impliqué dans la disparition de son fils. Certes son comportement troublant et des témoignages concordants orientaient dans un premier temps les soupçons vers lui. Mais il était innocent ! En tant que père, je réalise ce qu'il a pu ressentir. Ce souvenir ne me quittera jamais durant ma carrière et me revient encore de temps à autre. J'ai participé par la suite à une enquête criminelle où une mère avait tué sa fille de 13 ans, d'un coup de couteau de cuisine planté en plein cœur. Elle avait maquillé la scène de crime pour orienter les investigations vers une agression à caractère sexuel : pantalon, collant et culotte baissés au niveau des genoux. À notre arrivée sur les lieux, elle semblait éplorée. Au fil de l'enquête, des contradictions apparaissaient entre ses déclarations et certains témoignages, amenant à s'interroger sur son éventuelle culpabilité. Aborder cette hypothèse avec elle était un cas de conscience : et si on se plantait ! En l'occurrence, c'était bien elle. Femme délaissée, vieillissante et déprimée, voyant sa fille se transformer et embellir, elle avait dans un accès de jalousie, commis l'irréparable. Tout peut arriver !

CADAVRE EN EAUX TROUBLES : AFFAIRE DASSAC/CONS-BOUTBOUL[6]

Le 5 mai 1988 au petit matin, l'opérateur téléphonique du centre d'incendie et de secours du Havre prend un appel signalant la présence d'un corps humain échoué sur des enrochements, digue Augustin-Morvan, à l'entrée

[6] Voir l'émission « Faites entrer l'accusé », saison 1 : « Secrets de famille ».

du port de plaisance. Des pompiers se transportent sur place et sont rejoints peu de temps après par des fonctionnaires des Polices urbaines locales. La victime, décédée, est identifiée au vu de documents d'identité trouvés sur elle. Il s'agit de Bruno Dassac, 51 ans, représentant en linge de maison, demeurant 24 rue Dicquemare au Havre. Le corps est transporté au funérarium du Havre pour être examiné par le docteur Egon, médecin de l'état civil. Selon lui, les plaies observées à l'œil droit et à la nuque sont dues au choc sur les rochers. Ce praticien conclut à un décès accidentel par traumatisme crânien et noyade combinés. Chute involontaire ? Suicide ? Une « enquête décès » est ouverte, diligentée par la police havraise. Une perquisition au domicile de Dassac et un rapide voisinage sont effectués. Il en ressort qu'il a pris son repas du soir dans son appartement où il vit seul, le 4 mai après 20 heures, heure à laquelle il a croisé l'un de ses voisins, lui précisant qu'il attendait « du monde ». Ce voisin est le dernier témoin à avoir vu la victime vivante. Les recherches visant à retrouver sa voiture Volvo 360 GLE demeurent vaines.

Le dimanche 8 mai 1988 à 23 h 10, des agents de sécurité du port autonome du Havre découvrent cette Volvo immatriculée 8052 LT 76 en flammes sur les docks, quai Hermann-Pasquier. La voiture totalement détruite a été conduite à cet endroit peu avant d'être incendiée.

Le 11 mai, la procédure d'enquête décès est transmise au Parquet du Havre et enfin, le 16 mai, une information est ouverte au cabinet de M. Michel Beaulier, juge d'instruction, pour recherches des causes de la mort. Surprise ! L'autopsie effectuée le 18 mai révèle qu'en réalité, la mort de Bruno Dassac est consécutive à une blessure par balle, probablement 9 mm, tirée à l'arrière du crâne et ressortie à la base de l'œil droit. La fouille des vêtements portés par la victime permet de découvrir, outre divers documents administratifs, deux agendas supportant de nombreux noms, adresses et numéros de téléphone.

Dans la matinée du 19 mai, je reçois un appel téléphonique du juge Beaulier qui me fait part de cette affaire et de son intention de saisir la PJ de l'enquête pour homicide volontaire. Accompagné de l'inspecteur divisionnaire Claude Gervois, je me rends donc le jour même à son cabinet au Havre, où nous échangeons sur les faits et les investigations à envisager. Puis direction le commissariat du Havre pour faire un point avec nos collègues de la sûreté urbaine qui ont réalisé les premiers actes d'enquête, somme toute des plus succincts. En effet, jusqu'au 18 mai, date de l'autopsie, malgré l'incendie de la Volvo, la mort de Dassac est considérée comme naturelle. Il est toujours regrettable dans une affaire criminelle, de débuter les investigations tardivement, car le temps passé altère les témoignages, des indices disparaissent, les souvenirs s'estompent… L'examen approfondi de la Volvo révèle la trace d'une balle dans l'une des portières. Le représentant en trousseau a été abattu alors qu'il se trouvait à l'avant de son véhicule. Une véritable exécution. Le ou les auteurs du crime ont vraisemblablement voulu faire disparaître toute trace de leur présence dans la voiture en l'incendiant.

Dassac est mort entre 22 heures et 2 heures, dans la nuit du 4 au 5 mai. Il a répondu vers 20 h 30 à l'appel téléphonique d'une amie. Il a dû quitter son appartement précipitamment, laissant sur la table son dessert, une poire et la salade. Les investigations concernant son passé et son environnement font apparaître un personnage des plus troubles, partageant sa vie entre Le Havre et Paris : pas d'activité professionnelle régulière, ancien du Service d'Action Civique (SAC), encarté au RPR à Paris jusqu'en 1985, fréquentant assidument paddocks et champs de courses, casinos et cercles de jeux parisiens. Des pertes de jeux significatives sont recensées, notamment au casino de Trouville en 1986 et 1987. Sa présence est relevée à 110 reprises entre octobre 1987 et mars 1988 à Paris au cercle « Hausman » pour des enjeux journaliers d'environ 2 000 francs. Pour la seule année 1986, Dassac a fréquenté 148 fois le cercle « Bonne Nouvelle ». Il se vantait de connaître « du monde ». Il avait obtenu en août la carte de la Société d'encouragement des courses, sésame permettant de traîner partout dans les hippodromes. Étant sans revenus réguliers au cours de cette période, son activité n'était pas compatible avec ses dépenses dans les jeux et les courses. Quelle était l'origine de cet argent ? Certes, il lui arrivait de jouer les gros bras au Havre pour recouvrer les créances de certaines sociétés auprès de débiteurs, mais ces opérations rapportaient peu.

Je charge les inspecteurs principaux Didier Thélu et José Téjada de l'identification des nombreuses relations de Dassac à partir de ses carnets d'adresses, répertoire et de la facturation détaillée de sa ligne téléphonique. Ils sont amenés à rencontrer l'ensemble de ces personnes tant au Havre qu'à Paris. Parmi celles-ci, Mme Jocelyne Brion, charcutière, rue Mignard dans le 16e arrondissement à Paris. Elle est titulaire d'un numéro de téléphone figurant sur le répertoire de Dassac à côté du nom d'une certaine

Marguerite Sanson. Mme Brion est formelle : elle ne connaît personne répondant à cette identité, pas plus qu'elle ne connaît Bruno Dassac. Il faut donc passer à autre chose… Toutefois, quelques semaines plus tard en février 1989, une diffusion nationale adressée à tous les services de police judiciaire tombe sur le téléscripteur du SRPJ de Rouen. La brigade criminelle de la PJ parisienne cherche à identifier le service de police de province qui serait intervenu à la charcuterie de la rue Mignard dans le cadre d'une enquête pour homicide volontaire. Aussitôt, nous prenons contact avec nos collègues qui nous informent que la ligne téléphonique de Mme Brion a été placée sous surveillance dans le cadre de l'enquête relative à l'assassinat, le 27 décembre 1985, de Jacques Perrot, 39 ans, avocat au barreau de Paris, ami de Laurent Fabius, Premier ministre de l'époque, « cavalier » et « cavaleur », marié à Darie Boutboul, femme jockey célèbre dans le milieu turfiste et la jet-set parisienne. Jacques Perrot avait été descendu de trois balles de calibre 22 long rifle dans les escaliers de l'immeuble où il résidait et avait son cabinet, 29 avenue Gorges-Mandel. Les policiers parisiens de la Crim' mènent leur enquête en exécution d'une délégation judiciaire du juge Alain Verleene. Ils soupçonnent Élisabeth Cons-Boutboul, belle-mère de Jacques Perrot, de ne pas être étrangère à cette exécution. Sa fille Darie et son gendre étaient en instance de divorce et en conflit ouvert sur la garde du petit Adrien, né de leur union. L'avocat enquêtait sur sa belle-famille et venait de découvrir de nombreuses invraisemblances. Son beau-père Robert Boutboul n'était pas mort dans un accident d'avion, comme lui avait fait croire sa belle-mère, mais bien vivant. Cette dernière, avocate de profession, s'était fait radier à vie du barreau à la suite d'une énorme escroquerie au préjudice de la congrégation des Missions étrangères. Sans procéder au moindre acte juridique, elle avait berné les « bons pères » durant 13 ans, leur soutirant des millions en leur faisant croire à une procédure engagée auprès de la Cour internationale de justice de La Haye à la suite d'un litige les opposant à une « grande » famille qui prétendait avoir été spoliée de son héritage lors d'une succession remontant à 1920 à Hong Kong. La « sainte femme » fréquentant assidument églises et chapelles était censée ne percevoir aucun honoraire, mais se faire remettre des fonds uniquement au titre des frais procéduraux. Elle les récupérait soit en liquide auprès des ecclésiastiques, soit lors de retraits sur des comptes en Suisse. Tout était bidon : son accréditation auprès de la Cour de La Haye, sa capacité à plaider en quatre langues (elle ne parlait que le français), la procédure n'étant que le fruit de son imagination. Élisabeth devient richissime. Pas de dépôt de plainte des Missions étrangères qui ne souhaitent pas voir l'affaire portée sur la place publique, mais une dénonciation au Conseil de l'ordre des avocats à Paris. Mme Cons-Boutboul fournit devant ses pairs des explications des plus fumeuses. Elle reconnaît l'invention de la procédure, ne donne pas la destination des fonds perçus, prétendant avoir agi au nom des intérêts supérieurs du Vatican et de l'Église ! S'en suit la radiation du barreau. Jacques Perrot aurait-il été trop curieux ? Entendait-il « négocier » un divorce à l'amiable, assorti d'une garde alternée de l'enfant, contre sa discrétion sur l'univers obscur de sa belle-mère ? Dans le cas inverse, il aurait pu tout déballer.

Selon plusieurs témoignages, Jacques Perrot devait dîner le soir de son exécution avec Mme Cons-Boutboul, chez lui, avenue Mandel. Au dernier moment, celle-ci lui avait téléphoné pour annuler le rendez-vous, prétextant un grave problème de santé de son frère. En réalité, elle dînait avec Darie chez son ami et ex-employeur Maître Delphy, repas programmé depuis deux semaines. Étrange. Ce « faux » rendez-vous n'avait-il pas pour but de « fixer » Jacques Perrot à son domicile ? Ce même soir, un pneu de son véhicule avait été crevé, ce qui accrédite la thèse du guet-apens.

Lors de filatures, nos collègues parisiens avaient constaté que Mme Cons-Boutboul, craignant que sa ligne téléphonique ne fût écoutée, fréquentait régulièrement la charcuterie de la rue Mignard et en profitait pour y échanger des communications téléphoniques. Ils avaient donc placé ce numéro sous surveillance à partir de juillet 1986. Il apparaissait dès lors qu'elle était en contact régulier avec un mystérieux « Robert » et qu'elle utilisait le pseudonyme de « Marguerite Sanson ». Les conversations échangées laissaient entendre en termes voilés qu'ils étaient en relations d'« affaires ». Il était question de versements d'argent que « Robert » réclamait, ainsi que d'un « intermédiaire de Seine-Maritime ». L'un des enregistrements faisait état d'une « indemnité de dégât des eaux » qu'elle réservait à « M. Robert pour le 21 août 1987 ».

L'enquête de nos collègues piétinant, ils décident de convoquer la charcutière Jocelyne Brion le 7 février 1989 au 36 quai des Orfèvres et de crever l'abcès. Interrogée sur ses relations avec Élisabeth Cons-Boutboul, elle déclare qu'il s'agit uniquement d'une fidèle cliente depuis près de 25 ans et s'abstient de parler de l'utilisation régulière de sa ligne téléphonique par l'intéressée. Ce n'est que lorsque les policiers lui font entendre un enregistrement qu'elle revient sur ses dires. Elle précise que quelques jours après le décès de son gendre, sa cliente, « sachant » sa ligne sur écoute policière, lui avait demandé l'autorisation de téléphoner de son arrière-boutique. Mme Cons utilisait bien le pseudonyme de « Marguerite Sanson ». Il était même arrivé à la commerçante de réceptionner une enveloppe, selon elle, « mal fermée », destinée à « Marguerite » et contenant 150 000 francs en coupures de 500 francs, remise par une jeune femme inconnue. Pour remercier la charcutière, Élisabeth lui avait remis 5 000 francs. Elle l'avait informée de sa convocation à la Brigade criminelle et l'ex-avocate lui avait demandé de parler d'elle comme d'une simple cliente et surtout de taire l'utilisation du téléphone. Mme Brion était incapable de fournir le moindre élément susceptible de permettre l'identification de « Robert ».

Le 16 février 1989, la charcutière se représente d'elle-même à la brigade criminelle. Elle a oublié de préciser, lors de son audition, qu'elle avait reçu fin décembre 1988 la visite rue Mignard, de deux inspecteurs de police qui enquêtaient sur une affaire d'homicide. Mais elle ne se souvenait pas du service auquel ils appartenaient. Dès le 17 février, l'état-major de la PJ parisienne procède donc à une diffusion nationale pour identifier ce service. À la lecture de ce télex à Rouen, nous réagissons immédiatement, car le numéro de téléphone de la charcuterie Brion demeurait une énigme pour nous. Nous savons enfin qui est Marguerite ! À Paris nos collègues se réjouissent également. Leur enquête rebondit. À cette occasion, je fais la connaissance de Patrick Hefner, mon homologue du « 36 », avec lequel le courant passe fort bien.

Avec l'accord des deux juges d'instruction, les investigations sont désormais menées conjointement par les deux services de PJ et permettent d'établir que « Robert » n'est autre que Bruno Dassac. Sa mère authentifie formellement sa voix. Dassac serait-il impliqué dans le meurtre de l'avocat Perrot ? Le tueur ? Un intermédiaire ? Un complice ? Sa présence à Paris le 27 décembre 1985, jour de l'assassinat, ressort de l'enregistrement des entrées dans les cercles de jeux. Les 24, 25 et 26 décembre, il se trouvait chez une amie parisienne, Jacqueline Faucillon ; selon elle, il était en possession d'une arme. Elle ajoute l'avoir accompagné à Genève les 8 et 9 septembre 1986. Il s'était absenté une heure, prétextant avoir une course à faire, sans autre précision.

Les juges Beaulier et Verleene, de leur côté, s'échangent le maximum d'informations, élaborant une stratégie commune de poursuite de leur instruction respective. L'environnement financier de Mme Cons fait apparaître une totale disproportion entre ses revenus déclarés au fisc, une maigre retraite d'avocate radiée, de 12 300 francs par trimestre et un train de vie dispendieux tant à Paris qu'à Deauville l'été. Sous couvert d'une cousine résidant au États-Unis, elle avait acheté des chevaux de courses pour être montés par Darie ; avait arnaqué quelques proches naïfs qui lui avaient confié des fonds pour des investissements tout aussi bidon que la procédure de La Haye ; était titulaire d'un compte bancaire en Suisse ; s'était inventée trois cancers pour apitoyer avec succès les agents des services fiscaux. Une reine de l'embrouille !

Dassac ayant l'habitude d'utiliser les cabines téléphoniques publiques pour passer des appels qu'il voulait discrets, nous nous faisons communiquer par les Télécoms les listings des numéros appelés depuis les cabines situées à proximité de son domicile. Gros boulot pour sélectionner, à l'heure de l'informatique balbutiante, parmi ces milliers de numéros, ceux qui sont susceptibles d'être intéressants. Nous y trouvons des numéros figurant sur ses répertoires, donc vraisemblablement des relations quelque peu « douteuses » pour être appelées d'une cabine située au pied de son immeuble. Mais en outre, un numéro jusque-là inconnu, d'un correspondant basé en Suisse revient à plusieurs reprises. Après identification, il s'agit d'un numéro attribué à une banque helvétique, la Banque suisse de Crédit et de Dépôt (BSCD). Serait-ce Dassac qui téléphonait à cet établissement ? Cela mérite un déplacement à Genève. Le juge Beaulier, s'y rend. Bruno Dassac avait bien ouvert un compte à la BSCD en septembre 1986. Ce compte avait été approvisionné par un certain « D-Nitram » les 4 septembre 1986 (26 000 francs suisses) et 21 août 1987 (10 000 francs suisses). Cette dernière date correspond à celle fixée par « Marguerite » dans la conversation concernant « l'indemnité de dégât des eaux » qui devait être versée à « M. Robert ». « Nitram » sera « identifié » ultérieurement. Il ne s'agit pas d'un individu, mais d'un code permettant de débloquer le compte numéroté d'Élisabeth Cons-Boutboul ouvert à la Banque Clariden à Genève. Elle avait donc versé plus de 140 000 francs français à Dassac postérieurement au meurtre de son gendre. De plus, les vérifications feront apparaître que l'ex-avocate avait effectué des retraits fréquents du compte « Nitram » depuis la mort de Jacques Perrot. Sur ses instructions, une dizaine d'opérations avaient été réalisées à partir de ce compte, géré par Michel Constantin, un ancien dirigeant de la

Banque Clariden, et les sommes confiées à Émile Shori, assureur suisse complaisant et ami de Mme Cons, domicilié à Pyrimont dans l'Ain.

Le 2 juin 1989, un chauffeur de taxi parisien d'origine portugaise, Isauro Figuier, devenu au fil du temps l'homme de confiance de sa meilleure et généreuse cliente Mme Cons, est entendu au quai des Orfèvres. L'audition est suivie de la présentation d'une planche photographique. Sur deux clichés, Figuier reconnaît Dassac, dont il ignore l'identité. Il précise que lors d'une course effectuée quelques jours avant l'assassinat de Jacques Perrot, il avait conduit Mme Cons avenue Kléber. Elle lui avait demandé de l'attendre, car elle devait rencontrer quelqu'un. Le chauffeur l'avait suivie du regard dans son rétroviseur. Il l'avait vue s'adresser à un homme auquel elle avait serré la main. Après une brève conversation, elle était remontée dans le taxi pour se faire conduire chez Fauchon, avant d'aller se recueillir dans une chapelle. Il est certain qu'il s'agit de l'individu figurant sur les photos présentées. Il avait été choqué de voir sa cliente parler à « un homme d'un aspect aussi douteux ». Ce témoignage s'avère déterminant, après la mise au jour de l'argent versé en Suisse sur le compte de Dassac et les échanges téléphoniques « clandestins ». Au vu de ces éléments, et après concertation, le juge Beaulier nous donne pour instruction de procéder aux interpellations d'Élisabeth Cons, de sa fille Darie et de l'assureur Schori, dans le cadre de son dossier.

Les interpellations des deux femmes sont réalisées avec l'assistance de nos collègues de la brigade criminelle de Paris le 6 juin 1989 au matin. Les deux femmes sont placées en garde à vue et après une première audition au 36 quai des Orfèvres, sont transférées au siège du SRPJ de Rouen.

L'ex-avocate commence par déclarer qu'elle ne connaît pas Bruno Dassac. Informée de notre connaissance des conversations téléphoniques échangées avec « M. Robert », elle admet avoir eu ces contacts sous le pseudonyme de « Marguerite », mais affirme ne pas connaître la véritable identité de cet homme. Il serait venu un jour à sa rencontre, alors qu'elle se trouvait en prière à la chapelle de Saint-Philippe du Roule, et lui aurait confié détenir des informations sur l'assassinat de son gendre. Curieusement, elle ne le reconnaît pas sur la même planche photographique que celle présentée à Isauro Figuier. Elle ne lui a jamais versé le moindre argent. Elle ment effrontément avec un naturel déconcertant et visiblement, cela l'amuse.

De son côté, Émile Schori consent à s'expliquer sur les opérations financières réalisées à la demande de Mme Cons et pour lesquelles il n'a joué qu'un rôle d'intermédiaire. Il est titulaire d'un compte à la Poste du Montblanc à Genève. Lorsqu'Élisabeth voulait récupérer des fonds, elle lui téléphonait pour annoncer un versement de « Nitram » sur ce compte. Celui-ci retirait alors l'argent ainsi viré et remettait à l'intéressée la contrepartie en francs français. Selon Schori, les mouvements portaient effectivement sur une dizaine d'opérations (de 20 000 à 50 000 francs suisses à chaque fois). Les trois derniers mouvements (juin et septembre 1988, mars 1989) représentaient environ 360 000 francs français. C'est son épouse qui avait déposé à la charcutière Brion l'enveloppe contenant les 150 000 francs.

Élisabeth Cons reconnaît la réalité de ces opérations ainsi que les remises de fonds par Shori. Elle refuse en revanche catégoriquement de s'expliquer sur l'origine de cet argent. Toutefois, il ressort clairement des éléments recueillis qu'elle a procédé à des retraits importants après la mort de son gendre et immédiatement après celle de Dassac. Pourquoi ? Dassac aurait pu jouer un rôle dans l'assassinat de Jacques Perrot et se montrer par la suite menaçant et quelque peu « gourmand » envers Élisabeth Cons qui l'aurait fait supprimer. Reste à le démontrer, car ils auraient aussi pu être en « affaires » pour d'autres raisons. C'est d'ailleurs ce qu'elle prétend et fait savoir qu'elle s'en expliquera devant le juge.

Durant la garde à vue des deux femmes, des représentants de la presse nationale font le siège de l'hôtel de police de Rouen, un journaliste de *Paris-Match* n'hésitant pas à proposer à des enquêteurs de la PJ de l'argent pour obtenir une photo de Darie Boutboul dans les locaux du commissariat. Celle-ci, ignorant les turpitudes de sa mère, sera laissée libre après ses auditions et nous lui assurerons une sortie discrète de nos locaux.

À l'issue de sa garde à vue, Mme Cons-Boutboul est présentée le 8 juin 1989 au juge Beaulier qui l'inculpe de complicité d'homicide volontaire et la place sous mandat de dépôt à la maison d'arrêt Bonne Nouvelle à Rouen. Après le cercle parisien « Bonne Nouvelle » pour le trousseautier, prison « Bonne Nouvelle » pour l'ex-avocate ! Quant à Schori, il est laissé libre.

Pour tenter d'y voir plus clair quant aux multiples opérations bancaires effectuées en Suisse, une nouvelle mission est effectuée à Genève par le magistrat instructeur et deux inspecteurs que j'ai désignés pour l'assister. Michel Constantin, gestionnaire de fortunes et ancien directeur de la Clariden Bank, est entendu. Le 26 février 1986, Élisabeth Cons lui avait donné pour ordre de clôturer officiellement son compte. Officieusement, Constantin récupérait un million et demi de francs en liquide qu'il tenait à disposition de sa cliente, exécutant ses instructions au fil du temps jusqu'en mars 1989, sous le nom de « Nitram » : virements sur le compte d'Émile Schori, versements en espèces, virements sur un compte suisse baptisé « Crocodile », dont le titulaire est identifié comme étant Jean-Marcel Rozier, ancien champion olympique français de saut d'obstacles (qui reversait cet argent à l'inculpée), et bien sûr, les deux virements effectués sur le compte numéroté de Dassac ouvert sous le nom de « Fisher ». Ce n'est pas tout, Constantin était aussi gestionnaire des fonds des Missions étrangères. La plupart des sommes versées sur le compte de la dévote provenaient des comptes de la congrégation. La boucle est ainsi bouclée sur l'origine de la fortune de l'ex-avocate. L'argent lui était remis à sa demande, à la charcuterie Brion ou dans des chapelles parisiennes.

Entendue le 6 août 1989 par M. Beaulier sur les opérations de Michel Constantin, Élisabeth Cons ne nie pas les faits, mais déclare qu'elle ignore le nom du titulaire du compte « Fisher » ouvert par Dassac. Elle réfute avec aplomb faire un usage personnel des fonds rapatriés, prétendant n'être qu'un « passeur » au service du Vatican. Dassac, lui aussi « petit passeur », lui aurait été présenté au siège des Missions étrangères par un père, bien évidemment décédé depuis.

Les mensonges successifs de l'inculpée quant aux circonstances de sa première rencontre avec Dassac, nous amènent à effectuer des vérifications dans plusieurs directions. Comme il est apparu qu'ils étaient tous deux militants du RPR à Paris, je suggère à mes collègues parisiens du « 36 » de vérifier au siège de ce parti politique s'ils n'ont pas appartenu à la même « section ». Leur réponse est catégorique : « Tu n'y penses pas ! C'est un coup à se retrouver dans le bureau de Juppé. » « Ce n'est pas grave, j'irai seul », dis-je. « Ah ! Ces Bretons ! » Après avoir pris rendez-vous auprès du secrétariat général du RPR, je me présente quelques jours plus tard au 123 rue de Lille dans le 7e arrondissement. Contrairement à ce qui m'a été prédit, je suis accueilli courtoisement. J'ai accès aux fiches informatiques de nos deux « clients » sans difficulté. Ils étaient effectivement encartés, sans responsabilité particulière, appartenaient à des sections différentes et n'avaient donc pas de raison d'avoir fait connaissance au sein du parti. Passons donc à autre chose, mais au moins, c'est purgé.

Le 16 juin 1989, soit huit jours après l'inculpation de Mme Cons, l'inspecteur Pierre Guillaume en fonction à la sûreté urbaine du Havre, contacte le juge Beaulier. Il a une révélation à lui faire. Il détient depuis le 22 mai 1988 (depuis plus d'un an !) des renseignements concernant la mort de Dassac, recueillis auprès d'un informateur désireux de conserver l'anonymat. Dassac se serait vanté, auprès du « tonton » (informateur, dans le jargon policier) d'avoir liquidé Perrot. M. Beaulier, fort contrarié de ce retard inexplicable à communiquer un « tuyau » aussi capital, demande à Guillaume de lui remettre un rapport écrit. Ce qu'il ne fera que le 4 juillet 1989.

Entre-temps, nous poursuivons nos investigations dans le « milieu » havrais proche de Bruno Dassac où les rumeurs vont bon train, notamment quant à la disparition d'une mystérieuse mallette qui aurait été récupérée au domicile du représentant de commerce peu après sa mort.

Le 20 juin 1989, nous interpellons plusieurs amis du défunt : François Chapleau (ancien du SAC, vivotant de combines, et franc-maçon « grand public »), Georges Maliquévique (ancien du SAC, voyou recyclé, tenancier de la « Salle à manger », PC des « potes » de Bruno), Brigitte Amice, Maurice Gens et son épouse Henriette De Sacco. Quelques jours après l'incendie de la Volvo sur le port, Chapleau a réuni ces personnes chez Maurice Gens. Il souhaitait récupérer un attaché-case compromettant dans l'appartement de Dassac. À sa demande, Brigitte Amice, ex-maîtresse du VRP, s'y était rendue, avait trouvé la mallette et l'avait ramenée chez Gens. Chapleau l'avait fouillée immédiatement, mais n'y aurait pas découvert ce qu'il cherchait. Gens aurait été chargé de la faire disparaître et l'aurait jetée dans une benne à ordures. Chapleau déclare avoir agi par peur, craignant que le ou les assassins de son ami ne s'en prennent à lui. Il avait effectivement secondé la victime dans le recouvrement de créances, tenant à l'occasion le rôle d'huissier de justice, et craignait donc que son nom ne se trouve trop lié à celui de Dassac. Connu pour être « roublard » et « rouleur de caisse », Chapleau cherche-t-il à brouiller les pistes ? M. Beaulier l'inculpe, ainsi que Brigitte Amice, de « destruction ou soustraction de documents de nature à faciliter la recherche des crimes et délits ». Chapleau est placé sous mandat de dépôt à la maison d'arrêt locale. Mais ce nouvel épisode ne fait guère progresser notre enquête.

Quant au rapport de l'inspecteur Guillaume, que révèle-t-il ? Dassac serait le meurtrier de Perrot. Il se serait senti menacé quelques semaines avant sa mort, précisant évoluer dans la mouvance de la loge maçonnique P2 pour le compte de laquelle une vaste carambouille était organisée.

Il aurait détourné une partie des fonds nécessaires à la mise en œuvre de l'escroquerie. Il redoutait les réactions d'un huissier de justice havrais, Jean-Pierre C., et de son « bras droit », François Chapleau, appartenant eux-mêmes à la mouvance de la loge P2. Mais pourquoi, diable, Guillaume avait-il gardé pour lui ces informations alors qu'à maintes reprises, il s'était entretenu avec des enquêteurs de la PJ en charge de l'enquête ? Il se justifie dans son rapport en écrivant : « Je n'ai jamais douté de la probité de mon informateur. Cependant, j'avais cru déceler quelques extravagances dans les faits révélés. Mais les derniers développements survenus au cours de l'instruction dont j'ai eu connaissance dans la presse locale m'ont amené à penser que les renseignements recueillis avaient peut-être un fond de vérité. » Il refuse de dévoiler l'identité de son informateur qui craindrait pour sa vie.

Jean-Pierre C. n'est pas un huissier comme les autres. Il est connu pour ses méthodes de travail fermes, mais efficaces et rentables. Il est franc-maçon et vient de quitter la Grande Loge de France pour frapper à la porte du Grand-Orient. Chapleau, avant de s'en faire exclure, appartenait à la même loge que Jean-Pierre C. Nous interpellons l'huissier le 19 juillet 1989. Il connaissait effectivement Dassac depuis 1983 dans le cadre d'affaires de recouvrement de créances. Il rejette en bloc le contenu du rapport de Guillaume, qualifiant ces écrits de « grotesques » et s'interrogeant sur ce que Dassac aurait eu à craindre de lui. Il affirme ne plus entretenir de relations avec Chapleau depuis trois à quatre ans. Ils avaient voyagé ensemble cinq années auparavant au Brésil et au Paraguay, mais il s'agissait selon lui, de voyages d'agrément. Il est certes franc-maçon, mais n'a jamais appartenu à la loge P2, d'ailleurs dissoute. Il est mis fin à sa garde à vue à l'issue de ses auditions.

Pierre Guillaume, plusieurs fois sollicité par moi-même et le juge Beaulier, afin de convaincre son informateur de se faire connaître, reste étrangement muet. Ce n'est que convoqué par le juge Verleene et pressé par les plus hautes autorités de la préfecture de police qu'il « balance » le nom de sa « source » après avoir obtenu l'accord de celle-ci. Il s'agit tout bonnement d'un sous-brigadier à la Police de l'Air et des Frontières du Havre, Patrick Jouan. Entendu par le juge Beaulier, Jouan confirme partiellement les termes du rapport rédigé par Guillaume. Il avait rencontré Dassac peu de temps avant sa mort au bar « Chez Louise », dans le quartier des Halles. Dassac, après quelques verres, avait fait un « amalgame » entre la loge P2, la Suisse, Jean-Pierre C., Chapleau et, selon les propres termes de Jouan, il avait prononcé la phrase : « J'ai fait une grosse connerie avec la famille Boutboul », sans préciser qu'il avait tué Perrot. Vu la qualité de policier de l'« informateur » Jouan, on peut penser que Guillaume avait fait de la rétention d'information par pur ressentiment d'avoir vu la PJ de Rouen saisie de cette enquête. Jouan avait porté ces informations à la connaissance de Guillaume, car il le pensait en charge du dossier. Le Havre est un petit monde fermé où l'on n'aime pas voir des éléments extérieurs venir fourrer le nez dans les affaires locales. C'est ce qui justifiera quelques années plus tard la création d'une antenne du SRPJ dans cette ville portuaire où l'importance du trafic maritime international se révèle propice à la commission d'infractions les plus diverses.

À Paris, l'enquête connaît un rebondissement le 27 septembre 1989. Isauro Figuier, le chauffeur de taxi, est à nouveau entendu. Confronté à des communications téléphoniques échangées avec l'ex-avocate, il finit par « s'allonger ».

Mme Cons, à l'occasion de courses effectuées à bord du taxi, lui avait confié en 1985, avant l'été, de soi-disant « misères » qu'elle subirait de la part de son gendre : « comportement de fou », terreur, violences... précisant que si elle en avait la force, elle le tuerait. Elle semblait craindre pour la vie de son petit-fils. Elle lui avait demandé un jour s'il ne connaissait pas, parmi ses compatriotes portugais, « des gens qui accepteraient de lui donner une bonne dérouillée, quitte à le laisser sur le carreau ». Par la suite, courant septembre, elle lui déclara « qu'elle paierait cher pour le faire supprimer, mais qu'il fallait des gens de confiance pour cela ». Elle le sollicita de nouveau pour savoir s'il connaissait des personnes susceptibles de l'aider dans cette tâche. Figuier précise que sa cliente lui avait montré des photos de Jacques Perrot. Lorsqu'il l'avait vue avec l'homme à l'allure douteuse, il avait aussitôt fait le rapprochement avec le « contrat Perrot ». S'il n'avait pas parlé plus tôt, c'est parce qu'il était mort de peur et qu'il craignait pour sa vie. Ce témoignage tardif de Figuier change la donne et accrédite fortement la thèse de l'implication d'Élisabeth Cons-Boutboul dans l'assassinat de son gendre.

Stupéfaction énorme quelques jours plus tard ! Un article de l'hebdomadaire *Paris-Match* consacré à l'affaire Cons-Boutboul, relatant les investigations policières, est illustré par une photo : la photocopie du procès-verbal d'audition du chauffeur de taxi. Les deux juges d'instruction sont furieux. À Rouen, nous soupçonnons nos collègues parisiens d'être à l'origine de cette fuite, tandis qu'eux-mêmes soupçonnent les flics provinciaux que nous sommes d'être en quête de publicité. Tollé général et grand malaise ! Mais il n'en est rien. La vérité sur cette violation scandaleuse du secret de l'instruction devait voir le jour peu de temps après.

Le juge Beaulier me contacte un soir pour me faire part de son émoi. Il sait qui est à l'origine de la fuite, mais préfère ne pas m'en parler au téléphone, tellement c'est « gros ». Accompagné de mon adjoint Hervé Lafranque, particulièrement impliqué dans la gestion du dossier, je pars aussitôt au Havre. À notre arrivée tardive au palais de justice, nous sommes surpris par l'importance inhabituelle à cette heure, de l'éclairage à l'intérieur du bâtiment fermé au public. Le juge d'instruction nous reçoit dans son bureau, l'air grave. Il me tend un document et me dit : « Lisez ça. » Il s'agit du procès-verbal d'audition de la secrétaire personnelle du procureur de la République qui était venue se confier à lui spontanément le jour même. Elle relate dans quelles conditions elle avait été amenée le vendredi précédent à remettre des documents à un journaliste de *Paris-Match*. Le matin, le procureur havrais lui avait demandé de photocopier un certain nombre de procès-verbaux ayant trait à l'affaire Dassac/Cons-Boutboul, dont le dernier procès-verbal d'audition d'Isauro Figuier. Sur instruction du magistrat, elle avait placé ces documents dans une enveloppe qu'elle était chargée de remettre l'après-midi même à une personne qui devait se présenter au palais de justice pour la récupérer. En l'absence du procureur, elle recevait un appel téléphonique, vers 16 heures, d'un homme se présentant comme journaliste à *Paris-Match*. Il lui expliquait qu'il devait se faire remettre la fameuse enveloppe, sans se douter qu'elle en connaissait le contenu. Il lui annonçait un retard de son heure d'arrivée au Havre en raison d'un ralentissement de la circulation automobile à la sortie de Paris. Embarrassée, la secrétaire qui devait récupérer son fils à la sortie d'école lui proposait de passer à son domicile pour y retirer l'enveloppe. Lorsque le journaliste se présentait chez elle vers 18 h 30, il prenait donc possession des documents et en échange lui remettait une enveloppe fermée destinée au procureur !

Alors que nous nous trouvons dans le bureau du juge, celui-ci nous fait savoir que le procureur général de Rouen en personne est dans les murs et recueille les explications du procureur local. Nous comprenons mieux la tension qui règne au sein du palais de justice et l'« illumination » de l'édifice.

Pour remonter le moral du juge Beaulier et du procureur adjoint qui vient de nous rejoindre, je les invite à dîner dans un restaurant du quartier. Afin de décontracter l'ambiance, je suggère que l'enveloppe remise au procureur ne devait contenir qu'un… abonnement gratuit à *Paris-Match*. En réalité, je n'aurai jamais connaissance du contenu de cette enveloppe.

Sans étonnement de ma part, le procureur de la République fait l'objet, peu de temps après, d'une mutation discrète dans un « placard » de la chancellerie. Cependant, cette affaire ne connut aucune suite judiciaire pour violation du secret de l'instruction. Je n'ose imaginer le sort réservé à un policier qui aurait commis une telle faute…

Le 9 octobre 1989, Élisabeth Cons est transférée à Paris et comparaît devant le juge Verleene qui l'inculpe de complicité d'assassinat dans le dossier Perrot. Elle va quitter la prison Bonne-Nouvelle à Rouen pour celle de Fleury-Mérogis.

Le 20 octobre 1989, Jean Etcheberry, directeur du SRPJ, reçoit d'une personne désirant garder l'anonymat pour des raisons de sécurité, une nouvelle information selon laquelle elle aurait reçu les confidences d'un nommé Stéphane D. qui aurait aidé un individu (X…) à transporter le corps de Dassac sur le port du Havre, le soir de son exécution, pour le jeter à l'eau. Le meurtre aurait été motivé par un litige financier portant sur le prix du « contrat Perrot », X… en ayant été l'exécuteur, floué d'une partie de la somme par le VRP en linge de maison, intermédiaire, dont il se serait vengé.

Stéphane D., 29 ans, réputé violent, patron d'une laverie acquise avec la prime de 200 000 francs alloués par le port autonome du Havre quand il avait renoncé à son emploi de docker en 1987, n'est pas un inconnu pour nous. Il fait déjà l'objet d'une surveillance téléphonique, car nous l'avions identifié dans l'environnement de Dassac. Si le contenu des conversations enregistrées ne concerne pas directement l'enquête, on relève qu'il est en relation avec une certaine Émilia De Sacco qui avait épousé Albert Spaggiari – il ne manquait plus que lui dans ce véritable roman-feuilleton ! – lors de sa cavale.

En décembre 1989, le juge Beaulier, peut-être lassé du climat havrais, est muté à sa demande au tribunal de Tarascon. Il se dessaisit du dossier Dassac au profit d'Alain Verleene qui, désormais, mène de pair les deux instructions : décision logique.

Après plusieurs mois d'écoutes téléphoniques, Stéphane D. est interpellé le 20 juin 1990. Il nie farouchement avoir joué le moindre rôle dans le meurtre du Havre. Il a connu Spaggiari par l'intermédiaire de Dassac, ami de longue date d'Émilia De Sacco, dont le frère Carlo avait débuté dans la vente de trousseaux avec la victime. Émilia De Sacco, entendue, confirme avoir rencontré fortuitement Dassac alors qu'elle se trouvait en compagnie de Spaggiari qu'elle avait présenté sous l'identité de « Romain Clément », écrivain. Dassac avait rapidement démasqué cet écrivain comme étant le cerveau du « casse de Nice », mais, selon Émilia, il n'avait jamais exercé le moindre chantage pour prix de son silence.

Force est de constater qu'aucune des pistes explorées ne permet d'obtenir d'éléments sérieux pouvant mener à l'identification du tueur qui a abattu froidement Dassac d'une balle dans la tête. S'agit-il du même individu qui a assassiné Perrot, crime dans lequel Dassac a fort vraisemblablement été impliqué ? Quel litige a pu l'opposer à cet homme ? Montant du contrat ? Trop de bavardage, risque d'indiscrétion, voire de dénonciation ? Les deux mobiles cumulés ?

En fin d'année 1990, le juge Verleene est muté à son tour. Un nouveau juge d'instruction, Mme Bertella-Geffroy, se voit confier les deux affaires dont elle ignore tout. Il lui faudra de nombreuses semaines pour s'imprégner de ces dossiers, reconstituer le puzzle et reprendre les instructions en cours. Lors des interrogatoires, elle découvre la personnalité de la « fausse veuve » qui aime promener son monde, allant jusqu'à simuler à deux reprises des malaises dans le cabinet d'instruction. Elle ne souhaite même plus répondre aux questions. De guerre lasse, Mme Bertella-Geffroy prononce un non-lieu dans l'affaire de l'assassinat de Bruno Dassac pour manque de preuves, le 8 janvier 1993. J'ai personnellement été muté à Dijon le 2 décembre 1991.

L'enquête que nous avons menée n'a pas permis d'identifier l'auteur du meurtre de Dassac. Les refus réitérés d'Élisabeth Cons-Boutboul d'exposer la nature de ses « relations d'affaires » avec le trousseautier et ses mensonges permanents constituent des obstacles certains à la manifestation de la vérité et laissent présumer qu'elle n'est pas étrangère à l'assassinat commis au Havre. S'il ne s'agissait que de « magouilles » et d'escroqueries, pourquoi se taire, alors que la peine encourue serait bien moindre ? Pour la reconnaissance du pape ? À n'en point douter, elle est impliquée dans les deux crimes. La « Mata Hari des bénitiers », comme l'a baptisée Serge Raffy, journaliste au *Nouvel Observateur* et auteur d'un « roman vrai » intitulé *La Veuve*, n'échappera pas à une comparution devant la cour d'assises de Paris pour complicité d'assassinat dans l'affaire Perrot. Les deux enquêtes conjointes laissent conclure à un rôle déterminant de Dassac dans cette exécution. L'avocat général dans son réquisitoire comparera l'accusée « à la pieuvre qui jette l'encre pour couvrir sa fuite, l'araignée qui tisse sa toile et enfin la mante religieuse qui tue le mâle ». Au terme d'un procès qu'elle aura largement contribué à transformer en pièce de théâtre, elle sera condamnée le 2 mars 1994 à 15 années de réclusion criminelle. Elle bénéficiera d'une libération conditionnelle après 9 ans d'emprisonnement.

LES « MISÉRABLES » AU HAVRE

Samedi 29 avril 1990, 23 heures au Havre. Un homme se dirigeant vers la rue Fantine gravit à pas lents les marches des escaliers Jean-Valjean, faiblement éclairés. Après hésitation, il bifurque sur sa droite, s'engageant dans l'impasse Cosette. Il s'arrête devant un pavillon situé au numéro 7 de l'impasse, puis s'introduit dans le jardin. Empruntant une sente, il arrive à l'arrière de la maison. À l'aide d'une pelle de chantier trouvée sur place, il fracture une porte puis pénètre dans les lieux…

Le mardi 1er mai, Mlle Paule Marabuto, retraitée, âgée de 66 ans, demeurant à Gagny (Seine-Saint-Denis) s'inquiète de ne plus avoir de nouvelles de sa sœur cadette, Madeleine, avec laquelle elle réside habituellement. Madeleine avait en effet quitté leur domicile de la région parisienne le 28 avril précédent, aux environs de midi, afin d'aller passer quelques jours dans une maison dont elles sont propriétaires au Havre. Les deux « vieilles filles » sont habituées à rester en contact téléphonique régulier en cas d'absence de l'une d'elles de leur résidence principale. Angoissée, elle décide de se rendre par le train dans la ville portuaire et arrive 7 impasse Cosette vers 16 h 40. Elle y découvre une scène d'horreur.

Le corps inanimé de Madeleine Marabuto, âgée de 64 ans, greffière au tribunal de Paris, gît dans une pièce du rez-de-chaussée, le crâne fracassé, le visage tuméfié et ensanglanté, le nez fracturé et la gorge tranchée. Un grand désordre règne dans le pavillon dont toutes les pièces semblent avoir été systématiquement fouillées.

Alertés par le voisinage, les enquêteurs de la sûreté urbaine du Havre se transportent immédiatement sur les lieux. Le médecin de garde requis pour les rejoindre ne peut que constater le décès de la victime, sans pouvoir déterminer précisément le jour où le meurtre a été commis. Les premières diligences amènent la découverte à proximité du corps dénudé, d'une lime, d'un marteau dont la partie métallique est séparée du manche, ainsi que des vêtements maculés de sang. Selon toute vraisemblance, les deux outils avaient été utilisés pour tuer la pauvre femme.

Au premier étage, sur le lit d'une des chambres se trouve une taie d'oreiller supportant une empreinte fragmentaire de chaussure de sport de marque Adidas. Sur la table, parmi d'autres vêtements féminins épars, le slip de la défunte dont un premier examen succinct ne permet de déceler la présence de trace suspecte susceptible de révéler une agression à caractère sexuel.

Il est constaté que le ou les malfaiteurs se sont introduits au domicile de la victime en fracturant la porte d'un appentis en bois édifié à l'arrière de la maison.

L'enquête de voisinage ne permet de recueillir aucun témoignage intéressant. Madeleine Marabuto avait été aperçue alors qu'elle effectuait des courses le 28 avril en milieu d'après-midi dans une supérette « Coop » implantée à quelques centaines de mètres de son pavillon.

Le lendemain de la découverte du corps, le procureur de la République du Havre requiert l'ouverture d'une information au cabinet de Mme Denise Sainte-Croix, du chef d'assassinat. Cette juge d'instruction me contacte aussitôt pour me faire part de son intention de saisir mon service de l'enquête. Je me rends au Havre où je prends attache avec elle puis avec les fonctionnaires de la sûreté locale qui ont procédé aux premières investigations et constatations d'usage.

Accompagné de Mlle Paule Marabuto et des inspecteurs de la PJ qui m'ont rejoint, je me rends sur les lieux du crime au n° 7 de l'impasse Cosette, privés depuis deux ans d'alimentation électrique. La nuit tombant, je reporte les constatations complémentaires au lendemain matin.

Le 3 mai, dès 8 h 30, assisté de deux techniciens de scène de crime, je reprends ce travail. Dans la cuisine, au rez-de-chaussée, est découvert le pantalon de pyjama de la victime, taché de sang. Je fais procéder à des prélèvements sur les multiples projections de sang apparaissant tant sur le sol que sur les murs, radiateurs et portes de l'habitation.

Malheureusement, ces recherches ne révèlent aucune trace papillaire susceptible d'orienter l'enquête.

L'autopsie pratiquée le 4 mai confirme que le ou les auteurs de l'homicide ont fait preuve d'un réel acharnement sur leur victime. Outre les multiples plaies béantes visibles lors de l'examen externe du corps apparaissent des traces de strangulation et des côtes fracturées. La défunte semble n'avoir subi aucune violence sexuelle. Elle est encore vierge. Toutefois, des prélèvements sont effectués à toutes fins utiles. La datation du décès est incertaine, pouvant aller du samedi 28 avril vers 22 heures au lundi 30 avril.

Plusieurs voisins ont eu l'occasion de la voir le samedi. Elle avait assisté à une messe célébrée à l'église Saint-Léon de 18 heures à 18 h 40.

Des soupçons se portant sur une personne apparentée aux plus proches voisins des sœurs Marabuto, en raison de déclarations erronées de sa part quant à son emploi du temps, étaient levés après une courte mesure de garde à vue.

Une dizaine de jours avant le meurtre de Mlle Marabuto, une autre dame âgée de ce quartier du Havre, avait été agressée à son domicile. Au cours de la nuit du 18 au 19 avril 1990, vers minuit, la septuagénaire avait été tirée de son sommeil par un individu qui s'était rué sur elle et lui avait porté de violents coups de poing au visage, puis sur tout le corps. Son agresseur avait ensuite tenté de l'étrangler. Il souhaitait se faire remettre de l'argent. La victime terrorisée ne s'en était sortie qu'en se délestant d'une somme d'environ 1 000 francs. Elle s'était rendu compte après son départ que l'homme avait pénétré dans son habitation par effraction d'une fenêtre. Elle pensait avoir reconnu un marginal qu'elle avait déjà rencontré.

Eu égard aux circonstances de temps et de lieu, un rapprochement entre les deux affaires peut raisonnablement être envisagé. Il nous reste donc à identifier ce marginal et à le localiser. C'est chose faite une quinzaine de jours plus tard. Il s'agit de Jean-Michel Grancher, 61 ans, ancien légionnaire, connu au Havre et à Marseille pour des faits d'attentat à la pudeur, vols, violences avec arme, coups et blessures volontaires…, plus récemment condamné à une peine de trois ans d'emprisonnement pour avoir tenté d'abuser de sa propre fille majeure au domicile de laquelle il s'était introduit par effraction. Il avait été libéré le 31 janvier 1990. Localisé à Val-de-Reuil (Eure), nous l'y interpellons le 25 mai. Entendu à plusieurs reprises sur l'assassinat de Madeleine Marabuto, il nie farouchement toute participation à ce crime, prétendant n'avoir jamais quitté Val-de-Reuil depuis le 1er février 1990, date de sa libération. Plusieurs témoignages recueillis infirment ses dires. Il a bien été vu au Havre courant avril 1990 et a même procédé à un retrait d'argent dans un bureau de poste du quartier Graville, situé à quelques centaines de mètres de l'impasse Cosette. Quant à son alibi du week-end des 28 et 29 avril, il est mis en pièces. Cela n'en fait pas pour autant un coupable, mais apparaît troublant en raison de sa personnalité et de ses antécédents. Reconnu formellement par la victime de l'agression commise dans la nuit du 18 au 19 avril, il passe des aveux circonstanciés : il est bien l'auteur de ces faits, mais réaffirme avec force qu'il n'a rien à voir avec l'affaire Marabuto. Présenté le 22 mai au Parquet du Havre, Grancher est inculpé de vol avec effraction et violences pour l'agression reconnue et écroué à la maison d'arrêt locale. Pour autant, les investigations le concernant dans le cadre de l'homicide ne sont pas clôturées.

Ce n'est que le 1er février 1991, soit neuf mois plus tard, que nous sommes informés par le laboratoire de police scientifique de Lille de ce que l'examen des prélèvements effectués lors de l'autopsie de Mlle Marabuto, a permis de déceler la présence en très faible quantité, de sperme au niveau du vagin et de l'anus de la victime. Malheureusement, les analyses qui s'ensuivent ne permettent pas d'établir de code génétique d'individu par extraction d'ADN en raison de l'infime quantité de liquide séminal présente. Au cours des mois suivants, aucun nouvel indice ou témoignage recueilli ne permet d'orienter favorablement nos recherches. C'est un événement inattendu qui met définitivement hors de cause Grancher dans la mort de Mlle Marabuto.

Le 23 novembre 1991, le cadavre d'un homme décapité et dont la tête a disparu est découvert dans un immeuble désaffecté au 51 quai de Saône, au Havre. L'enquête de la sécurité publique permet d'identifier la victime ; il s'agit de Suger Leclerc, 58 ans, ancien marin au commerce, dernier occupant de cet immeuble voué à la démolition. Suger, surnommé « Susu » dans le quartier, était un brave homme, vivant seul, apprécié dans les restaurants ouvriers et bars des quais havrais. L'enquête de voisinage révèle que des individus, dockers occasionnels et marginaux, squattaient de temps à autre les appartements inoccupés de l'immeuble du quai de Saône. Après identification de plusieurs de ces personnes, les enquêteurs havrais les convoquent au commissariat pour être entendues en qualité de témoins. Certains d'entre eux admettent avoir vu le cadavre décapité lors d'un passage dans l'immeuble, mais sans avoir participé à la boucherie. Ils n'avaient pas informé la police par crainte d'être soupçonnés. C'est un appel anonyme qui avait alerté le commissariat le 23 novembre. Parmi les « squatteurs », figurait un jeune apprenti docker, Stéphane Delabrière, surnommé « Ti Mousse », 22 ans, demeurant 84 bis rue de Bretagne. Après plusieurs auditions, le jeune homme finit par admettre son implication dans le meurtre de « Susu ». Il explique très posément que le 18 novembre 1991, alors qu'il conversait avec la victime à son domicile, il avait soudainement été pris d'une folie meurtrière et avait frappé sauvagement Suger Leclerc à coups de barre de fer trouvée sur place. Il n'avait cessé de porter des coups que lorsque la victime ne respirait plus. Revenu sur les lieux de son forfait deux jours plus tard, il avait découpé le cadavre à l'aide d'une hache, pour s'emparer de la tête et aller la dissimuler dans un premier temps dans un grenier désaffecté puis à l'intérieur d'un ancien blockhaus. Il avait traversé une partie de la ville du Havre par le bus, la tête transportée dans un sac à dos. Il avait posé la tête sur un coffre, lui avait parlé, avait pleuré devant elle. Ça lui faisait du bien. Sur ses indications, la tête de « Susu » fut effectivement retrouvée dans un blockhaus abandonné, quai Auguste-Brostrom. À proximité, des pigeons sont retrouvés décapités. Lors de sa garde à vue, Delabrière confie aux enquêteurs être l'auteur d'un autre meurtre perpétré dix-huit mois plus tôt sur la personne d'une femme âgée, à proximité des escaliers Jean-Valjean. Lors de la perquisition de son domicile, il remet spontanément un agenda sur lequel il avait consigné les faits dont il s'accuse, correspondant à l'évidence au meurtre de Madeleine Marabuto.

Stéphane Delabrière est donc entendu par des enquêteurs du SRPJ sur ce premier crime et relate les faits avec un tel luxe de détails que ses allégations corroborent en tous points les constatations initiales réalisées tant dans le pavillon de l'impasse Cosette que lors de l'autopsie. En pénétrant nuitamment dans les lieux qu'il pensait désertés, avec l'intention de commettre un cambriolage, il avait été surpris par l'occupante. Il précise avec un calme déconcertant le déroulement de cette agression, comme s'il revivait la scène, et s'il s'agissait d'un banal fait divers :

« Soudainement, j'ai entendu du bruit venant de l'étage au-dessus. Je suis monté tranquillement avec une bougie à la main. Arrivé sur le palier, je me suis retrouvé ébloui par le faisceau d'une lampe électrique que quelqu'un braquait dans ma figure. La personne que je n'avais pas encore vue m'a attrapé par une main. J'ai lâché la bougie que je tenais. En montant, j'avais vu un marteau posé sur une étagère ou une petite fenêtre située juste sur le palier du premier étage. Je m'en suis emparé et j'ai frappé immédiatement la personne qui se trouvait devant moi, sur la tête à deux reprises. À la troisième fois, le manche du marteau s'est brisé. La personne que je venais de frapper violemment dans l'intention de l'assommer avait réussi à commencer à descendre les escaliers. Alors qu'elle se trouvait à la moitié des marches, je lui ai mis un coup de pied. J'ai ramassé la lampe que cette personne avait laissé tomber dans l'escalier. En l'éclairant, je me suis aperçu qu'il s'agissait d'une femme. Elle saignait de la tête. La dame a commencé à crier. À la suite du coup de pied que je lui avais donné, elle est tombée dans les escaliers. Je l'ai rejointe au rez-de-chaussée alors qu'elle était à terre au bas des escaliers. J'ai regardé autour de moi et me suis emparé d'une pelle qui se trouvait par terre dans le couloir. Alors qu'elle continuait à appeler « À l'aide ! », je lui ai porté de violents coups avec la pelle côté fer au niveau de la gorge. Elle a cessé de crier. Elle n'était pas morte puisque je l'entendais respirer. J'avais sur moi une espèce de petite scie à métaux dont je m'étais fait une lame en l'aiguisant sur du ciment bien avant les faits. Sans oser la regarder, je lui ai porté un violent coup au niveau de la joue. Avec le même instrument, je lui ai porté un coup au niveau de la gorge. Elle saignait, mais respirait encore. Je lui ai éclairé le visage et j'avais l'impression qu'elle me fixait du regard. J'ai essayé de lui crever les yeux avec le même outil, en lui mettant la lame sur les yeux et en appuyant...

J'ai mis cette dame complètement nue. J'ai essayé de la pénétrer par l'anus alors que je l'avais mise sur un tabouret. Je n'ai pas réussi à la pénétrer, car le corps n'arrêtait pas de tomber. À vrai dire, je ne me souviens plus si j'ai réussi à la pénétrer ou non et si j'ai éjaculé. J'avais trouvé une petite masse dans la chambre du rez-de-chaussée. Je lui en ai porté plusieurs coups derrière la tête, sur la nuque. C'est après que je me suis rendu compte qu'elle ne respirait plus et je suis allé chercher de l'argent à l'étage. »

Avant de prendre la fuite, Delabrière avait dérobé une somme de 200 francs dissimulée sous un matelas. Il s'était également emparé d'une bague que la victime portait à l'un de ses doigts. Quelques mois plus tard, « attribuant tous ses malheurs à Satan » et pour conjurer le sort, il s'était débarrassé de cette bague en la jetant dans le port du Havre.

À son domicile est saisie une paire de chaussures Adidas qu'il portait lors de la commission des faits. Les travaux de comparaison de l'Identité judiciaire concluent à une nette similitude entre les « empreintes » de ces semelles et la trace retrouvée sur une taie d'oreiller lors des constatations initiales.

Stéphane Delabrière, à l'issue de sa garde à vue, est inculpé pour homicide volontaire perpétré avec actes de torture et de barbarie sur la personne de Madeleine Marabuto. Il est ensuite écroué à la maison d'arrêt du Havre le 4 décembre 1991.

Le parcours criminel de Delabrière aurait pu s'arrêter à ces deux faits, particulièrement macabres. Il devait malheureusement commettre un nouvel assassinat le 15 août 1992. Transféré à la maison d'arrêt de Rouen le 11 décembre 1991, il agresse mortellement dans sa cellule M. François Caron, surveillant pénitentiaire, qui procède au sondage des barreaux. Delabrière est allongé sur son lit. Quand le gardien lui tourne le dos, il sort un couteau de sa poche arrière, se lève et frappe. M. Caron tombe, lâche la barre de sondage. Le détenu s'en empare et lui porte plusieurs coups avec une extrême violence. Puis il sort dans le couloir annonçant : « Je viens de tuer le maton. »

Des collèges d'experts psychiatriques se sont penchés sur son cas. La plupart ont eu peur de lui. Ils sont unanimes sur les troubles dont il souffre. Deux ont conclu à la démence au moment des faits. Les trois autres l'ont déclaré dangereux, possible récidiviste, non curable, mais responsable de ses actes. Le 7 avril 1995, devant la cour d'assises de Seine-Maritime, Stéphane Delabrière explique en détail, d'une voix froide et précise, comment il a commis ces trois meurtres, sans mobile autre que l'envie de tuer. Le 9 avril, il sera condamné à la réclusion criminelle à perpétuité.

***

Quant au groupe des stupéfiants de la section criminelle, il est alors dirigé par un de mes vieux complices, le chef inspecteur divisionnaire Claude Guillouet. Claude a accepté ce poste après plusieurs années passées au GRB. Ce qui lui importe, c'est de traquer le voyou, qu'il s'agisse d'un braqueur ou d'un trafiquant de stupéfiants, peu lui importe. Sa méthode de travail reste identique : « tontons », planques, « zonzons » (écoutes téléphoniques), « saute-dessus » au moment le plus propice et art de la confession. Il est vrai qu'avant d'intégrer la PJ parisienne en début de carrière, il a porté la soutane au grand séminaire. Il est d'une loyauté totale et a contribué à ma formation sur mon premier poste. Les affaires se succèdent et les filières d'approvisionnement en cannabis, héroïne et cocaïne sur la Normandie tombent les unes après les autres. En la matière, la relève des trafiquants neutralisés est toujours assurée. La clientèle est là…

LA FILIÈRE NIGÉRIANE

Le quotidien *Paris-Normandie* du samedi 24 février 1990 titrait : « Huit noirs pour de la blanche. » Jeu de mots douteux qui serait certainement censuré en 2024. Il s'agissait de la conclusion d'une enquête de plusieurs mois portant sur des ressortissants nigérians approvisionnant la région rouennaise en héroïne. Investigations rendues difficiles en raison d'échanges téléphoniques en dialecte Yoruba, pratiqué par la plupart des membres du réseau. Allez chercher un interprète pour cette langue parlée par une ethnie de 18 millions de personnes au cœur de l'Afrique ! En effet, les interpellations préalables de dealers d'héroïne sur la place de Rouen orientaient nos investigations vers des têtes de réseau d'origine nigériane, mais sans élément d'identification suffisamment précis. Un événement allait toutefois favoriser nos recherches. En novembre 1989, les douaniers de Roissy procédaient à l'arrestation d'une jeune femme en provenance de Lagos, transportant dans ses bagages deux kilos de « poudre » dissimulée dans des escargots. Sur elle, était découvert un numéro de téléphone localisé à Rouen et attribué à une certaine Antonia Babatunde. Restait à dérouler la pelote et identifier au fil du temps ses relations. L'une d'elles, Tobin Amah, 32 ans, étudiant à Saint-Étienne-du-Rouvray (Seine-Maritime), s'apprêtait à quitter Rouen pour Lagos *via* Roissy. Nous l'interpellions le 4 février avant sa montée dans l'avion et le trouvions en possession d'un million de francs, 10 000 livres et 3 000 dollars provenant de la vente de drogue, qu'il devait rapatrier au pays. Eu égard aux éléments d'enquête dont nous disposions par ailleurs, je décidais d'une opération le 21 février au petit matin. Parmi les individus interpellés sur l'agglomération rouennaise, figuraient huit Nigérians et une Colombienne, bénéficiant tous du statut de réfugiés politiques. Une quantité importante d'héroïne était saisie lors des perquisitions. Il était établi que la « poudre » était revendue ou échangée contre du matériel hi-fi haut de gamme volé, qui repartait directement, par conteneurs complets, au Nigéria, pour y être « refourgué » à un prix cinq fois supérieur. Un commerce rentable. Le trésorier de l'équipe localisé à Paris, mais de passage à Rouen, niait sa participation au réseau. Il était confondu par une cassette vidéo découverte en perquisition sur laquelle il était enregistré lors d'une soirée jouant de la guitare sur un rythme endiablé, ses camarades jetant en l'air des liasses de billets de 500 francs qu'ils ramassaient et lui collaient sur le visage ruisselant de sueur. Son explication : « Je venir… seulement pour la danse ! » La danse… il en aurait bien mérité une, de danse. Au terme de l'enquête, après la pluie de billets de banque, c'est une pluie de mandats de dépôt qui devait conduire vingt personnes à l'abri en maison d'arrêt.

Le mois de mars 1990 se traduisait par une nette recrudescence de casses de pharmacies en Seine-Maritime, phénomène attestant de l'importance de l'approvisionnement assuré par le réseau baptisé *Babatunde*.

Le tribunal correctionnel de Rouen prononçait dans un jugement d'avril 1991 concernant cette filière, vingt peines d'emprisonnement, dont certaines de 12 et 8 années et des interdictions définitives du territoire français.

D'AMSTERDAM À DEAUVILLE *VIA* SAINT-ÉTIENNE-DU-ROUVRAY

Concomitamment à l'enquête sur la filière nigériane, des investigations étaient lancées dès octobre 1989 sur deux individus, Étienne Etard, 27 ans, basé à Elbeuf, et Yazid Chettouh, 22 ans, installé à Saint-Étienne-du-Rouvray. Les deux hommes s'approvisionnaient auprès de fournisseurs implantés à Amsterdam, en cocaïne et héroïne qu'ils revendaient à des « grossistes » de la place de Rouen, de Deauville-Trouville et de la région parisienne. Des surveillances étaient exercées, notamment sur la cité Maurice-Thorez, à Saint-Étienne-du-Rouvray où résidait Chettouh.

Le vendredi 20 avril 1990, vers 9 heures, notre longue attente est enfin récompensée. Une Citroën BX immatriculée aux Pays-Bas, avec deux hommes à son bord, est repérée aux abords immédiats du domicile de Chettouh. Les deux individus pénètrent dans l'immeuble. On peut penser à une livraison, mais sans certitude. Pendant toute la journée, la planque se poursuit. Les deux hommes ne rejoignent leur voiture qu'à la nuit tombée. Ils prennent la direction du nord, sans se douter de la filature dont ils font l'objet. Nous leur laissons le temps de parcourir quelques kilomètres avant de passer à l'action et les interpeller dans de bonnes conditions. Une intervention improvisée en soirée cité Maurice-Thorez aurait eu des chances de mal tourner, d'autant que nous savons ces individus en possession d'armes à feu. Il n'existe pas encore de BRI en province, et nous assurons l'intégralité des enquêtes, de la phase du recueil de renseignements à celle de la procédure en passant par les planques et les arrestations. Dans la BX, Serge Rodegarri et Bruno Baudin sont trouvés en possession de 100 000 francs et de quelques grammes de « coke », de quoi assurer leur consommation sur le chemin du retour.

Le lendemain, aux aurores, appuyés par des effectifs de sécurité publique pour boucler le quartier, nous investissons la cité Thorez. Notre matériel, peu adapté pour défoncer des portes, nous fera perdre quelques précieuses secondes avant de pénétrer dans l'appartement de Chettouh et la plus grosse quantité de poudre finira dans la cuvette des toilettes. Seuls 50 grammes d'héroïne et 30 grammes de cocaïne balancés par la fenêtre seront récupérés. Toutefois, aucune difficulté, procéduralement parlant, pour étayer l'ampleur du trafic de nos objectifs. Le voisin et garde du corps de Yazid Chettouh ainsi que son frère Saïd sont embarqués dans le coup de filet. Un fusil à pompe, chargé à la Brennek, est récupéré. Simultanément à Elbeuf, cité Blin, Étienne Étard et sa compagne, maquilleuse à FR 3, sont interpellés. Un fusil à pompe est trouvé à portée de main du lit conjugal. Ce sont au total neuf personnes de Rouen sans compter quatre autres de la côte normande qui sont déférées aux autorités judiciaires et écrouées.

VICTOR HUGO, LE RETOUR[7]

Le jeudi 1er février 1990 en début d'après-midi, un renseignement m'est transmis par l'office central des « Stups » basé à Nanterre. Deux membres du cargo équatorien *Ciudade Guraya*, en escale au port de Dieppe, Sestro Jacuto Arréaga et Lopez Didimo Falcones, doivent remettre incessamment à un compatriote non identifié une quantité importante de cocaïne. Une précision : le destinataire de la « came » voyage par le train et doit effectuer l'aller-retour Paris-Dieppe dans la journée. Eu égard au bref délai imparti, je contacte le service local des douanes et plusieurs enquêteurs prennent la direction de la ville portuaire, gyrophares et deux-tons en action, soucieux d'arriver sur place avant la réalisation de la livraison. Malgré la rapidité de notre réaction et de celle des douaniers, il semble bien que nous arrivions sur place trop tard. Je demande donc à l'un des équipages PJ de se transporter à la gare SNCF et de prendre contact avec le chef de gare pour retarder le départ de l'express de Paris prévu à 16 h 04. Après accord de celui-ci, le train est momentanément immobilisé et visité, wagon par wagon, avec l'espoir de repérer un homme au look sud-américain. Effectivement, dans l'une des voitures, un individu paraît correspondre à ce critère. Invité à présenter un document d'identité, il remet un passeport au nom de

[7] L'écrivain Victor Hugo a séjourné au Havre et à Dieppe à trois reprises en 1835, 1837 et 1843.

Rosado Cortez, prénom : Victor Hugo ! Sommé de désigner son bagage, il prétend en être dépourvu. Il est donc demandé aux personnes présentes dans le wagon de récupérer leurs sacs et valises. Curieusement, un sac de voyage n'appartient à personne, Victor Hugo n'en veut surtout pas : « *Esto no es mio !* » Ce bagage est aussitôt fouillé par un des douaniers assistant à l'opération. Il contient entre autres quatre paquets de poudre compressée : 4 kilos de cocaïne analysée ultérieurement d'un degré de pureté inégalée, susceptible à la revente et après coupage de donner une quantité de 40 kilos. Des traces digitales correspondant aux empreintes de notre Équatorien sont relevées sur ce « colis » compromettant. Surprenant !

Une surveillance laissée à proximité du cargo amène peu de temps après à l'interpellation des deux membres d'équipage signalés qui regagnent le bord après avoir éclusé quelques verres dans des bars du quai Henri-IV. Le voyage de nos trois Sud-Américains se termine prématurément dans les locaux de la douane, puis de la PJ avant leur présentation au procureur de Dieppe, suivie de mandats de dépôt. Bienvenue en Normandie !

***

Mais comme à l'accoutumée, il y a obligation dans ce métier de tourner la page régulièrement. La DCPJ me fait savoir vers la fin de l'été qu'il faudrait envisager une mutation. J'ai obtenu une promotion au grade de commissaire principal en 1989. On pense à moi pour un poste de directeur adjoint au SRPJ de Dijon. « Sous-Chef », comme on disait à l'époque. Le ressort géographique de ce SRPJ recouvre les régions Bourgogne–Franche-Comté. Le directeur dijonnais, le commissaire divisionnaire Christian Brillault, souhaite recruter un adjoint au profil « criminel », lui-même ayant derrière lui un parcours à dominante « économique et financière ». Je n'ai jamais mis les pieds à Dijon, pourquoi pas ? Une seule difficulté, mon épouse attend un troisième enfant dont la naissance est prévue début 1992 et la date d'affectation est fixée au 2 décembre 1991. Après concertation familiale, nous optons pour le départ à Dijon. Il est donc urgent de trouver un logement, d'inscrire en cours d'année scolaire les deux aînés, de faire appel à un déménageur disponible... Je pars donc quelques jours en éclaireur pour régler ces problèmes d'intendance. Je rencontre pour la première fois Christian Brillault qui me réserve un accueil des plus chaleureux. Nous déjeunons dans un restaurant dijonnais réputé, repas copieusement arrosé de Bourgogne. « Blanc sur rouge, rien ne bouge... » Nous sympathisons rapidement et Christian me confie en fin de déjeuner : « Jean-Paul ! Bien organisés tous les deux, on ne devrait pas peiner. » Je comprendrai plus tard la signification de cette annonce.

À Rouen, les préparatifs du déménagement sont lancés. Le 28 novembre 1991, pot de départ présidé par Jean Etcheberry au siège du SRPJ. De nombreux invités sont présents dont le chef de la section de recherches de gendarmerie de Rouen, avec lequel j'ai entretenu des relations cordiales et empreintes d'une grande loyauté réciproque ; ce qui ne sera pas forcément toujours le cas avec certains « militaires de l'Arme » lors d'affectations ultérieures. Je pars avec sous le bras, entre autres, une magnifique toile impressionniste représentant une vue de la Seine et de la « ville aux cent clochers », offerte par mes collègues policiers et une médaille de la gendarmerie gravée à mon nom. J'ai le cœur un peu serré de quitter « mes » inspecteurs et enquêteurs avec qui j'ai vécu durant quatre ans tellement de moments forts sur le terrain… Puis direction un restaurant « ami » pour un énorme banquet réunissant une centaine de personnes du siège du SRPJ et de l'antenne PJ de Caen. Cuisine normande, chansons, bonnes bouteilles, rigolades… Dans ces conditions, le petit matin arrive toujours trop tôt. Bref, « Tonton » s'en va.

LE SRPJ DE DIJON
(1991-1993)

Je prends mes fonctions de sous-chef du SRPJ de Dijon le 2 décembre 1991. Le ressort géographique du service recouvre le territoire des cours d'appel de Dijon (Côte-d'Or, Saône-et-Loire, Haute-Marne) et de Besançon (Doubs, Jura, Haute-Saône, Territoire de Belfort). Une antenne PJ est implantée à Besançon. Si je découvre les régions Bourgogne et Franche-Comté, je ne suis pas totalement en terrain inconnu, car deux jeunes commissaires que j'ai précédemment accueillis comme stagiaires à Rouen, sont affectés au SRPJ. L'un est chef du GRB, l'autre est chef de l'antenne de Besançon. Je les apprécie tous les deux : intelligents, dynamiques, disponibles et d'une grande loyauté. Un troisième collègue, chef de la SEF, était en poste à Bordeaux quand j'étais chef du GRB.

Tout en entamant la traditionnelle tournée de présentation aux autorités administratives et judiciaires des sept départements du ressort, je m'empresse de prendre connaissance des caractéristiques de la criminalité locale. Pas de véritable milieu à Dijon, mais des axes de délinquance bien identifiés : l'axe PLM (Paris-Lyon-Marseille) qui traverse la région Bourgogne, avec une proximité géographique immédiate de la métropole lyonnaise et donc, des incursions de voyous rhodaniens ; l'axe Mulhouse-Belfort-Besançon avec des équipes de braqueurs communes à cette zone frontalière.

Le 11 février 1992, naissance de Haude, troisième enfant de la famille Le Tens, la seule à ne pas être née en Bretagne.

La fonction de sous-chef de SRPJ correspond à un grand changement dans l'évolution de carrière d'un commissaire de police : « bras droit du directeur », il exerce hiérarchiquement son autorité sur la section criminelle, la section économique et financière, la ou les antennes, la section de police technique et scientifique et la section administrative (ressources humaines et budget). On s'éloigne du terrain, mais les responsabilités s'accroissent. Christian Brillault, le directeur, va rapidement me laisser la bride sur le cou et s'intéresse essentiellement aux affaires financières qu'il maîtrise à la perfection. Je constate qu'il « est organisé » pour revenir à sa formule d'accueil : « bien organisés, on ne devrait pas peiner ». Effectivement… il s'absente souvent. Il me fait totalement confiance et cela me va bien. Nos relations sont excellentes. Il va grandement contribuer à ma formation dans le domaine des grands crus de Bourgogne. Christian et un chef inspecteur divisionnaire, Michel Rémy, sont de fins connaisseurs des vins de la côte de Beaune et la côte de Nuits. Dégustateurs reconnus des vignerons, ils sont régulièrement sollicités pour faire part de leur avis sur les millésimes produits. Pour mon plus grand plaisir, ils m'associent à leurs pérégrinations, à raison de deux à trois soirées mensuelles. C'est ainsi que nous serons reçus à Vosne-Romanée par Aubert de Villaine, figure de proue du vignoble bourguignon. Je découvre de véritables nectars : Romanée Conti, Romanée Saint-Vivant, la Tâche, Montrachet, Corton Charlemagne et autres. Ces escapades vinicoles agrémentent parfaitement mon séjour dijonnais où ne manque qu'une chose à la famille : la mer. À défaut, nos balades dominicales nous mènent naturellement sur les bords du canal, seul élément aquatique de la contrée. Les Bourguignons sont des gens accueillants et bons vivants, ce qui ne gâche rien. Pour être tout à fait franc, nos promenades ne se limitent pas au chemin de halage, car chaque visite d'amis bretons nous conduit inévitablement aux Hospices de Beaune où un traitement médical à base de produits locaux nous est prescrit et se révèle d'une efficacité redoutable.

En ce qui concerne l'activité policière, le service tourne bien. Le groupe des « stups » travaille en étroite collaboration avec les services de sécurité publique et obtient d'excellents résultats. Des équipes de braqueurs sont « dégringolées » régulièrement par le GRB, dont certaines, « en flag ». Toutefois, lors d'une interpellation le 11 décembre 1992, nous frôlons la catastrophe. En effet, à la suite de trois vols à main armée commis au préjudice d'agences bancaires dans le Jura à Poligny et Dôle les 15 octobre, 10 et 20 novembre 1992, nos soupçons se portaient sur deux malfaiteurs dijonnais, Jimmy V. et David J., qui, dès lors, faisaient l'objet de surveillances. Le 11 décembre, devant l'imminence de la commission d'une nouvelle attaque, un dispositif est mis en place à proximité des points de chute connus de nos truands, de manière à les interpeller peu après le vol à main armée, sans bien sûr intervenir à chaud. À 16 heures, le Crédit Mutuel du boulevard de la Marne à Dijon est braqué par deux voyous casqués et armés. À 18 heures, une VW Golf cabriolet utilisée peu avant les faits par nos suspects, est repérée dans la zone industrielle nord de Dijon avec deux individus à bord. Deux véhicules PJ parvenant à se placer l'un devant, l'autre derrière la Golf, le « top » interpellation est donné. Deux collègues, armes au poing, surgissent de leur voiture et braquent à travers le pare-brise les malfaiteurs assis dans l'habitacle, tandis que deux autres policiers, dont le commissaire, chef de la section criminelle, doivent se charger de les extraire de la Golf. Malencontreusement, le chef de Crim', réputé pour sa maladresse récurrente, conserve dans l'action son arme à la main. Le truand qu'il doit maîtriser fait un geste brusque, ce qui provoque un tir involontaire de sa part. Le commissaire Emmanuel Leclaire, chef du GRB, est atteint par la balle à l'épaule gauche. À quelques centimètres près, c'était la tête ou le cœur ! Pris en charge par le SAMU, il apparaît après examen, que la balle est ressortie au niveau de l'omoplate sans miraculeusement causer de dommages sérieux.

Les deux voyous sont cependant interpellés. Le butin et l'armement sont découverts lors de la perquisition au domicile de David J.

Quant à Manu, il en est quitte pour passer quelques jours au CHU de Dijon. Il est des balles « glorieuses », tirées par des voyous, qui permettent d'obtenir une promotion au grade supérieur ; d'autres, considérées comme « dommage collatéral », qui laissent l'administration insensible. Emmanuel a « généreusement » obtenu un passage à l'échelon supérieur de son grade, dont il aurait en tout état de cause bénéficié quelques mois plus tard. Quant au malheureux tireur, il sollicite quelque temps après une mutation dans une autre direction de la police et quitte donc la PJ.

*

LE DUC DE BOURGOGNE

Le département de la Haute-Saône est réputé pour ses fonderies d'art, notamment celles de Luxeuil-les-Bains. Si elles ne connaissent plus une activité aussi intense qu'autrefois, la qualité des œuvres produites reste constante. C'est une enquête sur des contrefaçons de bronzes, notamment des faux Rodin, qui m'a fait découvrir l'ampleur du trafic organisé dans cette discipline artistique. Nos investigations visaient un faussaire de haut vol, Guy Hain, dit « le duc de Bourgogne », connu internationalement, qui a su un temps jouer habilement des règles particulières en matière d'authenticité dans le monde de la sculpture, mais qui devait malgré tout être rattrapé par la patrouille après avoir écoulé auprès d'acheteurs, dont certains prestigieux (le baron Marcel Bich, Christian Pellegrin, Georges Tranchant), plus de 6 000 pièces attribuées à des artistes de renom : Auguste Rodin, Camille Claudel, Pierre-Auguste Renoir... pour un montant total évalué à 130 millions de francs ! Ces tromperies consistaient en des refontes illégales d'originaux et contrefaçons de signatures.

Guy Hain est né en 1942. Initialement vendeur de produits vétérinaires, il rencontre dans l'exercice de sa profession des vétérinaires en possession de sculptures animalières en bronze et s'y intéresse de près. Devenu collectionneur lui-même et lassé de son métier de représentant, il devient marchand d'art et ouvre une galerie « Aux ducs de Bourgogne » au Louvre des Antiquaires à Paris. Il se rapproche des propriétaires de la fonderie Rudier qui produisait les œuvres de Rodin du vivant de l'artiste. Il convainc les successeurs d'Alexis Rudier de réutiliser les moules de Rodin pour couler de nouveaux bronzes du célèbre sculpteur sans l'autorisation du musée Rodin, détenteur des droits sur cette œuvre.

Constatant le succès de cette première opération, Hain et son épouse font l'acquisition en 1990 d'une fonderie à Luxeuil-les-Bains et utilisent irrégulièrement les moules du musée Rodin pour produire des faux, en plus de surmouler plusieurs autres sculptures. Pour conforter l'authenticité des œuvres, Hain signe « ses » bronzes sous le nom d'Alexis Rudier et se garde bien d'y apposer la mention « reproduction ». C'est ainsi qu'apparaissent sur le marché des faux *Le Penseur*, *L'Âge d'Airain*, *Le Baiser*, *Les Bourgeois de Calais*... Contrefaçons toutefois de grande qualité, donnant l'apparence de l'ancien. Il faut savoir que pour une reproduction qui vaudrait aujourd'hui de 3 000 à 4 000 euros, un original d'époque avoisinerait les 550 000 à 600 000 euros.

Un inspecteur divisionnaire du SRPJ, fils de Henri Vincenot, écrivain, peintre et sculpteur bourguignon, fin connaisseur du monde de l'art et du milieu des fonderies de Haute-Saône, flaire l'« entourloupe ». Il s'ensuit l'ouverture d'une enquête sur l'activité florissante de Guy Hain, confortée par la plainte d'un ouvrier fondeur (Hain ne payait pas les cotisations sociales). C'est en janvier 1992, quelques semaines après mon arrivée à Dijon, que nous interpellons « le duc de Bourgogne ». Préalablement, quatre perquisitions ont été menées simultanément en Franche-Comté et à Paris. 1 100 bronzes (environ 20 tonnes) ont été saisis : des Rodin, Bourdel, Claudel, Carpeaux... Les constatations et auditions établiront que Guy Hain faisait effacer à la meuleuse la mention obligatoire « reproduction » pour la remplacer par la signature « Alexis Rudier, fondeur, Paris ». Un tour de passe-passe illégal qui fera le bonheur entre 1986 et 1992 des salles d'enchères : Drouot, Rambouillet, Christie's ou Sotheby's. L'équivalent de 2,5 millions d'euros a transité par les comptes bancaires de Solange, épouse de notre faussaire.

Pour ces faits, Guy Hain sera incarcéré. Le tribunal correctionnel de Lure (Haute-Saône) le condamnera en 1997 à quatre ans d'emprisonnement et à 2 millions de francs d'amende, jugement confirmé par la cour d'appel de Besançon, pour contrefaçon, débit d'œuvres contrefaites et escroquerie. Je crois savoir qu'il ne s'est pas arrêté là, car il a connu de nouveaux déboires judiciaires jusqu'en 2015.

***

Une réforme révolutionnaire de la procédure pénale voyait le jour en 1992 : l'intervention de l'avocat en garde à vue. Pourquoi pas ? Les avocats, soucieux du respect des droits de l'homme, œuvraient en ce sens depuis un moment, s'engageant à intervenir bénévolement. J'assurais donc la formation de l'ensemble des enquêteurs du SRPJ sur ce nouveau dispositif, après avoir moi-même suivi une formation appropriée. Quant à la gratuité, pas pour longtemps bien évidemment ; encore fallait-il pouvoir joindre l'avocat de permanence à l'époque de la téléphonie mobile balbutiante. « Radiocom 2000, bonjour... »

Je devais être confronté à une épreuve douloureuse lors de ce séjour bourguignon, le suicide d'un inspecteur de police de la Crim'. Ce dernier, atteint d'une maladie dégénérative, avait quitté l'hôtel de police un soir tout à fait normalement, avec un véhicule de service. Ne donnant pas signe de vie le lendemain matin, ses collègues m'en informaient et entamaient des recherches qui ne permettaient pas de le retrouver. Je décidais donc de diffuser le véhicule au niveau régional. Quelques heures plus tard, la gendarmerie m'informait de sa découverte à une quinzaine de kilomètres de Dijon. Notre fonctionnaire se trouvait à bord ; il s'était tiré une balle dans la tête avec son arme de service. Personne n'avait vu arriver ce drame. Il me revenait donc d'aviser son épouse et de l'assister dans les démarches qui s'en suivaient. Ignorant une mésentente de l'épouse avec sa belle-famille, j'apprenais la veille des obsèques que la sœur du défunt domiciliée à plus de 200 kilomètres de Dijon n'avait pas été informée du décès. En catastrophe, je la contactais téléphoniquement. Je me faisais quelque peu « pourrir », ce que je peux tout à fait comprendre. Apprendre si tardivement la mort d'un frère dans de telles circonstances a de quoi faire bondir. Je m'en expliquais avec elle lors des obsèques de manière plus apaisée. Ce suicide ne sera malheureusement pas le seul que j'aurai à connaître dans la suite de ma carrière. Des moments toujours extrêmement éprouvants.

Courant avril 1993, Guy Ménez, directeur de SRPJ de Rennes, me contacte pour me faire savoir que son adjoint est muté prochainement et qu'il serait heureux de me voir le remplacer. L'offre est tentante, retrouver la Bretagne et qui plus est, travailler avec Guy Ménez, personnage de la police judiciaire, connu et reconnu pour ses compétences, son humour et son courage sur le terrain (il a été grièvement blessé par balle en 1977 à Saint-Brieuc en intervenant sur un forcené qui avait auparavant tué un inspecteur du commissariat local). Double coïncidence, Guy et moi sommes Brestois d'origine et il a également, par le passé, exercé les fonctions de sous-chef à Dijon. Nous ne nous connaissons que de réputation. Il est à trois ans de la retraite et souhaiterait terminer sa carrière en ma compagnie. Je n'y vois que du bien, mais mon directeur dijonnais tente de m'en dissuader en raison de mon affectation relativement récente dans son service. Tant pis, je pose officiellement ma candidature et j'aurai le bonheur d'être retenu par la DCPJ pour une prise de fonctions à Rennes début août 1993. Pour une fois, une affectation qui n'arrive pas en cours d'année scolaire.

Je n'aurai donc passé que 18 mois au SRPJ de Dijon, mais mon « patron » ne me tient pas rigueur de ce départ prématuré. Le vendredi 2 juillet, 17 h 30, pot de départ, discours lors duquel j'évoque les liens qui unissaient François II de Bretagne et Charles le Téméraire, duc de Bourgogne… Mes collègues m'offrent une aquarelle de Pierre Duc, artiste-peintre renommé pour son talent, exprimé à travers des œuvres consacrées à la Bourgogne et la Franche-Comté. Superbe souvenir de ce bref passage dans ces deux régions, mais particulièrement apprécié. Après les prises de parole, énorme surprise ! Une musique de bagad se fait entendre dans la salle de l'hôtel de police de Dijon où se déroulent les festivités. Je pense d'abord à un enregistrement… Mais non, je vois pénétrer dans les lieux quelques sonneurs en tenue, soufflant dans binious et bombardes. Il s'agit de musiciens du cercle breton de Dijon que des inspecteurs ont sollicités pour clore la

« cérémonie » en beauté. J'y suis très sensible. Les sonneurs ne devaient rester qu'un moment, mais il faut croire que l'ambiance leur a plu, car ils ont poursuivi la soirée et passé une bonne partie de la nuit avec nous. *Yec'hed mad ha Kenavo !*

LE SRPJ DE RENNES
(1993-1999)

Ce retour en Bretagne est le bienvenu, tant sur le plan professionnel que familial. Guy Ménez m'accueille fort chaleureusement. Il s'agit pour lui de ses dernières années d'activité avant la retraite et souhaite s'appuyer sur un adjoint de confiance, ce qui ne semblait pas être le cas de mon prédécesseur. Le ressort géographique du service s'étend sur les cinq départements de la Bretagne historique. Deux antennes sont rattachées au siège rennais : Nantes et Brest-Quimper. La criminalité sur le territoire est inégalement répartie. Le département de Loire-Atlantique arrive largement en tête avec un taux de criminalité (nombre de crimes et délits commis pour 1 000 habitants) de 60,61, tandis que celui des Côtes-d'Armor atteint à peine les 30. Le SRPJ jouit d'une bonne réputation auprès des autorités judiciaires, tant sur le plan des affaires criminelles que financières. La SEF, avec à sa tête le commissaire principal Louis Galardon, reste le « bras armé » du juge Renaud

Van Ruymbeke (dit : « VR ») dans ses dossiers « politico-financiers » fortement médiatisés. L'antenne de Nantes est dirigée par le commissaire principal François Bodin que je connais bien pour l'avoir accueilli en qualité de commissaire stagiaire à Bordeaux, un battant.

Je trouve rapidement ma place au sein du service, le directeur me laissant au fil du temps une large autonomie dans la supervision des enquêtes. Je sais qu'en cas de difficulté, je peux compter sur son soutien.

Le banditisme en Bretagne est bien contenu et se manifeste essentiellement par la commission de braquages au préjudice d'établissements financiers souvent imputables à des équipes de malfaiteurs chevronnés issus des milieux parisiens, lyonnais et marseillais. Les agressions de ce type connaîtront une forte diminution au fil du temps, passant de 114 en 1993 à 46 en 1997. Cette régression est le fruit d'une répression efficace (ainsi, en 1995, pour 102 hold-up constatés, 67 ont été élucidés) et des investissements consentis par les banques en termes de sécurité. Nantes est la seule ville où reste implanté un milieu « traditionnel » se livrant au proxénétisme, au racket et aux jeux clandestins, avant de s'orienter vers le trafic de stupéfiants.

La détection de nouveaux phénomènes criminels entrant dans le champ d'action de la PJ, nous sommes amenés dès 1994 à nous intéresser à l'implantation en Bretagne de ressortissants albanais qui s'affirmeront rapidement comme des trafiquants de stupéfiants de haut vol. Le parcours criminel de ces individus sera jalonné de règlements de comptes sanglants sur Nantes et Rennes (voir le chapitre « Mafia albanaise dans l'ouest »).

Les raids nocturnes de délinquants appartenant à la communauté des gens du voyage opérant sur le Grand Ouest font l'objet d'un travail en profondeur et dans la durée. En effet, l'interpellation en flagrant délit des auteurs d'un seul cambriolage reste suivie de peu d'effet sur le plan répressif; si ce cambriolage s'inscrit dans le cadre d'une activité délictuelle habituelle établie procéduralement par des investigations préalables, les sanctions prononcées judiciairement se révèlent plus significatives. Question de stratégie!

Basés essentiellement dans la périphérie nantaise, ces malfaiteurs se livrent à de véritables opérations « commando ». Leur audace va de pair avec l'effet spectaculaire et dangereux des actions menées. Cagoulés et armés, ils opèrent à bord de voitures puissantes, voire d'engins de travaux publics volés, utilisés pour arracher des distributeurs de billets de banque et dévaliser des commerces d'articles de luxe ou hi-fi vidéo. N'hésitant pas à parcourir plusieurs centaines de kilomètres dans la nuit, ils forcent systématiquement barrages de police et de gendarmerie. Les véhicules volés sont en règle générale retrouvés incendiés au petit matin.

Ainsi le 22 mars 1994, à Nantes, suis-je amené à coordonner une opération d'envergure associant à notre service le SRPJ d'Angers, avec l'appui de la sécurité publique et de la gendarmerie de Loire-Atlantique. Vingt et une personnes impliquées dans une série de « casses à la voiture-bélier » et deux vols à main armée sont interpellées; sept d'entre elles seront écrouées. Lors des perquisitions étaient découverts des objets volés ou recelés, des armes, cagoules, véhicules volés et maquillés…

Sur le front des affaires subversives, la période est plutôt calme malgré quelques attentats sporadiques visant des perceptions.

*

L'INCENDIE DU PARLEMENT DE BRETAGNE

Le vendredi 4 février 1994, Édouard Balladur, Premier ministre, accompagné de six membres de son gouvernement, effectue un déplacement officiel à Rennes à l'occasion de la signature du contrat de plan État-Région. La rencontre des ministres et des principaux élus bretons doit se dérouler dans les locaux du conseil régional puis à la préfecture Martenot. À cette occasion, une manifestation est organisée par les marins-pêcheurs qui subissent de plein fouet une crise sans précédent : chute de 23 % des cours moyens du poisson, concurrence d'importations du monde entier… Durant la semaine précédant le 4 février, lors d'un périple allant du Finistère au nord de la France en passant par Rungis et la Normandie, les marins s'étaient livrés à d'importantes dégradations lors d'actions commando visant des entrepôts frigorifiques et des magasins à grande surface, faisant preuve d'une détermination et d'une violence extrêmes tant vis-à-vis de leurs objectifs que des forces de l'ordre. Les marins-pêcheurs bretons, plongés dans la désespérance, avaient décidé d'une manifestation de masse à l'occasion de la visite ministérielle à Rennes, appelant les autres régions du pays à se joindre à eux.

Vers 9 heures, environ 4 500 manifestants arrivés par autobus et trains se rassemblent place de la Gare et se dirigent ensuite vers le centre-ville et plus particulièrement vers le site de Martenot. Ils se trouvent rapidement au contact des barrages mis en place par les forces mobiles pour les empêcher d'accéder aux lieux de réunions des autorités. Malgré l'admission d'une délégation autorisée à pénétrer dans la préfecture pour faire part des doléances de la profession, les marins-pêcheurs s'en prennent aux policiers, cherchant délibérément l'affrontement dans les rues adjacentes et sur la place du Parlement de Bretagne. Une véritable guérilla urbaine. Munis de barres de fer, déclenchant des tirs tendus de fusées de détresse et de lance-amarres, dépavant la chaussée, ils harcèlent durant des heures les forces de l'ordre provoquant des blessures qualifiées de « blessures de guerre » par les chirurgiens du CHU. Vers 15 heures, les marins s'emparent d'un bus Star et le lancent sur les policiers rue Édith-Cavell. Deux tirs de grenade dans le pare-brise l'arrêtent. Le bus finit sa course dans le mur d'un commerce. Les manifestants l'incendient. Déployés le long de la façade du Palais du Parlement, siège de la cour d'appel, pour éviter toute intrusion dans le bâtiment, les CRS repoussent à moult reprises les assauts des manifestants qu'ils refoulent vers le bas de la place. Les fusées de détresse tirées par les marins provoquent plusieurs débuts d'incendie : rue Salomon-de-Brosse à 11 h 30, au palais Saint-Georges vers 13 heures, rue Saint-Melaine et au Parlement vers 15 h 30. En effet, une des fusées a atteint le toit du bâtiment et fait fondre un chéneau de plomb de la façade sud sur une trentaine de centimètres, provoquant un début de combustion de la charpente. Un ouvrier professionnel de la cour d'appel intervient à 15 h 45 pour éteindre à coups de seaux d'eau ce début de foyer. Vers 18 h 30, les affrontements prennent fin avec le départ de Rennes des manifestants.

Le soir, on dénombre 108 blessés : 78 parmi les CRS et gendarmes mobiles dont 15 graves (jusqu'à quatre mois d'ITT). Quinze individus ont été interpellés pour coups et blessures avec armes sur agents de la force publique.

Quelques heures plus tard, vers 1 heure du matin, le téléphone fixe de ma chambre me tire d'un profond sommeil. Le permanent de nuit du SRPJ m'annonce qu'un incendie s'est déclaré il y a peu au Parlement de Bretagne. Je m'apprête à le questionner sur l'ampleur du sinistre quand je me retourne vers la baie vitrée de mon salon. J'aperçois alors une lueur dans le ciel rennais. Habitant à environ deux kilomètres du Parlement, je ravale ma question, précisant me déplacer immédiatement sur les lieux et demandant à ce que le directeur soit informé de l'événement.

Quelques minutes plus tard, je suis sur place. Les pompiers sont à l'œuvre, la toiture de toute la façade sud du bâtiment est en flammes. Ces dernières lèchent les toits des immeubles voisins ; la propagation du feu est foudroyante sous l'effet d'un fort vent d'ouest. Une vague de chaleur irradie les lieux ; le grondement et le crépitement du feu déchirent la nuit. Un risque important existe pour le quartier entraînant l'évacuation d'appartements rue Hoche et Salomon-de-Brosse. Les premiers badauds sont pétrifiés devant l'ampleur du sinistre et observent un silence total. Il faut dire que cela prend vraiment aux tripes. Un symbole de l'histoire de la Bretagne ravagé sous nos yeux. Vers 1 h 30, la totalité du bâtiment flambe. Les chevrons s'écrasent au sol, les allégories recouvertes de feuilles d'or fondent. Les flammes s'élèvent à plus de 30 mètres de haut. C'est consternant. Les pompiers mettent en place un « mur d'eau » pour protéger les immeubles les plus proches.

Il s'agit d'éviter que les escarbilles enflammées ne propagent l'incendie dans ce périmètre menacé. À 2 heures, la charpente s'effondre dans sa totalité dans un bruit d'enfer. Deux pompiers qui arrosent le bâtiment de l'intérieur sont sérieusement blessés, ensevelis sous les décombres.

Entre-temps, j'ai été rejoint par Guy Ménez et le procureur de la République. Ce dernier déclare nous saisir de l'enquête. Je fais donc battre le rappel de fonctionnaires de la PJ, car dès que le sinistre sera maîtrisé, un travail important de constatations et de recueil de témoignages nous attend.

De nombreuses personnalités sont arrivées sur les lieux : autorités judiciaires, préfet et responsables politiques dont Pierre Méhaignerie, ministre de la Justice, et Edmond Hervé, maire de Rennes… Tous visiblement émus. Une foule pétrifiée s'est rassemblée sur place et assiste silencieusement au combat mené par les sapeurs-pompiers.

Le travail des 150 pompiers à pied d'œuvre est impressionnant. Non contents de lutter contre les flammes, de protéger les immeubles voisins, ils prennent des risques énormes, s'efforçant de préserver le patrimoine historique et artistique en évacuant les œuvres les plus précieuses, en arrosant avec soin les peintures décorant les plafonds de certaines salles.

À 3 heures, je retourne au siège de la PJ et téléphone à M. Henri Viellard, directeur du laboratoire de la préfecture de police à Paris, expert agréé par la Cour de cassation, reconnu pour ses compétences dans le domaine des incendies. Surpris en plein sommeil, je lui laisse le temps de retrouver ses esprits et l'informe du souhait du procureur de la République de le voir nous rejoindre à Rennes dès que possible afin de se prononcer sur l'origine et les circonstances du sinistre. Il accepte la mission et prendra la route sans délai.

À 3 h 58, les pompiers se déclarent « maîtres du feu ». Malgré les risques d'effondrement, ils continuent de sauver le maximum d'œuvres, de décors, de mobiliers et de dossiers judiciaires.

Dès que le jour se lève, le véritable travail d'enquête commence. M. Viellard nous rejoint sur place vers 10 h 30. Les dégâts sont considérables. Il ressort des premières vérifications que l'alerte a été donnée aux pompiers par téléphone à 0 h 29. Les témoins s'accordent à dire qu'ils ont aperçu les premières flammèches au niveau de la toiture, à gauche du cadran solaire qui domine la façade. Selon le colonel des pompiers et l'expert, le feu a couvé plusieurs heures avant de se déclarer. En raison de cette localisation, l'intention criminelle est à écarter. En effet, non seulement l'accès intérieur aux greniers était limité (les portes étaient verrouillées et les clefs en possession de trois personnes clairement identifiées), mais encore, la configuration des combles empêchait quiconque de se glisser sous leur partie basse et plus particulièrement à l'endroit de la naissance du feu. L'hypothèse d'un court-circuit n'est pas envisageable, aucun câble ne passant à cet endroit. L'idée de l'action d'une fusée de détresse utilisée par les marins-pêcheurs semble bien s'imposer. Les pompiers – les premiers – font le rapprochement avec deux de leurs interventions de la veille pour éteindre des débuts d'incendie provoqués par des fusées de ce type.

Le témoignage de l'ouvrier de la cour d'appel étant intervenu pour interrompre la combustion d'une fusée dans ce même chéneau, mais à une distance plus éloignée du cadran solaire, conforte cette hypothèse.

La synthèse des dépositions de plusieurs personnes ayant assisté à des tirs courbes de fusée sur le Parlement permet d'avoir la certitude qu'au moins quatre d'entre elles dégageant une fumée rouge sont tombées dans le chéneau gauche de la façade sud, entre 11 heures et 17 heures. L'une de celles-ci apparaît dans une vidéo réalisée par un particulier.

Par ailleurs, il existe un précédent. En manifestant le 28 février 1993, des marins avaient commis des dégradations par des tirs de fusées sur la façade de la préfecture de Vannes, occasionnant un début d'incendie.

L'expert retiendra cette hypothèse. L'une des fusées a contribué à la fusion de la mince feuille de plomb de 3 mm d'épaisseur protégeant les premiers éléments de la charpente avant de propager chaleur puis feu couvant à son ensemble. L'apport d'oxygène a conduit à la combustion vive de tous les bois.

Lors des premières investigations, il nous est déclaré que l'alarme incendie du bâtiment en cours de modernisation, n'était pas opérationnelle. Mais le 6 février, un collaborateur de l'architecte en chef des Monuments historiques nous remet une bande qu'il vient de retirer de la centrale qui était bien en fonction au moment des faits. L'analyse de ce document par un technicien, installateur du système, révèle que des détecteurs avaient enregistré des feux dans les combles entre 22 h 50 et 0 h 50 dans la nuit du 4 au 5 février, mais qu'à trois reprises, à 23 h 38, 23 h 39 et 23 h 41, une intervention manuelle avait momentanément annulé les alarmes sonores et visuelles. On peine à y croire.

Ce n'est qu'au cours de son troisième interrogatoire que M. H., concierge de permanence, reconnaîtra avoir été réveillé par l'alarme sonore et s'être levé pour la faire cesser. Il avait coupé la sonnerie à trois reprises et réarmé le système à chaque fois. L'alarme se redéclenchant aussitôt, il avait coupé la sonnerie du boîtier installé dans son logement et s'était recouché. Il justifiait sa négligence par des déclenchements antérieurs intempestifs. Belle conscience professionnelle, sachant que depuis l'après-midi, il avait été averti du danger potentiel par l'ouvrier qui avait éteint le premier départ d'incendie. De plus, la greffière en chef lui avait préconisé de procéder à toutes vérifications utiles et notamment, à une ronde tardive. Invraisemblable. Les pompiers auraient pu intervenir une heure trente plus tôt !

Ce comportement professionnel fautif vaudra à M. H. une mise en examen pour blessures involontaires et une mesure de contrôle judiciaire. Mais comme on ne tire pas sur les ambulances, il bénéficiera d'un non-lieu lors de la clôture de l'information.

Un important travail d'identification de marins en possession de fusée, mais aussi d'armes par destination a été entrepris, car, parallèlement, une enquête pour « port d'armes dans un attroupement » avait été ouverte par le Parquet de Rennes. De nombreuses photographies et vidéos réalisées lors de la manifestation sont épluchées, diffusées… Certains individus sont identifiés, mais il se révèle impossible d'établir une responsabilité individuelle dans le tir de la fusée « incendiaire ».

Les éternels complotistes verront dans cet incendie un acte criminel visant à détruire les dossiers traités par le juge Van Ruymbeke. Quelle imagination ! Ce magistrat sera le premier à déclarer : « C'est du pur fantasme. » L'intégralité de ces dossiers a été reconstituée à partir de copies des actes en possession du SRPJ ou des avocats.

Le Palais du Parlement survivra à cette nuit tragique du 4 au 5 février 1994. La reconstruction de l'édifice va durer jusqu'en juillet 1999. La Justice qui se rendait en ces lieux depuis 1655 y retrouvait enfin sa place dans des locaux adaptés aux exigences du XXIe siècle.

***

Lors des trois années passées dans une « complicité » totale avec Guy Ménez, plusieurs affaires criminelles ont été traitées par notre service. Certaines méritent d'être évoquées.

LA DISPARITION DE JEAN-PIERRE MERRIEN

À la suite de la disparition suspecte courant juillet 1993 de M. Merrien, cadre bancaire briochin, le service sollicitait du Parquet de Saint-Brieuc, l'ouverture d'une information pour séquestration. Les enquêteurs s'attachaient à identifier l'environnement du disparu et à reconstituer son emploi du temps avant de ne plus donner signe de vie. Ce travail devait payer ; un témoignage finit par être recueilli. Jean-Pierre Merrien avait été aperçu pour la dernière fois le 9 juillet 1993, en soirée, dans un bar de Saint-Brieuc en compagnie d'un autre homme. Ce dernier pouvait être identifié ; il s'agissait d'un certain Michel Le T.

Interpellé le 23 février 1994, Le T. après tergiversation, admettait avoir passé une partie de la soirée du 9 juillet 1993 avec Jean-Pierre Merrien et l'avoir pris en charge à bord de sa voiture sous le prétexte de le conduire dans une discothèque. Arrivé en un lieu désert, il avait porté plusieurs coups de couteau à son passager, finissant par le poignarder au cœur et lui trancher la carotide. Il s'était emparé de l'argent de la victime, avait dissimulé le corps dans de grands sacs poubelle et s'en était débarrassé en le jetant dans un fossé. Le cadavre de Jean-Pierre Merrien fut effectivement découvert sur les indications du meurtrier.

LE MEURTRE DE MICHEL GUIHO

Le 21 juillet 1994, le cadavre de Michel Guiho, marchand forain âgé de 52 ans, était découvert dissimulé sous des cartons à l'intérieur de son véhicule stationné sur un parking de Vannes. La victime, dont le nez et la bouche avaient été bâillonnés avec de l'adhésif, n'était vêtue que d'un slip. Mon emploi du temps allégé en cette période estivale me le permettant, je me rendais à Vannes accompagné des enquêteurs présents du groupe criminel.

Nos investigations établissaient rapidement que la disparition de Guiho remontait au 18 juillet. Les recherches dans le milieu des marchands forains permettaient d'apprendre que la victime entretenait des relations avec de jeunes femmes qu'il n'hésitait pas à rémunérer pour obtenir leurs faveurs. L'une d'elles, Estelle R., était identifiée; elle vivait en concubinage avec un certain Jean A. Selon leur voisinage, le couple avait quitté Vannes pour un périple d'une dizaine de jours en France. Dès leur retour, le 1er août, A et R. étaient interpellés et en venaient aux aveux : A. qui se doutait des relations existant entre sa compagne et Guiho, les avait surpris ensemble. Il avait porté de nombreux coups à la victime et alors qu'elle agonisait, l'avait bâillonnée puis avait caché le corps dans un placard. La nuit tombée, le couple avait transporté le cadavre jusqu'à la voiture et abandonné le tout sur un parking. Ils avaient auparavant soustrait l'argent et les cartes bancaires de la victime.

RECONVERSION PROFESSIONNELLE DES BRAQUEURS NANTAIS

En août 1994, au terme de surveillances exercées par l'antenne PJ nantaise, une opération était déclenchée à Nantes, Angers, Bayonne et Paris. Dix individus impliqués dans une affaire de trafic de cannabis entre l'Espagne et la France étaient interpellés. 228 kilos de haschich étaient saisis à Biarritz (Pyrénées-Atlantiques), alors que des membres de l'équipe en prenaient possession. Les trafiquants finançaient leurs achats de résine en commettant des vols à main armée en Loire-Atlantique. Parmi eux figuraient deux figures du banditisme nantais, Philippe Maugin et Patrick Thiolet, ce dernier connu pour avoir participé en 1985 à la prise d'otages du palais de justice de Nantes lors d'une session d'assises.

***

Vendredi 17 novembre 1995, porte de Bagnolet à Paris. Après cinq mois de planques et filatures, des enquêteurs de notre antenne de Nantes assistent en direct à une transaction de stupéfiants. Deux malfaiteurs nantais, Robert Guiguen, 40 ans, et Jean-François Challopain, 38 ans, montés à Paris à bord de deux voitures, réceptionnent en échange de 40 000 francs, 40 kilos de résine de cannabis. Dès leur retour à Nantes dans la soirée, avant même qu'ils n'aient eu le temps de déposer leur chargement, le top départ de l'opération est donné. Nous « tapons » simultanément à Paris, Lille et Bruxelles. Une quinzaine de personnes identifiées dans la phase préalable de l'enquête, sont arrêtées, dont Michel Moinard, 50 ans, dit « Le Vieux », vieille connaissance du milieu nantais et tête de ce réseau constitué essentiellement d'anciens braqueurs. Tous ou presque se sont connus en prison à Nantes. C'est là qu'a germé l'idée de cette « reconversion professionnelle ». Accessoirement sont saisis un million de francs, des armes et une grenade. Sékou Koné, 30 ans, et Jean-Pierre Devriendt, 55 ans, relais nantais de Moinard installé en Belgique, ainsi que Michel Chabot, 46 ans, dit « King-Kong », font partie de la « charette ». King-Kong doit son surnom à sa carrure et à une activité antérieure de soigneur dans la ménagerie d'un cirque, avant de se lancer dans la protection d'établissements de nuit de la ville de Nantes. Il en imposait sur la place. Né derrière les barreaux, ce trafic y fait retourner douze individus à l'issue de l'opération menée avec le concours de l'OCRTIS, de la PJ de Lille et de la gendarmerie belge.

DES BRAQUEURS SE FONT LA MALLE

Dans la nuit du 9 au 10 octobre 1994, deux malfaiteurs dangereux, Philippe Lalouel et Laurent Jacqua s'évadaient de la maison d'arrêt de Plœmeur (Morbihan) en prenant en otage le surveillant-chef, sous la menace d'un pistolet automatique et d'un couteau. Les deux voyous effectuaient ensuite un périple sur toute la France, ponctué de vols à main armée commis en Charente-Maritime, dans la Nièvre, en Moselle et dans le Var.

Dans leur fuite, les deux évadés avaient volé en Bretagne une Ford Scorpio, retrouvée à La Roche-sur-Yon plusieurs jours plus tard, non loin du domicile d'un ancien complice de Lalouel. Des écoutes téléphoniques, surveillances et filatures étaient exercées par le GRB de Rennes sur cet individu et ses relations. Il apparaissait que ces derniers avaient fourni aux fugitifs non seulement un refuge provisoire, mais également des armes et des renseignements sur des agences bancaires ayant fait l'objet de repérages de leur part. En l'absence de contact récent avec les évadés, six de ces malfrats étaient interpellés puis écroués.

Les surveillances reprenaient avec le concours de l'OCRB et des SRPJ de Marseille, Versailles, Angers sur les proches des malfaiteurs et permettaient de détecter leurs déplacements et de constater leur extrême mobilité : passages à Paris, La Couronne (Charente), Fréjus (Var)...

Les recherches effectuées par les enquêteurs de notre service sur les appels passés à partir des cabines téléphoniques des villes par lesquelles transitaient les évadés aboutissaient par recoupements à l'identification d'une jeune femme, Aïcha B., accompagnant Philippe Lalouel dans sa cavale. Cette dernière téléphonant régulièrement à sa famille, une écoute placée sur le domicile de sa mère à Arles (Bouches-du-Rhône), amenait la localisation des fuyards à Hermes (Oise).

Eu égard à leur dangerosité, l'appui du RAID était sollicité pour procéder à leur arrestation le 18 janvier 1995.

Nous interpellions dans la foulée un aubergiste de Ramonchamp (Vosges) qui les avait hébergés et chez lequel ils avaient préparé un braquage tenté à Lure (Haute-Saône). Il les rejoignait derrière les barreaux.

***

Le mardi 10 janvier 1995, Guy Ménez, moi-même et Louis Galardon, chef de la SEF, nous retrouvons sur le banc des « suspects » entendus par le juge d'instruction

Gilbert Thiel sur des violations du secret de l'instruction à la suite d'un dépôt de plainte avec constitution de partie civile de Gérard Longuet, ancien ministre de l'Industrie. Dans le cadre d'un dossier instruit par Renaud Van Ruymbeke, une note confidentielle rédigée par ce magistrat, relative à des accusations formulées sur le patrimoine privé de l'ancien ministre, avait été publiée par les quotidiens *Libération* et *Le Monde*.

Nous ne sommes pas les seuls sur le « banc », puisqu'y sont présents également le procureur général de Rennes, deux avocats généraux, le président de la chambre d'accusation et… V. R. lui-même. Belle brochette ! Comme la plupart du temps dans ce type d'affaires, celui qui a vendu la mèche ne sera pas identifié, mais Guy Ménez et moi avons une petite idée sur la question.

Bonne nouvelle le 15 septembre 1995 : je suis promu au grade de commissaire divisionnaire.

LE TEMPLE SOLAIRE

Les années 1995 et 1996 ont été marquées par des enquêtes délicates et chronophages relatives à des sectes ou des pratiques sectaires détectées en région Bretagne. À défaut de qualification pénale appropriée, les résultats ne se révélaient pas à la hauteur des moyens engagés : éventuelles poursuites pour exercice illégal de la médecine, abus de faiblesse…

Fin 1995, la France était en émoi à la suite du nouveau massacre d'adeptes de l'ordre du Temple solaire (OTS) découvert le 23 décembre à Presle (Savoie) dans le massif du Vercors : 16 victimes abattues, dont les corps calcinés étaient retrouvés disposés en cercle selon une symbolique interne à la secte. Un juge d'instruction de Grenoble avait saisi plusieurs services de la DCPJ, dont le SRPJ de Rennes, d'investigations à effectuer sur leur ressort respectif. Deux hommes particulièrement proches de l'OTS résidant en Bretagne nous étaient signalés : un pharmacien de Brest qui écoulait auprès des adeptes, des trousses dites « de survie » contenant des substances médicamenteuses, le second, un « prêtre » de l'ordre domicilié dans la campagne rennaise avec son épouse et ses enfants. Selon les directives du ministère de l'Intérieur, au-delà du volet judiciaire (perquisitions, auditions...), il convenait d'effectuer des surveillances sur les intéressés afin de prévenir un nouveau « transit vers Sirius », selon la terminologie de l'OTS et de recueillir des éléments permettant éventuellement d'éclairer les précédentes tragédies survenues en France, au Canada et en Suisse (53 victimes).

Pour le cas du pharmacien, nous étions rapidement rassurés. Aucune velléité de sa part de s'en prendre à qui que ce soit. Il apparaissait qu'il craignait lui-même d'être une future victime potentielle des néo-templiers. Il en allait autrement du « gourou » local qui habitait une ancienne ferme isolée à Pacé (Ille-et-Vilaine) avec sa famille et dont nous ignorions les intentions. Conformément aux instructions ministérielles, une surveillance ininterrompue était exercée, avec le concours de la gendarmerie, sur cet objectif, dans le but d'éviter un nouveau drame. Nous étions conscients que notre dispositif se révèlerait de toute évidence inopérant en cas de volonté meurtrière ou suicidaire du chef de famille, car la configuration des lieux nous imposait de stationner les véhicules de police ou de gendarmerie, à plusieurs centaines de mètres de l'habitation. Les enfants étant scolarisés, leurs enseignants étaient mis dans la confidence, mais cela paraissait bien dérisoire par rapport au risque encouru. Malgré cette remontée d'informations vers Paris, les instructions restaient fermes : maintien du dispositif pour une durée indéterminée ! Allez expliquer ça aux policiers en planque, convaincus, à juste titre, de l'inutilité de la tâche imposée.

Guy Ménez, n'étant pas homme à s'en laisser compter, me faisait part un soir de son intention d'aller rencontrer le « mage » chez lui et me demandait de l'accompagner. On allait la lui faire « à l'esbrouffe ». C'était donc à la nuit tombée que nous arrivions sur place. Nous frappions à la porte qui nous était ouverte par le maître des lieux. Après nous être présentés de manière déterminée et peu aimable, Guy entreprenait le « templier » et cette fois, les rôles étaient inversés. C'était le flic qui faisait le prêche : l'appartenance de notre interlocuteur à la secte mobilisait policiers et gendarmes inutilement ; nous envisagions donc de lui retirer la garde des enfants ; quelles étaient ses intentions ? Impressionné, l'homme faisait part de ses regrets, « reniant » pratiquement ses croyances et nous assurant de l'affection qu'il portait à sa progéniture à laquelle il serait incapable de faire subir le moindre mal. Après un entretien approfondi, il se proposait même de nous offrir l'apéritif, ce que, de manière inhabituelle, nous refusions. Sur le chemin du retour, nous échangions nos impressions, en croisant les doigts pour que la suite se déroule bien. En tout état de cause, Guy Ménez donnait l'ordre de lever ce dispositif usant pour le personnel qui pouvait être bien mieux employé par ailleurs. Quant aux autorités parisiennes, elles nous ont crus en planque pendant encore longtemps...

***

Les mois défilent, les affaires de braquages, trafics de stupéfiants, proxénétisme, trafic de véhicules volés, homicides, escroqueries… se succèdent. Janvier 1997, l'heure du départ à la retraite a sonné pour mon chef et ami Guy qui a profondément marqué de son empreinte le SRPJ de Rennes où il avait commencé sa carrière de commissaire en 1970 à la section criminelle. Bernard Gravet, directeur central de la PJ, fait le déplacement à Rennes à cette occasion. De nombreux collègues des différents services où a exercé Guy Ménez sont également venus se joindre à nous. Certains n'ont pas hésité à venir de loin. C'est le cas de Michel Neyret, chef de la BRI de Lyon et de plusieurs de ses collaborateurs.

Le successeur désigné par la DCPJ est Gérard Bon, directeur du SRPJ de Reims et ancien directeur adjoint de la PJ de Marseille. Nous ne nous connaissons que de réputation, mais les échos sont des meilleurs. Sa compétence, son expérience et son autorité sont unanimement reconnues. À n'en point douter, nous devrions nous entendre. En attendant, j'assure l'intérim.

Gérard prend ses fonctions à Rennes le 1er mars 1997. Grand professionnel de la police judiciaire, le nouveau directeur est par ailleurs un précurseur dans le domaine informatique, ce qui est loin d'être mon cas. À son arrivée, il me dote d'un ordinateur portable dont il me fera vite comprendre l'intérêt. Il propose à la DCPJ de lancer à Rennes une expérimentation en matière d'archivage électronique de la documentation criminelle (AEDC) passant par la numérisation de l'ensemble des procédures stockées au fichier régional. L'expérience se révèlera concluante et l'AEDC sera généralisé au plan national. Jurassien d'origine, Gérard Bon a un vrai caractère de bûcheron. Il a une formule de management qui traduit sa détermination : « On consulte et… de toute façon, on fait comme on a dit ! » Grand travailleur, il a toujours des projets novateurs en tête.

Sachant engager des procédures disciplinaires en cas de besoin – un policier du service se livrant à des vols en interne au préjudice de ses collègues devait en faire les frais –, il sait tout autant défendre son personnel. Ainsi, ce jour où deux policiers de l'Inspection générale des Services (IGS, « bœufs-carottes parisiens ») descendent à Nantes et placent injustement en garde à vue un enquêteur de notre antenne locale, qui avait assisté quelque temps auparavant des collègues de la préfecture de police en mission en Loire-Atlantique. Ces derniers étaient suspectés d'avoir détourné de l'argent appartenant à un individu interpellé, mais rien ne permettait de soupçonner notre collaborateur d'avoir été complice des « ripoux », d'autant que son parcours professionnel avait été jusque-là exemplaire.

En ma présence, Gérard Bon contacte téléphoniquement le directeur central de la PJ puis le directeur de l'IGS. Il leur tient un langage clair : s'il n'est pas mis fin immédiatement à la garde à vue de notre policier nantais, il se rend à Nantes et place lui-même les deux fonctionnaires de l'IGS en garde à vue pour détention arbitraire ; il s'en arrangerait ultérieurement avec le procureur de la République. Il se montre très persuasif, car notre collaborateur retrouve aussitôt la liberté pour être entendu, certes, mais dans un cadre non coercitif, puis mis hors de cause. Du grand Gérard Bon.

Une de nos enquêtes menées sur un trafic international de stupéfiants à partir du mois d'avril 1996 devait aboutir à la neutralisation d'Alain Coelier, dit « P'tit Alain », membre influent du milieu nantais. Ce dernier, après avoir purgé une longue peine d'emprisonnement en Espagne à la suite de l'enlèvement de la petite Melody Nakachian puis une peine de prison en France après son extradition, revenait en Loire-Atlantique. Il était dès lors pris en compte par les radars de la PJ nantaise. Il apparaissait rapidement qu'il était en relation avec des ressortissants britanniques installés dans la région d'Alicante (Espagne) et impliqués dans un trafic de haschich en provenance du Maroc. La collaboration avec les services de police britanniques permettait de l'interpeller le 5 mai 1997, au large de Madère, en compagnie de sept personnes à bord d'un bateau transportant 4,5 tonnes de résine de cannabis. Ses exploits ne s'arrêteront pas là... Il tombera en 2010 à Alicante sous les balles d'individus qui ne lui voulaient pas vraiment du bien (voir chapitre « Mafia albanaise dans l'Ouest – 1990-2015 »).

STADE RENNAIS FOOTBALL CLUB : LE PRÉSIDENT ET LES SLOVAQUES

Le 5 juin 1997 en fin d'après-midi, mon collègue directeur adjoint du SRPJ de Montpellier m'appelle :

« Jean-Paul, connais-tu le président du Stade rennais ?

— Non seulement je le connais, mais il se trouve que René Ruello est un copain. Il est par ailleurs PDG d'une société Panavi, leader européen dans le domaine de la boulangerie surgelée.

— Nous avons recueilli un renseignement le concernant, communiqué par un « tonton » slovaque très fiable. M. Ruello fait l'objet d'un projet d'enlèvement contre demande de rançon qui se déroulerait lors d'un prochain voyage qu'il effectuerait en Slovaquie pour un éventuel recrutement de footballeurs. Le kidnapping est une des pratiques lucratives de la pègre slovaque. De hauts fonctionnaires seraient mêlés à l'affaire.

— Merci du tuyau, je vois ça directement avec lui. »

Je compose aussitôt le numéro personnel de René Ruello :

« Salut, Jean-Paul, qu'est-ce qui t'amène ?

— Tu ne dois pas aller prochainement à Bratislava ?

— Si, mais comment tu sais ça ?

— Ne t'inquiète pas, je n'écoute pas ton téléphone ! »

Je lui relate donc l'information rapportée par la PJ montpelliéraine et le dissuade d'entreprendre ce déplacement. Il me précise que son interlocuteur en Slovaquie est un certain Josef K. et que celui-ci lui avait par ailleurs proposé d'envisager une collaboration dans le domaine de la fabrication de pain et viennoiseries.

Après l'annulation du voyage, Joseph K. recontacte Panavi le 18 septembre, souhaitant programmer un déplacement au siège de la société à Torcé (Ille-et-Vilaine) dans le but de concrétiser le projet de collaboration. Il annonçait son arrivée à Rennes le 28 septembre en compagnie de deux autres individus agissant au titre d'une société Mamut de Bratislava.

Je portais cette information à la connaissance du SRPJ de Montpellier qui signalait que K. s'identifiait vraisemblablement à un certain Josef Sivak, fort défavorablement connu de ce service et faisant l'objet d'un mandat d'arrêt délivré par un juge d'instruction de Montpellier.

Nous prenons donc des dispositions pour assurer l'interpellation de K. à Rennes. Curieusement, le 26 septembre, ce dernier annonçait sous une excuse fallacieuse qu'il était dans l'impossibilité de se déplacer, mais confirmait la venue de ses deux « associés » slovaques. Dès leur arrivée, les deux hommes faisaient l'objet de surveillances. Selon leurs propos, ils étaient propriétaires à Bratislava d'un restaurant d'une capacité de réception de 1 200 personnes et organisateurs de jeux de hasard. Ils avaient en projet la construction dans la capitale slovaque d'un centre commercial comprenant hypermarché, galerie commerçante… et étaient désireux d'y adjoindre une unité de fabrication de pain et viennoiseries, du type des usines, propriété du groupe Panavi.

Devant la réticence de René Ruello d'établir des relations commerciales, nos Slovaques mettaient fin à leur séjour en Bretagne et regagnaient leur pays d'origine. En renonçant à son déplacement à Bratislava, le président du Stade rennais a certainement échappé au pire et son refus de collaborer avec ces personnages pour le moins douteux, a vraisemblablement évité à Panavi d'être victime d'une quelconque carambouille ou autre escroquerie…

René Ruello a suffisamment donné de sa personne au SRFC pour éviter de se faire piéger dans un tel traquenard.

MEURTRE À L'HÔPITAL DE SAINT-MALO

Le vendredi 27 février 1998 en début d'après-midi, Roger Heulot, 79 ans, hospitalisé au service de pneumologie à Saint-Malo, était découvert par une infirmière, égorgé sur son lit. Il n'y avait plus rien à faire pour le malheureux qui s'était vidé de son sang. La police malouine était aussitôt avisée et se transportait sur les lieux. Un médecin procédait à l'examen rapide du corps et délivrait un certificat de décès concluant à une mort par égorgement. Le procureur de la République informé, ordonnait une autopsie programmée à l'institut médico-légal de Rennes pour le lundi 2 mars. Il me contactait par téléphone vers 17 heures pour confier l'enquête à la PJ. Je dépêchais sur place une équipe d'enquêteurs de la Crim', renforcée par le groupe de permanence du week-end. Un compte rendu m'était effectué dans le courant de la soirée. Rien ne semblait avoir disparu de la chambre occupée par la victime. Une infirmière et une aide-soignante avaient remarqué, peu de temps avant la découverte du cadavre, un homme à l'attitude bizarre qui empruntait l'ascenseur pour quitter l'étage. Elles avaient entrevu son visage. Plusieurs SDF squattant le hall du centre hospitalier, la rumeur s'était rapidement répandue qu'il pouvait s'agir de l'un d'eux. Sérieux problème au sein de l'établissement si un meurtrier potentiel se trouvait dans les murs. Était-il susceptible de récidiver, sachant qu'il était impossible d'envisager de verrouiller les chambres occupées par les patients ?

Le lendemain, samedi 28 février, je décidais de rejoindre les enquêteurs à Saint-Malo. Refaire un peu de police de terrain le temps d'un week-end me plaisait bien. Avant de recenser les SDF squatteurs et à la recherche d'un mobile, nous entreprenions un environnement familial de la victime. C'est ainsi que nous apprenions l'existence d'un petit-fils de la seconde épouse du défunt, âgé de 32 ans, psychologiquement instable. M. Heulant, demeurant avant son hospitalisation dans un foyer-logement de Dol-de-Bretagne (Ille-et-Vilaine), contact était pris avec le personnel de l'établissement. Curieusement, le vendredi matin, le petit-fils par alliance, Gilles B., avait cherché à rencontrer son « grand-père » qu'il n'avait pas revu depuis deux ans. C'est ainsi qu'il avait appris son transfert à l'hôpital. Après quelques recherches, nous le localisions le dimanche midi au Hirel (Ille-et-Vilaine) où nous l'interpellions alors qu'il s'apprêtait à passer à table. Ses explications sur son emploi du temps du vendredi étant plutôt confuses, je décidais de le placer en garde à vue. L'infirmière et l'aide-soignante lui trouvèrent une ressemblance avec l'homme aperçu dans leur service, mais elles ne pouvaient être formelles. Interrogé, notre « suspect » n'en démordait pas : il ne s'était pas rendu à l'hôpital.

Dans la soirée, je rejoignais mon domicile rennais, préconisant à deux enquêteurs de rester sur place et de persévérer. Vers 23 heures, le commandant de police Gérard Huynh m'appelait : « C'est bon, patron, il a reconnu. » Oui, mais encore... Des aveux confortés par quoi ? « Il dit avoir non seulement égorgé le mari de sa grand-mère, mais également lui avoir porté plusieurs coups de couteau à hauteur du ventre. » Curieux... Les conclusions du médecin ayant délivré le certificat de décès ne mentionnaient aucune blessure au niveau de l'abdomen. Nos soupçons ne suffisaient donc pas à en faire un meurtrier. Toutefois, l'autopsie programmée pour le lendemain devrait nous éclairer sur la réalité de ces révélations. Gilles B. justifiait son acte par des brimades et des sévices que lui-même et sa sœur auraient subis de la part de la victime dans leur prime enfance.

Effectivement, l'autopsie confirmait la présence de sept lésions au niveau abdominal, provoquées par une arme blanche, mais ayant entraîné peu d'épanchement sanguin. En dehors de l'assassin, personne ne pouvait avoir connaissance de ces blessures. Important pour se forger une conviction ; il n'y avait donc plus de doute sur la responsabilité du petit-fils par alliance dans la mort du septuagénaire. Cela ne l'empêchait pas le lendemain de revenir sur ses aveux.

Quant à sa sœur, elle précisait que les sévices invoqués étaient purement imaginaires. Mis en examen pour assassinat, Gilles B. était placé sous mandat de dépôt. Policièrement, nous nous félicitions de l'examen quelque peu léger du premier médecin qui permettait au final d'attester que les aveux n'avaient pas été extorqués à un psychopathe sous la contrainte.

À juste titre, l'auteur du meurtre devait être ultérieurement déclaré irresponsable pour troubles mentaux.

Obtenir des aveux dans le cadre d'une procédure criminelle présente un intérêt certain, à condition toutefois d'être corroborés par des éléments de police technique et scientifique ou d'être confortés par des précisions que seul l'auteur des faits puisse connaître, portant sur les circonstances et le déroulement de l'acte criminel ou amenant la découverte d'objets utilisés (arme par exemple), voire, parfois, le corps de la victime. Il est capital pour l'enquêteur d'acquérir une certitude. À titre personnel, je préfèrerais de loin un coupable en liberté qu'un innocent emprisonné de mon fait. Certains avocats en cour d'assises crient aux aveux extorqués à « l'usure » lors d'une garde à vue ou sous la contrainte, peut-être même dictés... Curieusement, lors d'autres procès, les mêmes renversent l'argument, mais à décharge, cette fois : « Mon client est innocent... D'ailleurs, il n'a jamais avoué ! » Chacun son job.

***

En mars 1998, Gérard Bon m'incite à présenter ma candidature à la session nationale d'études 1998-1999 de l'IHESI (Institut des Hautes Études de la Sécurité Intérieure), établissement public placé auprès du ministre de l'Intérieur proposant des formations à de hauts responsables des secteurs publics (parlementaires, préfets, policiers, gendarmes, magistrats) et privés (journalistes, urbanistes, cadres en charge de la sûreté auprès de grandes entreprises...). Quatre-vingt-trois candidats, dont je fais partie, sont sélectionnés pour constituer la dixième promotion de l'Institut. Parmi ceux-ci, deux députés : Bruno Le Roux et Christian Jacob, futurs présidents respectivement des groupes Socialiste et Les Républicains à l'Assemblée nationale ; Frédéric Péchenard, futur directeur général de la police nationale ; Jacques Mignaux, futur directeur général de la gendarmerie nationale. Je retrouve également trois collègues de ma promotion de commissaires de police. Nous ne sommes pas des plus tristes et d'autres auditeurs appréciant apparemment notre humour et notre convivialité viennent se joindre à notre petit groupe : Bruno Le Roux, Farid Aichoune (journaliste au *Nouvel Observateur*), Pascal Ceaux (journaliste au *Monde*) et Éric Pelletier (journaliste au *Figaro*). À raison d'un séminaire mensuel de trois à sept jours d'octobre 1998 à juin 1999, je dois dire qu'en dehors des heures consacrées aux travaux et conférences, nous avons pris du bon temps.

À la même époque, nous porterons des coups sévères au milieu nantais, puisqu'après les interpellations de Coelier, Maugin, Thiolet, viendront celles de Michel Chabot *alias* « King-Kong » (encore lui) et José Freitas *alias* « Tonio », racketteurs et gros bras notoires de la place. Nous les arrêtons le 23 août 1999 en « flag », alors qu'ils viennent de se faire remettre 50 000 francs par un tenancier de bar de Quiberon, « mis à l'amende ». Freitas est en possession d'un pistolet automatique Beretta. Par ailleurs, nous nous intéressons également aux finances occultes du « milieu », dégagées au travers de l'exploitation de plusieurs affaires (établissements de jeux, sex-shop, discothèques, bars américains...). Des procédures pour proxénétisme, abus de confiance, fraude fiscale, extorsions de fonds sont régulièrement établies.

Parallèlement, des malfaiteurs originaires des quartiers sensibles de Nantes commencent à monter en puissance. C'est le cas de Mohamed Aouaz, jeune délinquant d'habitude, pivot d'une équipe spécialisée dans les casse-béliers sur tout le Grand Ouest et trafiquant de stupéfiants. Des surveillances étaient entreprises sur celui-ci et permettaient de localiser après plusieurs semaines de planque, un box situé dans un parking souterrain de Nantes où il était susceptible de dissimuler du matériel. Le dimanche 7 mars 1999, au matin, Aouaz pensant peut-être les « flics » encore endormis, se rendait à bord d'une puissante BMW à ce parking et procédait à l'ouverture du box. S'apercevant de la présence des policiers qui s'apprêtaient à l'interpeller, il parvenait à remonter prestement à bord de sa voiture et fonçait délibérément sur eux. Sept fonctionnaires étaient blessés et 22 coups de feu étaient tirés pour immobiliser le véhicule. L'utilisation de la force était rendue nécessaire pour neutraliser le voyou qui s'en sortait bien malgré tout, car aucune des balles ne l'avait atteint.

La fouille du box amenait la découverte de 100 kilos de résine de cannabis et de matériel divers : cagoules, gants, outils d'effraction, gyrophare de police. Le lendemain était déclenchée une opération lors de laquelle dix complices d'Aouaz, dont ses deux principaux lieutenants, étaient arrêtés. Des lots de vêtements de luxe, un scanner calé sur les fréquences « police », 25 kilos de résine de cannabis...

étaient saisis. La garde à vue de ces individus était émaillée de divers incidents : rébellions, outrages, tentative d'évasion. Une nouvelle génération de voyous voyait le jour. S'agissait-il en cette fin de xxe siècle de ce que certains politiques en 2020 qualifieront d'« ensauvagement » ? Fini l'époque où policier et truand trinquaient ensemble.

En fin d'été 1999, des bruits de mutation me concernant commencent à circuler. On parle un temps de me confier la direction du SRPJ de Nancy. Ce sera finalement la direction du SRPJ de Rouen, ce qui me réjouit. Retrouver de vieux compagnons de route me convient parfaitement. Cependant, une dernière affaire allait clore mon séjour rennais : le vol de huit tonnes d'explosifs perpétré à Plévin (Côtes-d'Armor) le 28 septembre, par un commando de sept à huit individus (voir chapitre : « Poulet... "basquaise" »).

Un petit pincement au cœur cependant en quittant Rennes, mais avec l'espoir d'y revenir un jour.

LE SRPJ DE ROUEN
(1999-2001)

Prise de fonctions au SRPJ le 8 novembre 1999. Je suis accueilli par Guy Sapata, directeur adjoint, un PJiste confirmé au caractère bien trempé, qui a roulé sa bosse essentiellement dans le sud de la France : chef du GRB à Montpellier, puis chef de Crim' à Bordeaux. Il connaît parfaitement le boulot et sait gérer les situations difficiles. En m'installant dans le bureau autrefois occupé par mon ancien directeur, Jean Etcheberry, je suis un peu déconcerté, car je n'aurais pas imaginé m'asseoir un jour dans ce fauteuil.

Le 12 novembre, Patrick Riou, directeur central de la PJ, vient à Rouen procéder à mon installation officielle en présence des autorités administratives et judiciaires des Haute et Basse-Normandie, puisqu'à l'époque, co-existent deux régions, correspondant au ressort des cours d'appel de Rouen et de Caen. Deux antennes sont rattachées au SRPJ, implantées au Havre et à Caen.

Une BRI (Brigade de Recherche et Intervention), créée en 1997, constitue notre fer de lance dans la lutte contre le banditisme professionnel et le trafic de stupéfiants, avec à sa tête un de mes vieux fidèles, le commandant de police Didier Thélu, secondé par un adjoint dont j'ai pu quelques années auparavant apprécier les premiers pas en PJ, Loïc Héricher.

La répartition de la criminalité en Normandie est fort inégale, le département de la Seine-Maritime concentrant à lui seul 46 % des faits criminels et délictueux commis sur le ressort. La présence des ports du Havre (numéro un français pour le commerce extérieur et le transport conteneurisé) et de Rouen suscitent d'importants trafics internationaux (lignes régulières avec l'Amérique, l'Afrique, l'Europe du Nord et de l'Est, l'océan Indien et les Antilles) et une criminalité portuaire très spécifique. Par ailleurs, les incursions de malfaiteurs de la région parisienne demeurent monnaie courante. Mantes-la-Jolie n'est située qu'à une vingtaine de kilomètres de la zone de compétence du SRPJ. Bon nombre d'affaires amènent les enquêteurs du service à poursuivre leurs investigations sur le ressort du SRPJ de Versailles et de la DRPJ Paris.

Si les vols à main armée commis en Normandie sont en régression, la criminalité portuaire et le trafic de stupéfiants sont en pleine expansion.

Les vols de fret, le trafic international de véhicules volés et de cigarettes contrefaites sont le quotidien de notre antenne havraise.

Ainsi, en mai 2000, est mis un terme aux agissements de ressortissants russes spécialisés dans l'exportation par voie maritime de véhicules haut de gamme volés en Allemagne.

L'affaire avait été initiée avec l'interpellation d'un membre du réseau alors qu'il livrait au Havre une Audi A8 à destination de Saint-Pétersbourg.

De la même manière, un Italien exportant vers le Maghreb, *via* Le Havre, des voitures dérobées en Italie, était arrêté le 26 juin 2000 alors qu'il déposait une BMW à l'embarquement. Il reconnaissait avoir précédemment livré une dizaine de véhicules dans le cadre d'un réseau dirigé par un compatriote qui finira également sous les verrous.

Le 15 juin 2000, six personnes, dont trois Yougoslaves, étaient interpellées dans et à proximité d'un entrepôt du Havre, à l'intérieur duquel était stocké l'équivalent d'un semi-remorque de cartons de cigarettes Marlboro contrefaites. Il ressortait de l'enquête que l'un des Yougoslaves, résidant à Milan, était à la tête d'un trafic entre la Chine et la Yougoslavie. Trois des six interpellés étaient écroués.

En matière de stupéfiants, notre action se porte sur deux axes : le trafic international et le trafic dans les quartiers baptisés à l'époque « zones urbaines sensibles » (ZUS). Nos politiques et la haute administration ont le don de mettre en avant des vocables novateurs à défaut de réformes de fond réellement efficaces. S'ils se montraient aussi inspirés pour la mise en œuvre de mesures pragmatiques (moyens juridiques et matériels, effectifs adaptés...) pour lutter contre la délinquance, cela se traduirait peut-être par un recul de l'insécurité. Mais la vie réelle n'est pas la leur. À force de parler des mots, on ne parle plus des réalités. Certains n'hésitent d'ailleurs pas à évoquer un simple « sentiment d'insécurité ». Viendra ensuite le temps des « zones de sécurité prioritaires » (ZSP), puis celui de la « police de sécurité du quotidien » (PSQ) et des « quartiers de reconquête républicaine» (QRR). En attendant, la prochaine appellation…

Plusieurs affaires d'importation d'héroïne depuis la Hollande et de cannabis en provenance du Maroc *via* l'Espagne ont abouti au démantèlement de réseaux de trafiquants implantés en Normandie, mais aussi dans le sud de l'Espagne. Il convenait également de traiter ce fléau sous l'angle du blanchiment d'argent. Ainsi, fin 1999, un renseignement parvenait à notre connaissance concernant un individu, originaire de Petit-Quevilly (proche banlieue de Rouen), qui avait effectué plusieurs dépôts auprès d'un agent de change parisien, pour un montant total de 2,3 millions de francs. Au terme de huit mois d'enquête ayant nécessité de multiples surveillances en régions parisienne, lyonnaise et marseillaise, il était établi que cet argent provenait d'un trafic de cannabis dirigé par un malfaiteur rouennais installé depuis dix ans à proximité de Malaga. Plusieurs autres transactions étaient observées en temps réel et le circuit de blanchiment mis au jour. Le 23 mai 2000, une opération mobilisant la totalité des effectifs de mon service permettait d'appréhender simultanément vingt personnes sur l'ensemble du territoire national ainsi que le commanditaire en Espagne. L'enquête démontrait que ce trafic portait sur plus de 70 tonnes de résine de cannabis par an, depuis cinq ans au moins. Quatorze personnes étaient mises en examen, dix étant incarcérées.

Notre action se portant sur les cités sensibles se traduisait par le démantèlement de réseaux de distribution d'héroïne et de haschich sur les quartiers rouennais de la Sablière et des Sapins, sur Canteleu, Saint-Étienne-du-Rouvray et Elbeuf.

*

DÉTOURNEMENT DE FONDS PUBLICS À LA SAUCE DIEPPOISE

Je conserve un souvenir amusé d'une affaire traitée par la division financière du SRPJ. Elle concernait des emplois fictifs financés par la mairie de Dieppe au bénéfice de la CGT et du parti communiste. Le député-maire de l'époque était Christian Cuvilliez, élu communiste. Les salariés en cause étaient officiellement rattachés à son « cabinet ». Ces derniers ayant été entendus au commissariat de Dieppe par des enquêteurs de mon service, le parlementaire s'en insurgeait et m'adressait le 15 septembre 2000 un courrier « vengeur ». Il n'admettait pas que des policiers se « soient livrés à un interrogatoire approfondi sur les conditions et modalités d'accomplissement de leurs fonctions par (ses) collaborateurs, au mépris de l'article 110 de la loi du 26 mai 1984 qui fait défense à ces derniers d'en rendre compte à quiconque autre que (lui)-même ». Il poursuivait : « J'ai tout autant de mal à admettre la compatibilité du questionnement auquel ils ont été soumis sur les appartenances et leur activité politique et syndicale, au mépris de nos plus évidentes libertés publiques. Vous comprendrez donc que j'attache un certain prix à recevoir l'indication que cette convocation a été le fruit d'une inadvertance, soit d'une erreur que vous vous emploierez à rectifier. »

Cette tentative d'intimidation me laissait totalement indifférent. Hors de question de répondre à ce courrier au style pour le moins confus, voire abscons, dont je transmettais copie au procureur général de Rouen. Mieux, deux jours plus tard, le préfet de Seine-Maritime me contactait téléphoniquement pour me suggérer, si possible, de « garder le dossier sous le coude ». Je lui demandais s'il se rendait bien compte de l'inconvenance de ses propos, l'affaire étant particulièrement suivie par les autorités judiciaires qui envisageaient l'ouverture d'une information pour détournement de fonds publics. Il n'insistait pas, réalisant qu'il avait commis une bourde, et mettait un terme à la conversation : « Oubliez ce coup de téléphone, je ne vous ai rien dit. »

Le procureur général répondait au courrier du député-maire, l'assurant avec humour, que la PJ menait son enquête dans le strict respect du Code de procédure pénale, lui rappelant qu'« en application du principe de séparation des pouvoirs, seul le procureur de la République est habilité à donner des instructions aux officiers de police judiciaire dans le cadre des enquêtes qu'il dirige. »

Reconnu coupable de détournement de fonds publics, Christian Cuvilliez fut condamné en 2003 par la cour d'appel de Rouen à un an d'emprisonnement avec sursis, deux ans de suppression des droits civiques, civils et de famille, ainsi qu'à 475 000 euros à rembourser à la ville de Dieppe, solidairement avec les salariés fictifs.

LA POLICE JUDICIAIRE AUX CHAMPS

Impossible d'évoquer mon séjour rouennais, sans relater l'histoire d'une vache normande qui a fait couler beaucoup d'encre dans la presse de l'époque (*Libération*, *Les Échos*...) et a provoqué une panique alimentaire en France, nécessitant même une intervention du ministre de l'Agriculture Jean Glavany.

En octobre 2000, le procureur de la République de Bernay (Eure) nous saisissait d'une enquête concernant un négociant en bestiaux de Beuzeville ayant vendu à un abattoir une vache manifestement malade qui se révèlera atteinte de l'ESB (maladie dite de « la vache folle »). Cet animal, incapable de se lever et présentant des plaies multiples, avait été « caché » dans un lot de plusieurs vaches, un « lot unique », donc censé provenir d'un même cheptel, ce qui, en réalité, n'était pas le cas. Le négociant et son fils étaient interpellés par mon service le 20 octobre. Les investigations visaient à déterminer la provenance exacte de cette vache et son parcours afin d'« identifier » les autres bovins avec lesquels elle avait été en contact. Travail inhabituel pour la PJ, plus encline à remonter des filières de trafiquants que de bestiaux ! L'animal malade avait été abattu, mais la viande n'avait pas été commercialisée. Il était en revanche établi que la viande de onze autres bêtes pouvant être considérées comme suspectes avait été distribuée dans 39 enseignes du groupe Carrefour qui, alerté, retirait tous les lots concernés de ses rayons et déclenchait une procédure de rappel de produit. Il n'en demeurait pas moins que des consommateurs avaient déjà mangé du paleron provenant de ces lots. À l'issue de leur garde à vue, le négociant et son fils étaient mis en examen pour « tentatives de tromperie sur les qualités substantielles de la marchandise pouvant rendre cette marchandise dangereuse pour la santé de l'homme » puis écroués. Une nouvelle version du film *La Vache et le Prisonnier.*

***

Le commissaire Michel Lavaud rejoint notre équipe en cours d'année 2000 pour occuper le poste de chef de Crim'. Lui aussi arrive de la PJ de Bordeaux. C'est un excellent professionnel doté d'un sens de l'humour particulièrement apprécié. Le SRPJ de Rouen est un service où le personnel (actif, scientifique et administratif) travaille avec un entrain remarquable et fait preuve d'une cohésion hors du commun. Cette ambiance générale se traduit par des résultats de bon niveau. Le 18 décembre 2000, le procureur général de Rouen, Christian Raysseguier, adresse un courrier élogieux au directeur central de la PJ :

« Il m'est agréable de vous exprimer ma satisfaction pour le travail réalisé et la qualité des procédures traitées par le SRPJ de Rouen placé sous l'autorité du commissaire divisionnaire Jean-Paul Le Tensorer.

Depuis son arrivée à la tête de ce service en novembre 1999, ce policier unanimement apprécié par tous les magistrats du ressort, du Parquet comme de l'instruction, efficacement secondé par le commissaire principal Guy Sapata, a su donner une nouvelle impulsion au SRPJ et l'inscrire dans une dynamique de progrès et de succès.

L'importance et la complexité des affaires traitées, les très bons résultats obtenus attestent du grand professionnalisme des enquêteurs de ce service, de l'implication et de la motivation de ses chefs.

Beaucoup plus présents sur le terrain, maîtrisant les techniques les plus modernes d'enquêtes, dévoués et disponibles, améliorant les délais de traitement des affaires, et sachant coopérer avec les autres services, les enquêteurs du SRPJ de Rouen ont amené les Parquets à adapter leur politique de saisine, dans le sens de la prise en compte accrue des potentialités de ce service… »

Mieux vaut ça qu'un coup de pied au c... ! C'est la « paix » assurée avec la direction parisienne. Je sais parfaitement ce qui est attendu des directeurs de SRPJ : des résultats, la paix sociale, les problèmes réglés localement. Les relations avec les collègues de sécurité publique et la gendarmerie sont au beau fixe.

Début 2001, Roger Marion, *alias* « Eagle Four » (pour « Il Gueule Fort »), directeur central adjoint, me contacte : Gérard Bon, directeur à Rennes, doit partir en retraite. Roger me propose un ticket de retour sur la capitale bretonne, d'autant qu'un projet de création de directions interrégionales de PJ doit voir le jour dans les prochaines années. Rennes deviendrait le centre de la police judiciaire pour le Grand Ouest, regroupant les SRPJ de Rennes, Angers et Rouen. Aucune hésitation, retour en Bretagne.

Un départ fêté dignement le 10 avril 2001 en présence de Roger Marion qui me remet au passage les insignes de chevalier de l'ordre national du Mérite. Un cadeau m'est offert, une toile de Jacques Lebourgeois, l'un des peintres les plus en vue de la nouvelle École de Rouen, fasciné par les étendues marines. Dans la soirée, un repas avec l'ensemble du personnel vient clore ce troisième séjour rouennais dans une grande convivialité et en chansons, bien sûr.

Un courrier adressé à l'occasion de ce départ par le colonel Jean-Paul Soubret, commandant le groupement de gendarmerie de la Seine-Maritime, atteste de la qualité de nos relations : « Mon cher Jean-Paul… Je tiens à te redire combien je regrette de te voir quitter la Normandie. Je sais que ton futur poste à Rennes comble tes vœux, et te souhaite toute la réussite que tu mérites dans ta patrie, mais ta bonne humeur indéfectible et ton humour me manqueront, comme à tous les gendarmes… » Allez dire ensuite que je nourris une animosité systématique envers la gendarmerie !

LE SRPJ PUIS LA DIPJ DE RENNES (2001-2006)

Le 20 avril 2001, Patrick Riou m'installe de nouveau dans des fonctions de directeur, mais cette fois, en Bretagne. Le directeur adjoint du SRPJ est le commissaire principal Frédéric Ejarque qui m'avait succédé à ce poste en 1999. Nos relations deviendront rapidement amicales et ce sera un réel plaisir de travailler ensemble, soucieux de performer dans nos enquêtes, mais dans la joie et la bonne humeur. Non contents d'être installés dans des bureaux communicants, nous prolongeons de temps à autre nos journées par des « patrouilles de nuit » dans Rennes. Ces virées nocturnes sont riches d'enseignements : sortir la nuit, c'est découvrir une ville sous un autre visage ; vous y rencontrez des gens de milieux sociaux les plus divers : professions libérales, chefs d'entreprises, politiques, tenanciers et personnels des établissements visités, voyous… Passé une certaine heure, les langues se délient plus facilement…

Ce retour est également l'occasion de retrouver mes vieux copains avec qui j'avais pour habitude d'aller supporter le Stade rennais.

Ma connaissance de la criminalité locale me permet d'être aussitôt opérationnel. La lutte contre le trafic de stupéfiants s'oriente essentiellement vers le milieu albanais particulièrement présent sur Rennes et Nantes, ainsi que vers les malfaiteurs originaires de banlieues nantaises, dont certains ont pris de l'envergure et dirigent leurs activités depuis le sud de l'Espagne ou depuis le « bled » où ils ont trouvé refuge. Les quantités de produits et les sommes saisies dans le cadre des enquêtes sont révélatrices de l'ampleur prise par ce « commerce », générateur d'autres infractions graves : vols à main armée et casse-béliers pour assurer le financement d'opérations d'achats, enlèvements, règlements de comptes, blanchiment…

Par ailleurs, dès que la possibilité se présente, nous systématisons la saisie des avoirs criminels, le produit des activités délictueuses. Les fonctionnaires de notre division économique et financière sont rodés à ce type de procédure. « Taper les voyous au portefeuille » leur fait très mal, parfois même bien plus que l'emprisonnement. Il a fallu user de persuasion auprès de beaucoup de magistrats pour les convaincre de valider ces saisies. Certes, des actes de procédures supplémentaires et parfois lourds, mais avec un résultat concret au final : récupérer des millions d'euros pour les finances publiques, dédommager des victimes…

Mon arrivée se présente sous d'heureux auspices puisque dès le mois de mai, deux hommes sont interpellés à Paris, puis placés en garde à vue à Nantes dans le cadre d'une enquête sur un attentat meurtrier commis à La Baule le 24 novembre 2000. L'explosion d'un colis piégé avait tué un employé du syndicat intercommunal de la Côte d'Amour et de la presqu'île guérandaise. L'un des deux individus, Philippe Rivet, âgé de 30 ans, était l'auteur de cet acte criminel[8]. Le colis, qui contenait une chaîne hi-fi, était nommément destiné au maire du Croisic et président du syndicat. Rivet, exalté proche de l'extrême droite, avait commis cet attentat sur fond de rivalité politique avec Jacques Priou, député-maire du Croisic et conseiller général. Son ami était mis en examen pour non-dénonciation de crime. La poursuite de nos investigations devait permettre de solutionner un autre assassinat commis par Rivet le 10 février 2001 à L'Étang-la-Ville (Yvelines). Il avait abattu d'un coup de fusil dans la tête, un autre militant d'extrême droite, Jean-François Hilly, 40 ans. Deux complices présents sur les lieux et l'ayant aidé à enfouir le corps étaient également arrêtés. Cette enquête est à mettre à l'actif de l'antenne de Nantes, dirigée par le commissaire principal Christian Palmisano, policier d'expérience ayant servi notamment à la PJ de Marseille et d'Ajaccio. Rivet sera condamné en mai 2004 par la cour d'assises de Loire-Atlantique à 28 ans de réclusion criminelle, verdict confirmé en appel par la cour d'assises d'Ille-et-Vilaine en 2005. La cour d'assises des Yvelines le condamnera le 23 octobre 2010 à 27 ans de réclusion pour l'assassinat de Hilly, malgré une défense assurée par Éric Dupond-Moretti qui, en l'occurrence, n'a pas confirmé son surnom d'« Acquittator ».

8 Voir l'émission Faites entrer l'accusé, saison 11 : « Philippe Rivet : l'ambition mortelle ».

*

LA LUTTE CONTRE LE PROXÉNÉTISME

« Bonsoir, 100 francs la pipe, 200 francs l'amour. » Voici les rares mots de français que connaissent de jeunes prostituées d'origine nigériane ou sierra-léonaise arrivées en nombre à partir de juin 2001 sur les trottoirs des villes de Rennes, Nantes, Brest, Caen, Angers... Ces femmes, recrutées dans leur pays d'origine par des malfrats locaux leur faisant miroiter un emploi en Europe, arrivent en France *via* l'Italie ou l'Espagne. Elles découvrent tardivement en quoi consiste le « job » : la prostitution. 50 000 dollars, c'est le montant de la dette faramineuse dont elles doivent s'acquitter auprès de leurs « protecteurs ». Leurs « conditions de travail » sont particulièrement difficiles. Terrorisées par les mafieux, elles sont chaperonnées sur le terrain par des « mamas » ou « madames », mères maquerelles d'un nouveau genre, qui sont pour la plupart d'anciennes prostituées. Celles-ci sont chargées de s'assurer que les filles atteignent leurs objectifs et de collecter l'argent pour le compte des souteneurs. Un véritable esclavage des temps modernes...

Jusqu'au milieu des années 1990, le proxénétisme « traditionnel » dans l'Ouest s'était cantonné essentiellement à la ville de Nantes où le milieu local contrôlait la prostitution de voie publique et des bars à hôtesses. Les prostituées étaient en majorité françaises et exerçaient bien souvent leur activité au même endroit pendant des années sous la coupe de leur « julot ».

Après la chute du rideau de fer, une internationalisation du phénomène prostitutionnel était observée en France.

Des filles de l'Est apparaissaient sur les trottoirs nantais. Cette prostitution itinérante était animée par des organisations criminelles roumaines, bulgares et albanaises.

En ce qui concerne les réseaux africains, des villes qui n'avaient jamais connu la prostitution de rue sont confrontées à une arrivée massive de péripatéticiennes. En peu de jours, elles investissent des quartiers entiers. Elles sont d'abord dix, puis vingt, trente… Ce sont près de soixante-dix filles qui sont recensées à Rennes. Elles ne restent jamais longtemps dans une même ville. Elles vivent dans des hôtels, à plusieurs dans une chambre ou dans des squats sordides, les « mamas » se chargeant de l'intendance et du turn-over. Les proxénètes n'apparaissent quasiment jamais. Administrativement, les jeunes femmes démunies de documents d'identité sont toutes demandeuses d'asile auprès de l'OFPRA (Office français de protection des réfugiés et apatrides).

Dès la fin de l'été 2001, après concertation avec le préfet de région, Claude Guéant, et les autorités judiciaires, je décide d'engager la PJ dans la lutte contre ce phénomène qui prend de l'ampleur, d'autant que les riverains des rues où s'exerce le racolage se montrent excédés par la perturbation engendrée par ce tapage et les passes se déroulant au pied de leurs immeubles dans des véhicules, sous les porches et dans les squares… Leur exaspération donne lieu à des pétitions adressées aux mairies, voire à quelques manifestations. La presse évoque « un "envahissement, une black connexion"… À Nantes, où la prostitution de rue est vieille comme la cathédrale, les autochtones arpentant le pavé dénoncent « une concurrence déloyale, des prix cassés ».

À Rennes, je charge le commandant de police Philippe Bellec, *alias* « Fifi », et son groupe de prendre les choses en main. Ces enquêteurs particulièrement expérimentés dans le travail de voie publique vont obtenir à l'issue de planques et filatures nocturnes exercées durant plusieurs mois, des résultats intéressants : identification de véhicules déposant les jeunes femmes en cuissardes et minijupes rue Saint-Hélier, avenues Louis-Barthou et des Français-Libres ; repérage de « mamas » surveillant les prostituées, intervenant lors de différends avec des clients ou entre filles, et collectant l'argent.

Les échanges de billets se passent dans la rue, sous prétexte de fumer une cigarette ou de discuter un peu. Pour autant, cela ne suffit pas selon moi pour déclencher une opération. Je tiens à remonter sur au moins une tête de réseau pour intervenir. Durant cette période d'observation, des ramifications sont mises au jour au gré des mouvements des filles entre les différentes villes précitées. Les appels téléphoniques des « madames » au Nigéria, où elles passent commande de nouvelles filles, sont enregistrés. Les confidences régulières d'une prostituée locale, excédée par les tarifs pratiqués par ses concurrentes étrangères, nous facilitent le travail.

Un proxénète nigérian, domicilié en Autriche et supervisant un réseau sévissant à Rennes et Nantes, peut enfin être identifié début 2002 : Favour Osarhiemen, 37 ans. Sa présence à Rennes étant détectée, nous l'y arrêtons le 26 février dans un appartement, en compagnie de deux « mamas » contrôlant la prostitution dans le secteur de la gare. Il venait rendre visite à une vingtaine de ses « nièces ». Simultanément, nous interpellons à Nantes une autre Nigériane de l'organisation, Princess Osunde, dans un logement qu'elle occupe avec huit de ses « protégées » travaillant sur Nantes et Rennes. Les investigations démontrent également le rôle de ces « madames » dans l'expédition, *via* la Western Union, de mandats au Nigéria, en Autriche, en Italie et en Espagne. Un Rennais de 53 ans assurant le transport des femmes des appartements aux lieux de prostitution, en échange de prestations gratuites, fait également les frais de l'opération. Les quatre personnes de nationalité nigériane sont écrouées pour proxénétisme aggravé. Osarhiemen écopera en décembre 2003 d'une peine de cinq ans d'emprisonnement.

Mais le problème n'est pas pour autant totalement réglé à Rennes. L'enquête démontre l'existence d'un second réseau et un partage du territoire entre Osarhiemen et un autre souteneur à la nationalité sierra-léonaise incertaine, Oladele Bangurah, 35 ans, surnommé par les filles « le Prince de Caen ». Ses « protégées » œuvrent à Rennes à proximité du pont Saint-Hélier ainsi qu'à Caen et Angers. Bangurah réceptionnait de jeunes Nigérianes en France et s'occupait également de leur procurer des titres de séjour. Nous l'interpellons à Caen le 3 avril 2002. Le lendemain, nous intervenons à l'hôtel des Trois Marches, en périphérie rennaise où sont hébergées depuis plusieurs semaines sept prostituées. Parmi elles, la demi-sœur de Bangurah. Elle était chargée de recueillir l'argent des passes et d'adresser des mandats anonymes au Nigéria. Tout comme son demi-frère, elle est écrouée pour proxénétisme aggravé. Ce second coup de filet met un terme définitif à la prostitution nigériane à Rennes et nous vaut plusieurs courriers de remerciements de riverains des lieux de racolage. Le quotidien *Ouest-France* titre quelques jours après : « Second réseau de proxénétisme démantelé par le SRPJ. Les prostituées ont fait leurs valises ».

Bangurah sera condamné par le tribunal correctionnel de Rennes à quatre années d'emprisonnement.

Restait à régler le problème sur la ville de Brest où, plus tardivement, était apparue une vingtaine de Nigérianes arpentant le trottoir boulevard Jean-Moulin, à proximité du pont de Recouvrance. Ce sera chose faite le 15 mai 2003 avec l'arrestation par l'antenne PJ de Brest de trois « mamas », responsables à l'échelon local, d'un réseau dont les têtes seront arrêtées dans le même temps à Paris avec la collaboration de l'Office central pour la Répression de la Traite des Êtres humains. Dans les chambres des « mères maquerelles », nous découvrons des papiers d'identité et certificats de demande d'asile politique appartenant aux « tapineuses ». Privées de papiers, les jeunes femmes sont encore plus à la merci de leurs souteneurs. Nous trouvons aussi des « catalogues » de filles photographiées nues ou des vidéos. Cela permet aux « mamas » de passer commande. Découverte plus étrange : des cheveux, des rognures d'ongles ou des poils pubiens soigneusement conservés. Des gris-gris vaudous qui servent à « tenir » les filles. Celles-ci sont persuadées qu'on peut les tuer à distance ou les rendre folles si elles se soustraient au remboursement de leur dette.

Jugés en avril 2004 par le tribunal correctionnel de Brest, sept personnes du réseau brestois seront condamnées à des peines allant de 18 mois à six ans de prison. Ces peines sévères dissuaderont toute nouvelle implantation de prostitution de rue à Brest.

***

Une enquête débutée en juillet 2003 devait nous amener à procéder à un grand ménage dans les bars à hôtesses implantés à Nantes, quai de la Fosse (également nommé « quai de la Fesse»), boulevard Dalby et quartier République. Il était apparu que deux frères, Didier et Lionel Chevalier, associés à un certain Bernard Menay, dit «Bébert» avaient pris progressivement le contrôle de dix établissements de nuit à Nantes et un à Rennes, se constituant un véritable petit empire dans le monde de la nuit. Les investigations réalisées durant quinze mois (surveillances, filatures, auditions, recherches sur des comptes bancaires...) caractérisaient à l'encontre du trio, des faits de proxénétisme et de blanchiment ainsi que des abus de biens sociaux. Plusieurs clients, entendus à leur sortie des bars, crachaient le morceau sur les faveurs sexuelles dont ils avaient bénéficié de la part des hôtesses en échange du paiement de plusieurs centaines d'euros pour des bouteilles de «champagne» frelaté, la plupart du temps à peine consommées. L'un d'entre eux avait, en deux soirées, abandonné... 8000 euros aux belles de nuit rétribuées 10 % du montant de la «facture»!

L'examen des comptes des différents établissements au sein desquels le trio avait des intérêts mettait en évidence des mouvements suspects et l'«évaporation» d'une grande partie des recettes des bars. Les espèces et des chèques clients (ordre fréquemment laissé en blanc) étaient détournés par le biais de comptes taxis ouverts au nom de relations des proxénètes. Les sommes dissimulées étaient investies dans la constitution d'un patrimoine immobilier (entre autres, un complexe hôtelier à Phuket en Thaïlande) ou encaissées sur des comptes bancaires ouverts en Lettonie.

Sous la direction du commissaire principal Vincent Le Béguec, chef de mon antenne de Nantes depuis 2002, une opération était déclenchée le 11 novembre 2004. Ce jour-là, Didier Chevalier et sa compagne étaient arrêtés à l'aéroport de Roissy, en provenance de Thaïlande et six autres personnes étaient simultanément interpellées en région nantaise, dont Menay et des responsables de bars. Les perquisitions opérées amenaient la découverte d'une double comptabilité faisant apparaître les espèces générées dans les établissements, de nombreux chèques clients sans ordre (pour un montant de 68 000 €) et une somme de 12 000 € en espèces. Six voitures haut de gamme et trois motos étaient saisies.

Le 13 novembre au matin, un coup de filet visant à appréhender d'autres protagonistes de l'affaire, était déclenché à Nantes et Rennes. Ce sont au total 46 personnes que nous plaçions en garde à vue dans les locaux de... la CRS 42 à Saint-Herblain (Loire-Atlantique), les geôles de l'hôtel de police de Nantes ne pouvant accueillir autant de « pensionnaires » à la fois. Deux étages de la caserne étaient réquisitionnés et des chambres transformées en bureaux pour mener à bien toutes les auditions qui confirmaient les faits de prostitution et le rôle de direction des frères Chevalier et de « Bébert » Menay. Après leur séjour chez les CRS, Didier Chevalier et Menay étaient écroués, plusieurs autres mis en cause étaient mis en examen et placés sous contrôle judiciaire. Les établissements concernés faisaient l'objet de fermetures ordonnées par l'autorité judiciaire. Quant à Lionel Chevalier qui se trouvait en Thaïlande, il échappait provisoirement à cette vague d'interpellations. Faisant l'objet d'un mandat d'arrêt international, il sera rattrapé par la justice... sept ans plus tard.

CRÉATION DU GROUPE D'INTERVENTION RÉGIONAL DE BRETAGNE (GIR)

Sur l'initiative de Nicolas Sarkozy, alors ministre de l'Intérieur, une circulaire interministérielle du 22 mai 2002 donnait naissance aux « groupes d'intervention régionaux» (GIR) devenus depuis «groupes interministériels de recherches». La création des GIR était motivée par la volonté de lutter «contre l'économie souterraine et les différentes formes de délinquance organisée qui l'accompagnent, sources d'insécurité et de déstabilisation sociale dans les secteurs urbains particulièrement sensibles».

Il s'agissait donc de mettre en place de nouvelles structures regroupant des policiers, des gendarmes, des douaniers, des agents des services fiscaux, de la répression des fraudes et de l'inspection du travail. Véritables forces de projection, les GIR devaient être à même d'agir contre la délinquance sous tous ses aspects en utilisant l'ensemble des moyens législatifs et réglementaires, non seulement au plan pénal, mais également fiscal, douanier ou administratif.

Placé sous la double autorité fonctionnelle du préfet de région et du procureur général de Rennes co-présidant un comité de pilotage, le GIR de Bretagne, rattaché au SRPJ de Rennes, relevait de mon autorité hiérarchique directe. Il est constitué d'une structure permanente, l'Unité d'Organisation et de Commandement (UOC), dix policiers dont un commissaire, des gendarmes, dont un officier, des douaniers, un inspecteur des impôts, et des personnels «ressources» (64 gendarmes et policiers de sécurité publique, de PJ, des renseignements généraux et de la police aux frontières, ainsi que des fonctionnaires des administrations précitées), mobilisables ponctuellement. Un principe : le GIR n'intervient jamais seul, mais en appui des services d'enquêtes habituels.

Pour ma part, la mise en place du GIR de Bretagne dans des délais très contraints relevait d'un véritable challenge, d'autant que le préfet de région intérimaire avant la nomination de Mme Bernadette Malgorn, ne m'apparaissait pas conscient de l'enjeu et du suivi par le ministère de notre réactivité en la matière. En gros : « Démerde-toi ! » Il m'appartenait donc de faire désigner par les différents chefs de services et administrations les personnels intégrant le GIR (en évitant les « tocards »), de trouver des locaux pour les héberger et de « ponctionner » des véhicules pour leur permettre d'accomplir leur mission au niveau régional. On ressentait une forte pression ministérielle pour l'obtention de résultats rapides. La prise de fonctions de la préfète Malgorn devait accélérer notablement le mouvement pour régler ces problèmes d'intendance et de ressources humaines. Elle donnait des instructions fermes et claires allant en ce sens.

Toutefois, survenait un problème inattendu. En l'occurrence, la réticence, voire le refus de nombreux magistrats, particulièrement des juges d'instruction, de cosaisir le GIR avec les services de police et de gendarmerie dans le cadre d'enquêtes judiciaires. Et pourquoi donc ? Ils estimaient que la présence du préfet dans le dispositif était contraire au principe de leur indépendance dans le domaine judiciaire ! Vrai fantasme... La circulaire était cosignée par le garde des Sceaux. Le préfet ne devait nullement, bien sûr, intervenir dans les enquêtes judiciaires, mais était uniquement concerné par les procédures administratives susceptibles d'être établies par le GIR. La circulaire prévoyait par ailleurs qu'en étroite concertation avec les Parquets, dans le cadre du comité de pilotage, il préconise des orientations à l'action du GIR. Cependant, pour le Syndicat de la Magistrature qui avait intenté un recours contre cette circulaire, la co-saisine par le préfet et par le procureur portait atteinte à la séparation des pouvoirs, à l'indépendance de l'autorité judiciaire, aux pouvoirs reconnus aux procureurs de diriger l'activité des OPJ et à la faculté des juges d'instruction de choisir librement les OPJ chargés de l'exécution de leurs commissions rogatoires. Rien que ça !

Il m'a donc fallu user de subterfuges pour déclencher les premières affaires traitées par le GIR de Bretagne. Pour associer de fait l'UOC à l'activité du SRPJ, nous avons entamé des affaires dites « d'initiative » dans le cadre d'enquêtes préliminaires où le GIR apparaissait officiellement comme étant à l'origine du déclenchement des investigations. Ce n'était pas forcément le cas, mais difficile pour un magistrat d'écarter d'une enquête les rédacteurs des premiers procès-verbaux d'une procédure.

Ces mêmes magistrats devaient prendre conscience au fil du temps de l'utilité du GIR qui apparaissait comme un moyen supplémentaire mis à leur disposition dans le traitement des dossiers dont ils avaient la charge. D'autant que le GIR est rapidement devenu un élément moteur dans la systématisation de la saisie des avoirs criminels. Spécialement formés à la matière, les enquêteurs de l'UOC excellaient dans ces procédures complexes, notamment dans le domaine des saisies immobilières. Ils rédigeaient souvent pour le compte de juges d'instruction des ordonnances que ces magistrats n'avaient plus qu'à signer pour officialiser les saisies d'immeubles, de véhicules, caravanes… ainsi que les blocages de comptes bancaires.

Contrairement à ce qu'avaient imaginé les détracteurs des GIR au moment de leur création, les préfets ne sont jamais venus empiéter sur les prérogatives des autorités judiciaires.

Après une brève période de « rodage », il nous a fallu énormément communiquer sur la plus-value que le GIR pouvait apporter aux services enquêteurs de sécurité publique et de la gendarmerie, car certains d'entre eux avaient pu craindre de se voir déposséder de leurs affaires emblématiques.

Rapidement, le GIR de Bretagne a fait preuve de son efficacité en obtenant d'excellents résultats dans la répression des trafics les plus divers (stupéfiants, tabac, véhicules, ferraille, main-d'œuvre, êtres humains...) et le recyclage financier du produit de cette délinquance. Entre autres, devaient en faire les frais des ressortissants turcs spécialisés dans les domaines du bâtiment et des kebabs, mais fâchés avec celui de la comptabilité.

Ces résultats étaient d'ailleurs salués en octobre 2003 par une mission parlementaire d'évaluation de l'activité et du fonctionnement de trois GIR (Bretagne, Picardie, Versailles). Mission accomplie en ce qui me concernait.

LA MISE SUR ORBITE DES CAÏDS NANTAIS

Le déclin du milieu nantais traditionnel se poursuivait avec pour corollaire la montée en puissance progressive des « caïds » issus des quartiers sensibles de l'agglomération nantaise. Ainsi, des surveillances exercées dès octobre 2001 sur un certain Boukhechiche et son entourage établissaient une activité soutenue dans le trafic de stupéfiants, alimentant de façon régulière et importante le marché nantais après importation de cannabis, de cocaïne et d'ecstasy des Pays-Bas. Les intéressés investissaient de fortes sommes d'argent dans l'achat d'un restaurant, d'un garage et de véhicules haut de gamme. En raison du passage à l'euro, ils effectuaient plusieurs opérations de change, sous des noms d'emprunt et munis de faux papiers, auprès de la Banque de France et d'un agent local de change. Le 20 février 2002, au retour d'un voyage en Hollande, deux proches de Boukhechiche, Sloubi et Zadek, circulant à bord d'une Audi S4 faussement immatriculée, étaient repérés déposant des sacs volumineux dans un box situé en sous-sol d'un immeuble à Saint-Sébastien-sur-Loire (Loire-Atlantique). Je donnais pour instruction de mettre en place une planque sur cet endroit et d'interpeller les premiers individus qui s'y rendraient par la suite. L'attente fut de courte durée, puisque le lendemain, les deux hommes revenaient sur les lieux et se retrouvaient menottés avant même d'avoir réalisé ce qui leur arrivait. La fouille du box amenait la saisie de 37 kilos de cannabis, de 5 000 cachets d'ecstasy, de cocaïne, d'une machine à emboutir les plaques d'immatriculation, d'un lot important de plaques vierges, d'une douzaine de téléphones portables et de cinq émetteurs-récepteurs Motorola, ainsi que tout un outillage pour commettre des casses. Dans la foulée, le 22 février, Boukhechiche et un autre protagoniste connaissaient le même sort. Lors des perquisitions étaient découverts, outre des produits stupéfiants, 14 000 €, un pistolet-mitrailleur « Sten » et 198 cartouches de 9 mm, un scanner, deux Audi S4 et un cabriolet Mercedes SLK 230.

Fidèles aux recommandations de leurs avocats et usant de leur droit au silence, les quatre mis en cause étaient écroués à l'issue de leur garde à vue.

***

Le 14 mars 2002, M. Kamal E. portait plainte à la PJ pour l'enlèvement à Nantes de son frère Hicham, conduit et séquestré en Espagne, en raison d'une dette de 46 000 €

portant sur un trafic de stupéfiants. Une information était ouverte au TGI de Nantes et une commission rogatoire internationale nous était délivrée.

Nos investigations effectuées en Espagne avec la collaboration des policiers locaux établissaient avec certitude l'enlèvement et la séquestration de Hicham E. ainsi que les menaces de mort dont il avait été victime. Elles permettaient l'identification des ravisseurs, leur localisation à Madrid et le lieu de séquestration d'Hicham. Ces ravisseurs, Nabili et El Farssioui, étaient bien connus des services de police nantais.

Le 12 avril, la victime était récupérée dans un hôtel de la banlieue madrilène où elle était retenue par Nabili, El Farssioui et un troisième individu qui étaient arrêtés lors de l'opération.

Par peur de représailles, Hicham H. niait avoir subi les moindres sévices. Toutefois, l'examen médical pratiqué montrait de nombreuses traces de violences, dont des brûlures de cigarettes sur différentes parties du corps.

Nabili et El Farssioui étaient placés sous écrou extraditionnel en attente de leur transfert à Nantes.

***

Le 6 septembre 2002, Saïd Ahmed-Yousfi et Salah Ghemit, deux voyous nantais, détenus au centre pénitentiaire de Ploemeur (Morbihan) pour des faits de banditisme, parvenaient à s'enfuir avec l'aide d'un commando composé de plusieurs malfaiteurs cagoulés, dont l'un, monté sur une échelle, braquait le gardien présent dans un mirador. Les deux prisonniers et leurs « libérateurs » prenaient la fuite à bord de deux voitures. La PJ de Rennes et l'OCRB attaquaient aussitôt les recherches pour retrouver les fugitifs et leurs complices. Les évadés faisaient le « 20 heures » des chaînes TV et provoquaient un déplacement dans le Morbihan du ministre de la Justice, visiblement fâché.

Un important travail de téléphonie et de surveillances physiques dans l'entourage des évadés nous conduisait à localiser l'un des fuyards sur Marseille. Le 19 septembre 2002, avec le concours de la BRI locale, Ghemit était « logé » avec précision dans un hôtel marseillais où il était « serré » en compagnie d'un certain Rachid Ahmed Yousfi. Lors de la perquisition de la chambre d'hôtel, des documents et pièces d'identité falsifiés étaient découverts.

Dans le même temps, un certain Bouras était interpellé gare de Lyon à Paris. Les surveillances avaient établi que ce dernier était en contact avec Ghemit et une de ses amies, Samira H. En garde à vue, Bouras et Rachid Ahmed Yousfi donnèrent des versions fantaisistes concernant leur rôle dans le soutien à l'évasion. Samira H., qui avait expédié des mandats cash à l'intention de Ghemit, refusait de s'expliquer. Ils étaient tous les quatre incarcérés à Marseille et Paris.

La poursuite de l'enquête démontrait l'assistance fournie par deux autres complices, qui avaient favorisé la fuite des évadés. Ils étaient interpellés le 28 novembre.

Quant à Saïd Ahmed-Yousfi, il disparaissait des écrans radars pendant treize ans. En janvier 2004, c'est donc par contumace qu'il est jugé par la cour d'assises de Loire-Atlantique et condamné à quinze ans de réclusion criminelle pour un braquage tenté au préjudice du Crédit Agricole de Rezé (Loire-Atlantique) en janvier 2002. À Nantes, il avait fait ses armes dans le quartier de

Bellevue et gravité dans l'entourage d'un autre roi de la belle, Franck Couchellou, fortement soupçonné d'avoir prêté main forte dans l'évasion de Ploemeur.

Après ses 13 ans de cavale, Saïd Ahmed-Yousfi était arrêté en Algérie (novembre 2015) pour avoir participé au kidnapping à Alger d'un jeune garçon, séquestré pendant près de quinze jours avant d'être délivré, sain et sauf, par les forces de l'ordre. C'est donc en prison qu'il fêtait ses 44 ans. Nous le savions en Algérie dès 2009, soupçonné d'être à la tête d'un gros trafic de drogue. Il aurait tenté d'exporter un container de cinq tonnes de cannabis vers Marseille. Activement recherché par les autorités algériennes, il s'était réfugié au Maroc après la saisie de la marchandise. Les ravisseurs de l'écolier algérien avaient réclamé une importante rançon. Pour le quotidien algérien *Liberté*, il s'agissait « d'un grand réseau spécialisé dans le trafic de drogue qui se serait reconverti dans le kidnapping pour se partager l'argent de la rançon ».

***

Le 19 décembre 2002, en collaboration avec les douanes et la gendarmerie de Nantes, notre antenne PJ locale mettait en place un dispositif d'interpellation au péage autoroutier du Bignon (Loire-Atlantique), suite à l'obtention d'informations sur un important transport de résine de cannabis en provenance d'Espagne selon la technique du « go-fast ».

À 7 h 35, un certain Attila Akkabak stationnait sa voiture sur l'aire de repos pour s'assurer de l'absence de contrôle. Ne détectant pas le dispositif policier particulièrement discret, il repartait quelques instants après en direction de Nantes. Puis, une Mercedes occupée par deux hommes défavorablement connus, Nabil Abdeddine et Fouad Midoune (évadé depuis juin 2002), se présentait au péage. À la vue des policiers, le conducteur accélérait pour franchir le péage, percutant deux fonctionnaires. Treize coups de feu étaient tirés par les forces de l'ordre. Le chauffeur poursuivait sa route à très grande vitesse et s'échouait dans le fossé. Les deux occupants prenaient la fuite.

Un dispositif de recherches était alors mis en place et permettait d'arrêter rapidement Abdeddine et Akkabak. Bien que blessé, Midoune n'était pas retrouvé. La fouille de la Mercedes amenait à la découverte de 292 kg de résine de cannabis, 1 kg de cocaïne, de nombreux téléphones portables et un permis de conduire falsifié.

Akkabak passait des aveux sur les modalités du trafic précisant que d'autres voyages avaient eu lieu en provenance de Malaga où ses complices disposaient d'une organisation logistique. Abdeddine se cantonnait dans des déclarations fantaisistes, niant l'évidence. Ils étaient ensuite écroués. Quant à Midoune, blessé à l'épaule, il avait été récupéré par des copains en périphérie nantaise, avant de s'enfuir en Espagne. Notre collaboration avec la *Guardia Civil* se concluait par son arrestation six mois plus tard à Malaga.

Ces affaires survenues en moins d'une année ne sont que quelques exemples parmi d'autres de l'évolution du banditisme et de la prise en main progressive et à grande échelle du trafic de « shit » par ces caïds de banlieue. Dans le même temps, les trafiquants albanais confirmaient leur prééminence dans la distribution d'héroïne et de cocaïne sur le Grand Ouest, réglant leurs différends à coups de « calibres » ou d'armes blanches (voir chapitre « Mafia albanaise dans l'ouest »).

CRÉATION DE LA DIRECTION INTERRÉGIONALE DE POLICE JUDICIAIRE DE RENNES (DIPJ)

Dans le but de parvenir à une meilleure adaptation des structures de la PJ à l'évolution de la criminalité, à une plus grande souplesse d'emploi des moyens tant en personnels qu'en matériels et logistique, et au terme d'une étude approfondie, étaient créées par décret du 24 avril 2003 les directions interrégionales de police judiciaire. La plus étendue d'un point de vue géographique était celle de Rennes, son ressort territorial recouvrant quatre régions : Bretagne, Pays de la Loire, Haute et Basse-Normandie (14 départements). La DIPJ, dont j'étais nommé directeur le 25 avril 2003 regroupait les SRPJ de Rennes, de Rouen et leurs antennes, ainsi que le SRPJ d'Angers, représentant environ 400 fonctionnaires de police. Il s'agissait pour moi d'assurer la mise en place du dispositif sans heurter mes collègues, directeurs des SRPJ de Rouen et d'Angers qui jusque-là relevaient directement de la direction centrale à Paris. D'autant que le directeur angevin avait été mon supérieur hiérarchique dans les années 1989-1990. Je disposais toutefois d'un atout : une parfaite connaissance des principaux bassins de criminalité du ressort (axe de la vallée de la Seine, Nantes avec les reliquats de l'ancien milieu traditionnel et les nouveaux caïds issus des banlieues, la délinquance itinérante…)

La DIPJ ne comprenait à l'époque qu'une seule brigade de recherches et d'intervention (BRI) basée à Rouen. Mon projet prioritaire était d'obtenir de notre direction parisienne la création d'une même unité installée à Nantes. Les BRI, spécialisées dans les surveillances, filatures et interpellations délicates, constituent le fer de lance de la PJ. Un arrêté du 21 novembre 2003 devait me donner satisfaction, mais il me faudra patienter jusqu'au 1er septembre 2006 (jour de ma prise de fonction à la tête de la DIPJ de Bordeaux) pour que la BRI de Nantes voit effectivement le jour. Vincent Le Béguec, chef de l'antenne locale, s'est également largement investi dans la réalisation de ce projet. Il nous a fallu « décrocher » les budgets, les personnels, les locaux, les véhicules et autres matériels nécessaires au fonctionnement de la brigade. Et, je vous prie de croire que dans l'Administration, c'est un véritable challenge... Trois ans de boulot ! Dans l'attente de la création officielle de cette BRI, nous avions mis en place un GRI composé de quelques effectifs prélevés sur le personnel de l'antenne, des fonctionnaires attirés par le travail de terrain et de voie publique.

Au fil du temps, une mutualisation des moyens humains et matériels, de certaines tâches administratives (gestion budgétaire, RH...) devaient donner corps à cette DIPJ et démontrer son efficacité. L'une de mes autres préoccupations était de constituer des groupes d'enquêteurs spécialisés en criminalité informatique (ESCI), rebaptisée ultérieurement cybercriminalité. La PJ a toujours fait preuve de facultés d'adaptation pour faire face à l'évolution des méthodes employées par la voyoucratie.

Un an après la création des DIPJ, neuf juridictions interrégionales spécialisées en matière de criminalité organisée et de délinquance financière voyaient le jour. Rennes devenait le siège de l'une de ces JIRS regroupant des magistrats du Parquet et de l'Instruction, disposant de compétences et d'une expérience particulières dans ces domaines. Dans le cadre de la mise en place de ce nouveau dispositif judiciaire, les policiers de PJ apparaissaient clairement comme les correspondants naturels des magistrats de la JIRS.

Et *Viva Espana!*

Recherché pour une série de casse-bélier commis dans le Morbihan, pour trafic de stupéfiants (convoyage de résine de cannabis entre l'Espagne et la région parisienne) et pour avoir foncé sur des policiers au volant d'une voiture volée, Franck Couchellou, le « Schumacher nantais », était dans la nature depuis juin 2001. La PJ de Nantes se mettait sur la piste du garçon âgé d'une trentaine d'années, à la suite de la double évasion de Ploemeur, le 6 septembre 2002. Courant janvier 2003, une balise posée sous la voiture d'une de ses relations, amenait les enquêteurs à Cholet (Maine-et-Loire) où notre objectif était susceptible de disposer d'une planque. Je recommandais de ne l'interpeller qu'à coup sûr, dans des conditions ne faisant courir aucun risque à d'éventuels passants. Véritable cascadeur, Couchellou au volant d'un véhicule pouvait se montrer particulièrement dangereux. C'est pourquoi lors de sa première apparition, il était jugé préférable de différer son arrestation. Ce n'est que le surlendemain qu'il était « serré » dans un hôtel de Cholet où il avait trouvé refuge. Dans la chambre qu'il occupait, étaient découverts de faux documents d'identité, 57 380 euros, 8 téléphones portables et un scanner.

Jugé pour les différents méfaits reprochés, Franck Couchellou écopait en dix mois, de trois condamnations à onze ans de prison cumulés. Mais, le dimanche 30 novembre 2003, le Nantais remettait le compteur à zéro en s'évadant de la maison d'arrêt Jacques-Cartier à Rennes pendant une promenade. Il avait cisaillé le grillage surplombant la cour et franchi le mur d'enceinte avec une échelle déposée par un complice.

La PJ reprenait son jeu de piste et apprenait que « l'as du volant » avait trouvé refuge Outre-Pyrénées. Un mandat d'arrêt international était diffusé. Après deux premières missions menées en Espagne et restées sans résultat, le troisième déplacement d'enquêteurs nantais aboutissait à son arrestation le 9 mars 2004 à l'aéroport de Madrid où il attendait l'arrivée d'un ami. Le renseignement que nous avions obtenu était bon. Couchellou était en possession d'un faux permis de conduire français. Reprise de l'avantage pour la PJ !

***

Notre « ami » Mohamed Aouaz (celui qui avait voulu jouer aux quilles un dimanche matin de 1999 avec les enquêteurs de l'antenne PJ de Nantes) ayant recouvré la liberté, était « repris en compte » dès 2003, car suspecté d'être à nouveau impliqué dans un important trafic de résine de cannabis entre l'Espagne et Nantes.

Il ressortait de nos surveillances que l'organisateur du réseau était un certain Abdellah Bassou, de nationalité marocaine, une autre de nos vieilles connaissances, installé à proximité de Séville, qui importait en Espagne par voie maritime d'importantes quantités de cannabis acheminées ensuite en France lors de « go-fast ». Au fil de l'enquête, les principaux protagonistes du trafic évoluant dans l'entourage de Bassou étaient identifiés et deux livraisons de 300 et 400 kilos étaient détectées sur Rennes et Nantes en juin et août 2003.

Le magistrat instructeur nantais en charge du dossier délivrait une commission rogatoire internationale afin de poursuivre les investigations en Andalousie. C'est donc le commandant Philippe Bellec, lui aussi Brestois et ancien camarade de « fac », que je missionnais auprès de nos collègues espagnols de l'UDYCO (*Unidad de Droga y Crimen Organizado*) de Séville afin de traquer nos clients du Grand Ouest en villégiature sur la Costa del Sol. Leur travail débouchait sur la localisation d'une spacieuse villa occupée par ces trafiquants à Carmona et établissait que Bassou organisait désormais la filière du producteur marocain jusqu'aux acheteurs implantés à Nantes, Rennes, Laval et Lorient. Ce petit monde vivait grand train, faisant preuve d'un goût immodéré pour la vie tape-à-l'œil. Certains d'entre eux étaient connus pour leur participation aux violences urbaines qui avaient touché Nantes à la fin des années 1990.

Le 18 décembre 2003 en soirée, une livraison par bateau destinée à Mohamed Aouaz semblant imminente, les policiers espagnols prenaient en filature Éric Gili, membre du réseau. L'attente ne devait pas s'éterniser. Au cours de la nuit, Gili était interpellé alors qu'il réceptionnait avec deux complices, sur une plage près d'Algésiras, une tonne de résine de cannabis. Au petit matin, la concubine de Bassou et un certain Moudjahid Gouletquer, impliqué dans le trafic, étaient également arrêtés à Séville par l'UDYCO. Bassou se trouvant au Maroc échappait au coup de filet.

Dans le même temps, nous interpellions Mohamed Aouaz au Mans et une de ses relations, Benali M'tamar à Laval. M'tamar reconnaissait avoir effectué un transport de cannabis et avoir servi d'intermédiaire entre Aouaz et des acheteurs rennais sur une quantité de 150 kilos en mai 2003. Aouaz niait, bien sûr, son implication dans le trafic.

Gili et Gouletquer étaient incarcérés en Espagne en attente d'extradition. Aouaz et M'tamar, mis en examen, étaient placés sous mandat de dépôt.

Dans les semaines qui suivirent, nous mettions la main en plusieurs vagues sur des grossistes-revendeurs, des convoyeurs ayant pris part à des « go-fast » ou sur des individus assurant le recouvrement de dettes... Des armes (kalachnikovs, pistolets mitrailleurs, grenades...) étaient saisies à Mézière-sur-Couesnon (Ille-et-Vilaine), ainsi que dix voitures de luxe.

Un proche de Bassou, demeurant habituellement à Rennes, était intercepté à notre demande par la police marocaine le 29 avril 2004 à Tanger.

Au total, 32 personnes étaient interpellées et 20 d'entre elles écrouées pour ce trafic portant au moins sur cinq tonnes de cannabis.

Les aventures de Mohamed Aouaz ne s'arrêtaient là. Le 8 mars 2004, alors que ce dernier était détenu à la maison d'arrêt de Brest en attente de son jugement, quatre individus encagoulés et armés sont parvenus à le faire s'évader lors d'un transport aux urgences du CHU de Brest. Au terme d'une course-poursuite de dix minutes avec la police, Aouaz et deux membres du commando étaient repris dans le quartier de Recouvrance. Aouaz, de sa cellule avait planifié son évasion. Il s'était volontairement cassé un doigt pour être transféré à l'hôpital. Ses amis nantais avaient volé une Volkswagen Golf et monté l'opération qui s'était soldée au final par un échec... Fort heureusement, cela ne marche pas à tous les coups ! Pour dix minutes d'évasion, Aouaz écopera de quatre ans de prison le 8 mars 2004, malgré une défense assurée par Me Haïk, un ténor du barreau parisien, et ses deux complices, de trois ans chacun.

Le procès relatif au trafic de cannabis se déroula devant le tribunal correctionnel de Nantes en octobre 2005. Bassou, toujours en fuite, était reconnu comme le cerveau du réseau et écopait par contumace d'une peine de 10 ans de prison ferme. Les autres peines prononcées s'échelonnaient de neuf mois à six ans d'emprisonnement. Mohamed Aouaz, fidèle à son comportement habituel, exerçait des violences contre les policiers qui le surveillaient pendant l'audience. Il se voyait condamné à six ans de prison.

L'effondrement de la passerelle du *Queen Mary 2*

Parmi les enquêtes d'importance confiées à la DIPJ figure celle concernant l'effondrement, le samedi 15 novembre 2003, de la passerelle du paquebot *Queen Mary 2*, en cale sèche aux Chantiers de l'Atlantique à Saint-Nazaire.

Ce jour-là, sous une pluie torrentielle, on se presse sur la passerelle permettant aux visiteurs de découvrir les prouesses techniques et esthétiques du plus grand paquebot du monde. Des ouvriers, leurs familles, des Nazairiens, sont venus en nombre à bord du navire où les travaux sont en cours de finition. Vers 14 h 20, la passerelle s'effondre. Une quarantaine de personnes chutent vingt mètres plus bas, sur la dalle de béton qui forme le fond de la cale sèche. Les poutrelles qui forment la structure métallique s'écrasent sur les corps. Bilan de la catastrophe : 15 morts et 29 blessés.

La DIPJ ayant été saisie de l'enquête pour homicides et blessures involontaires par le procureur de Saint-Nazaire, je me transporte sur place où je rejoins Vincent Le Béguec et ses enquêteurs nantais. J'ai fait « descendre » de Rennes des renforts, notamment des techniciens de scène de crime. Gérard Girel, directeur central à Paris, me contacte pour me proposer des effectifs supplémentaires. Proposition que je décline, la DIPJ étant tout à fait capable d'assumer seule les investigations. Pour la circonstance, le président de la République et le Premier ministre font le déplacement à Saint-Nazaire le dimanche 16 novembre…

Les constatations méthodiques réalisées par l'Identité judiciaire sur les lieux et les perquisitions opérées avec célérité le jour même aux sièges d'Alstom Marine (Chantiers de l'Atlantique) et de la société Endel chargée de la conception et du montage de la passerelle, se révèleront déterminantes pour la suite de l'enquête.

Après étude des documents saisis, les huit principaux intervenants dans les événements ayant conduit à ce drame, étaient entendus simultanément les 21 et 22 janvier sous le régime de la garde à vue. Leurs auditions confirmaient l'existence de plusieurs dysfonctionnements tant au niveau de la conception de la passerelle que de son montage, sa mise en service et son utilisation le jour de l'accident. Le rapport d'expertise remis postérieurement à ces auditions confirmait nos conclusions. La passerelle supportait environ 240 kilos par mètre carré lors de l'accident, contre 150 autorisés. Après un premier jugement relativement clément du tribunal correctionnel de Saint-Nazaire en février 2008, la cour d'appel de Rennes prononçait en juillet 2009 des condamnations nettement plus sévères, relevant dans son arrêt de graves négligences, estimant que « par un système de délégations en cascade, les deux entreprises ont dilué les responsabilités en matière de sécurité. Ce sont des fautes d'une extrême gravité. »

L'enlèvement de la famille Bernard à Étables-sur-Mer

Le lundi 17 janvier 2005 à 8 h 30, le permanent du service des diffusions de la DIPJ de Rennes prend un appel du directeur des « risques crédits » de la direction régionale du Crédit Agricole des Côtes-d'Armor, basée à Ploufragan, en banlieue de Saint-Brieuc. Il donne l'alerte sur cette ligne téléphonique sécurisée et dédiée aux opérations baptisées « Extorsion », de faits d'enlèvement avec demande de rançon, de la famille d'un cadre informaticien de son établissement, M. Étienne Bernard.

Vers 7 h 45, ce dernier sortait de son domicile à Étables-sur-Mer lorsque trois individus armés, cagoulés et vêtus de noir surgissaient, le neutralisaient et investissaient le pavillon. Ils « saucissonnaient » son épouse et ses trois jeunes fils avec des liens et de l'adhésif.

Les malfaiteurs demandaient à M. Bernard de se rendre à son lieu de travail et d'effectuer un virement swift de 30 millions d'euros sur un compte numéroté dans une banque luxembourgeoise, la Corner Bank. Ils quittaient les lieux avec l'épouse et les trois enfants, laissant trente minutes à la victime pour aller à la banque et s'exécuter. Ils le menaçaient de tuer femme et enfants s'ils n'obtenaient pas satisfaction. Conformément aux consignes et au protocole élaboré par la DCPJ, en concertation avec les organismes bancaires, M. Bernard en informait sa hiérarchie qui transmettait l'alerte à la DIPJ. Le protocole était bien clair : priorité absolue donnée à la libération des otages, pas d'intervention policière auparavant.

Aussitôt informé, je bats le rappel des « troupes » pour mettre en œuvre la « doctrine générale d'action » préconisée par la DCPJ dans de telles circonstances et contacte le procureur de la République de Saint-Brieuc qui me saisit de l'enquête en crime flagrant, conjointement avec l'OCRB. Je dépêche vers Étables-sur-Mer une première équipe réduite pour détecter avec discrétion une éventuelle présence de complices des agresseurs, en surveillance à proximité de l'habitation des victimes. Une interception téléphonique est mise en place en extrême urgence sur ce même domicile. J'informe également le préfet des Côtes-d'Armor, les préfets exerçant certaines compétences en matière de prise d'otages (le responsable policier doit solliciter le « feu vert » du préfet s'il juge opportun de mener un assaut). Je charge mon adjoint et quelques proches collaborateurs de se rendre au siège du Crédit Agricole à Ploufragan et de constituer une cellule de crise avec un représentant du Parquet de Saint-Brieuc, de la sécurité publique, de la gendarmerie et des responsables de la banque. Des enquêteurs de la division criminelle et de l'Identité judiciaire sont placés en réserve au commissariat de Saint-Brieuc. Je mobilise également le GRI de Nantes et la BRI de Rouen pour les renforcer. Une ligne téléphonique dédiée, placée sur écoute, est mise en place au siège du Crédit Agricole, pour réceptionner les éventuels appels passés par les ravisseurs à M. Bernard. Je sollicite une mise en alerte du RAID en cas de besoin. Je suis secondé pour ces multiples prises de contact par la commissaire Catherine Occhini, cheffe de mon état-major.

La directrice centrale de la PJ, Martine Monteil, m'assure de son soutien en me précisant que tous les moyens que je jugerais utiles seraient mis à ma disposition.

Mon collègue et vieux complice Hervé Lafranque, chef de l'OCRB, me communique les coordonnées du patron de la PJ luxembourgeoise, Pierre Medinger, pour avoir un contact direct avec lui. Je l'appelle aussitôt afin d'obtenir tous renseignements possibles sur le ou les titulaires du compte bancaire dont les références avaient été laissées à M. Bernard par les kidnappeurs. Loin de m'opposer le secret bancaire sur lequel les malfaiteurs pensaient pouvoir compter, il me communique rapidement les éléments d'identification suivants :

Fin décembre 2004, un certain Daniel B., se disant apporteur d'affaires, domicilié à Locquénolé (Finistère), se présentait à la Corner Bank pour ouvrir ce compte bancaire au nom d'un de ses nouveaux clients, la Pro-Banque Internationale S.A. qui, selon ses dires, serait en cours de formation. Un virement de 30 millions d'euros devait prochainement approvisionner le compte. Ce 17 janvier 2005, vers 9 h 15, B. a téléphoné à la banque pour annoncer l'arrivée des fonds. Le directeur de la Corner Bank lui a expliqué qu'il fallait se présenter avec le client pour finaliser l'ouverture du compte et débloquer les fonds. En attendant, un numéro de compte provisoire lui était communiqué et un rendez-vous fixé pour le lendemain, mardi 18 janvier à 15 heures. Le client, la Pro-Banque Internationale doit être représentée par le « bénéficiaire économique », un certain Jean-Yves Le Guyader, demeurant à Trégomeur (Côtes-d'Armor). Vers 10 h 40, B. revient aux nouvelles auprès du directeur et confirme le rendez-vous du 18 janvier.

Aussitôt, je donne pour instruction aux enquêteurs de l'antenne PJ de Brest de se mettre en surveillance sur le domicile de B. dans le Finistère. Quant au GRI de Nantes, il prend en compte celui de Le Guyader. Leurs lignes téléphoniques sont mises sur écoute.

À 12 h 25, l'équipe de surveillance chez Le Guyader constate l'arrivée d'une Mercedes appartenant à B. Ce dernier sort de sa voiture et pénètre dans la maison.

À 12 h 40, je suis informé par la gendarmerie de la libération des otages à Betton (Ille-et-Vilaine). Les ravisseurs, persuadés de l'arrivée des fonds, ont abandonné dans une ferme Mme Bernard et ses enfants après avoir incendié un véhicule utilitaire Renault volé durant le week-end du 15 au 16 janvier 2005 dans le département de l'Eure-et-Loir, près de Chartres. Les otages ont été transportés à bord de ce fourgon d'Étables à Betton. Les truands, au nombre de quatre, ont fait irruption au domicile des agriculteurs, armes au poing. L'un d'eux a passé un appel téléphonique depuis le poste fixe. Après une heure d'occupation des lieux, le commando s'est enfui à bord d'une Audi 80 noire. Je demande au SRPJ de Rouen de prendre en charge les vérifications et l'enquête sur le volet Eure-et-Loir de l'affaire. La BRI de Rouen, entre-temps arrivée à Rennes, est dirigée sur Chartres afin de prendre en compte d'éventuelles surveillances ou opérations sur place.

Dans le même temps, je donne instruction aux effectifs positionnés au commissariat de Saint-Brieuc de rejoindre l'équipe réduite en planque à Trégomeur, et d'interpeller *manu militari* Le Guyader et B.

Je souffle un peu et m'octroie même un petit whisky dans mon bureau. Les otages sont sains et saufs ! La pression retombe. Pour le reste, rien que du classique… Serrer des malfaiteurs.

À 13 heures, B. sort de chez Le Guyader. Il est aussitôt maîtrisé. Dans la foulée, c'est la ruée dans la baraque. Le Guyader se retrouve au sol, les « pinces » aux poignets.

C'est toujours ça de pris ! Lors de la perquisition, divers documents relatifs au compte bancaire ouvert au Luxembourg, sont découverts.

Les recherches téléphoniques sur les appels reçus par Le Guyader après les faits et l'identification du portable appelé depuis la ferme de Betton permettent de remonter sur une puce SFR achetée en décembre 2004 à Chartres, sous une identité fantaisiste, et de borner un téléphone mobile sur Brou et sa périphérie (Eure-et-Loir).

Les recherches multicritères effectuées sur les propriétaires d'Audi 80 de couleur noire résidant sur le secteur de Brou, amènent à « sélectionner » un certain Nori Rabia, défavorablement connu. Dans son environnement figurent deux acolytes d'habitude : Edgar Valentini, corse d'origine, et Omar A. L'étau se resserre.

Dans le courant de l'après-midi, un appel est intercepté sur le portable de Le Guyader. En l'absence de réponse (et pour cause !), le correspondant laisse un message menaçant, craignant visiblement de se faire doubler dans le partage de la rançon. Il envisage de « monter » lui rendre visite à Trégomeur.

Les auditions des victimes, de Le Guyader et de B., ces deux derniers ayant été transférés à Rennes, viennent compléter le scénario de l'enlèvement. Mme Bernard précise qu'au moins deux membres du commando parlaient entre eux en arabe.

Le Guyader, professeur de musique, ancien tenancier de bar et discothèque, reconnaît quant à lui être le commanditaire de l'agression. Se trouvant durant l'été 2004 à Bastia (Haute-Corse), il s'était ouvert à une relation locale d'un projet d'opération visant à prendre en otage la famille d'un cadre du Crédit Agricole des Côtes-d'Armor, en exigeant une rançon versée sous forme d'un virement swift au Luxembourg, où le secret bancaire était de règle. Cette personne l'avait mis en contact avec un Corse du continent prénommé Edgar, cafetier à Yèvres (Eure-et-Loir). À son retour de Bastia en septembre, Le Guyader s'était rendu dans cette localité pour une première rencontre avec Edgar Valentini. Le Guyader proposait deux objectifs : soit le directeur du Crédit Agricole, soit le cadre informatique Étienne Bernard, auquel il avait dispensé des cours de musique dans le passé. Edgar se chargeait de recruter une équipe et d'organiser l'opération.

Fin octobre, un premier repérage était effectué au siège du Crédit Agricole et aux domiciles du directeur et de la famille Bernard. Edgar optait pour la solution « Bernard », la maison de fonction du directeur étant protégée par une caméra.

En novembre, de nouveaux repérages avec planques sur les allées et venues des membres de la famille Bernard avaient lieu. B., apporteur d'affaires, était mandaté par Le Guyader pour accomplir les formalités de création de la société et établir les relations avec la Corner Bank. Le 16 janvier 2005, Valentini appelait Le Guyader pour lui annoncer que l'opération aurait lieu le lendemain aux aurores. B., quant à lui, reconnaît bien avoir géré pour le compte de Le Guyader les formalités nécessaires à l'ouverture du compte bancaire luxembourgeois, mais affirme tout ignorer des faits criminels qu'envisageait son client.

La fin d'après-midi du 17 janvier est consacrée à localiser les domiciles du trio Valentini-Rabia-Omar A. à Brou et Yèvres. Des surveillances sont mises en place pour la nuit sur ces adresses ainsi que sur la maison de Le Guyader à Trégomeur au cas où Valentini déciderait de venir le « secouer ».

À 6 heures du matin le 18 janvier, les policiers de la BRI de Rouen, de la PJ de Rennes, de l'OCRB assistés de collègues de la PJ d'Orléans investissent simultanément les trois domiciles. Valentini tente de prendre la fuite, mais est rapidement maîtrisé. La perquisition de son habitation permet de découvrir notamment trois armes de poing dont un PA 9 mm utilisé par le commando et l'ordinateur à l'aide duquel avait été rédigé le document remis à M. Bernard pour effectuer le virement.

Valentini lors de son audition confirme les déclarations de Le Guyader et la promesse qu'il lui avait faite de partager les 30 millions extorqués à la banque. Il reconnaît avoir dirigé les opérations, précisant avoir libéré les victimes après que Le Guyader lui ait indiqué que la rançon avait été versée. Rabia, propriétaire de l'Audi noire leur ayant permis de prendre la fuite, reconnaît avoir participé à l'agression, tout en minimisant son rôle. Quant à Omar A., il est mis hors de cause dans l'enlèvement et la séquestration, mais remis aux gendarmes qui enquêtaient sur une affaire de viol. Valentini et Rabia sont ramenés au siège de la DIPJ à Rennes.

Dans le courant de la matinée, la juridiction interrégionale spécialisée (JIRS) de Rennes évoque l'affaire (dessaisissement du Parquet de Saint-Brieuc) et prescrit la poursuite des investigations par mon service et l'OCRB.

En cours de garde à vue, Valentini et Rabia dénoncent l'un de leurs complices, Abdellaziz Sadouki, beau-frère de Valentini. Sadouki est arrêté dès le 21 janvier à l'aube, à Chartres. Présentés ce même jour à M. Bertrand Leclerc, chef de la section instruction de la JIRS, Le Guyader, Valentini, Rabia et Sadouki sont placés sous mandat de dépôt. Daniel B. est laissé libre.

Petit temps de décompression et pot organisé au service le vendredi 21 janvier pour clôturer cette semaine d'activité intense. Tout avait parfaitement fonctionné, mais restons modestes, la chance était de notre côté. Toutefois, comme disait un de mes anciens « tauliers », Jean Etcheberry : « La chance, Jean-Paul, si on ne va pas la chercher... »

Le quatrième membre du commando devait être identifié par la suite en la personne d'Aziz Mouakil. Il était interpellé à Lucé (Eure-et-Loir) le 15 mars 2005 puis rejoignait ses camarades derrière les barreaux. La cour d'assises d'Ille-et-Vilaine condamnait en juin 2007 les cinq accusés à des peines allant de 8 à 12 ans de réclusion criminelle.

***

Plusieurs enquêtes d'homicides ont également émaillé mon second séjour rennais. Deux d'entre elles m'ont particulièrement marqué.

Le double meurtre de Clarisse Lignez et Erwan Duramé

Dans l'après-midi du 22 août 2003, alors que je me trouve dans le Finistère en congé annuel, mon adjoint de l'époque, le commissaire divisionnaire Didier Bernard assurant mon intérim, me contacte par téléphone pour me faire part de la double disparition inquiétante dans la nuit du 19 au 20 août d'un jeune couple, Clarisse Lignez et Erwan Duramé, tous deux domiciliés à Brest. Leur disparition avait été signalée par des membres de leur famille auprès du commissariat local. Les proches indiquaient que le couple n'avait plus donné signe de vie depuis le 19 août au soir et que leur appartement paraissait avoir été fouillé. Les deux voitures leur appartenant, une Audi TT et une Toyota Rave 4 avaient également disparu.

Le Parquet de Brest avisé, saisissait l'antenne PJ de l'enquête, conjointement avec l'OCRB. Une diffusion nationale urgente de recherches était adressée à tous les services de police et de gendarmerie.

Les premières investigations faisaient apparaître que quelques bijoux et un ordinateur portable semblaient avoir été dérobés au domicile des victimes et que l'une de leurs cartes bancaires avait été utilisée le 20 août à 5 h 30 dans un distributeur automatique de billets à Brest par deux individus filmés par une caméra de surveillance et inconnus de la famille du couple.

Les faits semblant prendre mauvaise tournure pour les disparus, je demandais à Didier Bernard de me faire régulièrement le point sur l'affaire, lui précisant qu'en cas de difficulté dans le déroulement de l'enquête, je rejoindrais l'antenne PJ de Brest, dont je ne me trouvais qu'à une trentaine de kilomètres.

Le même jour, à 23 h 50, des policiers du commissariat de Brest interpellaient deux hommes, Saïd Abdellaoui, de nationalité marocaine, et Gérôme B., mineur de 17 ans, alors qu'ils s'apprêtaient à monter à bord du Toyota Rave 4, repéré sur la voie publique. Lors de leur arrestation, ils étaient en possession de bijoux appartenant à Clarisse.

Remis aux enquêteurs de l'antenne de Brest, il apparaissait rapidement qu'ils étaient les utilisateurs des cartes bancaires des victimes. Entendus, ils prétendaient avoir agi à l'instigation d'un certain Stéphane Planchet, Brestois âgé de 30 ans, déjà connu de nos services.

Le lendemain matin, la PJ de Brest interpellait Planchet à son domicile. Parallèlement, nos collègues de l'OCRB, en charge des investigations sur la téléphonie, établissaient que le père de Planchet avait, pour sa part, introduit la puce de son téléphone dans le smartphone d'une de ses victimes. Ce dernier bornait en Vendée. Stéphane Planchet déclarait avoir été contraint, sous la menace d'une arme, par Saïd Abdellaoui et Gérôme B., de conduire l'Audi TT jusqu'à l'habitation de ses parents, une ferme située à Champ-Saint-Père (Vendée), sans pouvoir préciser le sort réservé au couple Duramé-Ligniez. Abdellaoui, quant à lui, indiquait que les otages étaient susceptibles d'être séquestrés chez les parents Planchet.

À 14 h 30, des enquêteurs brestois de la PJ, assistés du groupe d'intervention de la police nationale de Rennes, du SRPJ d'Angers et avec le concours de la gendarmerie locale investissaient la ferme de Champ-Saint-Père et y arrêtaient Éric Planchet, frère de Stéphane. L'Audi TT était retrouvée sur place. Dans l'habitacle, des traces de sang, des cartouches de 22 LR et un silencieux de même calibre… Les cendres d'un feu important et récent étaient relevées sur un terrain proche de la maison. Éric Planchet déclarait avoir été le témoin de la crémation des corps de Clarisse et Erwan, sans fournir de précision quant aux circonstances des homicides.

À 18 heures et 19 h 45, les policiers intervenants interpellaient successivement deux autres frères Planchet, Tony et Ludovic, qui arrivaient à la ferme.

La poursuite des constatations, avec l'assistance des services de l'Identité judiciaire, amenait des découvertes macabres : des restes de vêtements et de corps humains dans les cendres du bûcher. Enfin, des morceaux de corps calcinés étaient retrouvés dans un étang proche de la ferme, à l'intérieur de sacs lestés de parpaings.

À l'exception de Tony Planchet, les gardés à vue reconnaissaient leur participation à la crémation et à la dissimulation des corps des victimes, sans toutefois donner d'éléments précis quant au lieu et à l'identité du ou des auteurs des homicides, se renvoyant mutuellement la balle.

Présentés à un magistrat instructeur brestois le 24 août, cinq des protagonistes étaient écroués. Tony Planchet était laissé libre, placé sous contrôle judiciaire.

Les conditions effroyables de ces assassinats nécessitaient des investigations complémentaires pour tenter d'établir les responsabilités de chacun dans l'affaire et la chronologie exacte de cette équipée sauvage. À ma reprise du travail une semaine plus tard, je m'y attelais avec Didier Bernard et les enquêteurs de notre antenne de Brest, en étroite concertation avec le juge d'instruction.

Les autopsies des corps mutilés avaient révélé que les deux victimes avaient été abattues d'une balle de 22 LR dans la tête. La téléphonie était étudiée méticuleusement. Les trois acteurs principaux de cette affaire tragique étaient Abdellaoui, Stéphane Planchet et Gérôme B. Ils étaient arrivés ensemble à Champ-Saint-Père dès le 20 août avec les véhicules dérobés au couple. Planchet, l'instigateur, habitait à Brest, à proximité de chez Clarisse et Erwan. Les deux autres s'étaient introduits au domicile des victimes et auraient, dans un premier temps, agressé et séquestré Clarisse, jusqu'à l'arrivée d'Erwan. Quand Planchet a-t-il retrouvé ses comparses ? Il semble que les victimes aient été exécutées à Brest. Que s'était-il passé auparavant ?

Dans tous les cas, il avait été décidé de transporter les cadavres en Vendée, à bord de l'Audi et de la Toyota, et de s'en débarrasser.

Qui a tué ? Personne ne prend la responsabilité des crimes. Aucun ne sera donc traduit devant la cour d'assises des mineurs de Loire-Atlantique en novembre 2006 sous l'accusation d'homicides volontaires (le doute profitant toujours aux accusés), mais de « séquestration suivie de mort, vol accompagné de violences ayant entraîné la mort et atteinte à l'intégrité des cadavres ». Plus besoin de prouver qui a tué, pour risquer, malgré tout, la réclusion criminelle à perpétuité. Les trois hommes sont restés muets, parce qu'ils étaient « liés par un pacte de l'horreur » dira l'avocat général. Abdellaoui et Stéphane Planchet seront condamnés à la perpétuité avec une peine incompressible de respectivement 22 et 20 ans, Gérôme B. à 30 ans de réclusion criminelle. Éric Planchet écopera de huit années de réclusion criminelle pour l'aide apportée aux auteurs principaux en Vendée et recel des deux voitures.

Abdellaoui, Stéphane Planchet et Gérôme B. feront appel de ces décisions. Lors du second procès devant la cour d'assises d'Ille-et-Vilaine, Planchet accusera Abdellaoui d'être le tueur. Abdellaoui verra sa condamnation à la perpétuité confirmée ; Planchet sera condamné à 30 ans de réclusion avec 20 ans de sûreté ; Gérôme B. écopera de 20 ans de prison.

Le meurtre de Lucie Beydon

Le dimanche 5 septembre 2004, vers 22 h 40, les sapeurs-pompiers de Rennes intervenaient dans l'appartement d'une jeune étudiante, Lucie Beydon, âgée de 20 ans, au troisième et dernier étage d'un immeuble, 13 rue Gambetta à Rennes, à la demande de sa famille, inquiète de ne plus avoir de ses nouvelles.

Sur place, après avoir procédé à l'ouverture de la porte du studio verrouillée à leur arrivée, ils faisaient une macabre découverte. Le corps sans vie de la jeune fille, partiellement dénudé au niveau des membres inférieurs, gisait sur le sol dans une flaque de sang. Son buste présentait de nombreuses blessures causées par arme blanche.

Les pompiers informaient aussitôt le commissariat qui dépêchait sur les lieux un équipage de policiers. Le Parquet avisé, saisissait mon service de l'enquête. J'en étais moi-même informé par mon adjoint et m'assurais de l'envoi sur place de renforts de la brigade criminelle et de l'Identité judiciaire avec à leur tête le commissaire principal Éric Occhini, chef de la division criminelle.

L'examen du corps de la victime faisait apparaître qu'elle avait été atteinte d'une trentaine de coups de couteau portés sur les flancs, l'abdomen et au-dessus du sein gauche. Des traces de strangulation évoquaient un simulacre d'étranglement.

Malgré la connotation sexuelle évidente des faits, aucune trace évidente de viol n'était constatée. Toutefois, les prélèvements effectués révèleront ultérieurement la présence d'un élément entrant dans la composition de lubrifiant de préservatif.

L'appartement ne présentait aucune trace de désordre. Dans un premier temps, seule la disparition des clefs de Lucie était remarquée. Originaire de Brest, elle était arrivée à Rennes une quinzaine de jours plus tôt pour y entreprendre des études de sciences de l'éducation.

Nos investigations faisaient apparaître que la jeune fille avait rejoint son studio dans la soirée du vendredi 3 septembre après avoir dîné avec des amis, parcourant une distance d'environ 800 mètres, seule et à pied. Elle avait eu le temps de prendre une douche, de changer de tenue vestimentaire et de se mettre au lit avant d'être agressée dans la nuit du 3 au 4 septembre après 23 heures.

Parmi les prélèvements biologiques effectués, un seul, réalisé sur une trace de sang de la victime laissée sur le montant de la porte d'entrée de l'appartement, révélait la présence d'un chromosome Y, indiquant que l'auteur des faits était vraisemblablement un homme, sans permettre cependant l'identification de son ADN.

Un meurtre ignoble pour tous, un crève-cœur pour la famille de Lucie que nous essayons d'accompagner au mieux dans cette épreuve. Dans ce type d'affaires criminelles, nous avons pour habitude de laisser aux proches le numéro de téléphone d'un enquêteur joignable sept jours sur sept et 24 heures sur 24, car outre la douleur, le besoin de mettre une réalité sur les angoisses et les incertitudes est immense. Policièrement, savoir qu'un individu capable de commettre un acte d'une telle barbarie est dans la nature est un stimulant pour se défoncer et parvenir à le coffrer. L'affaire bouleverse Rennes.

L'autopsie apporte des précisions quant au déroulement de l'agression qui a comporté plusieurs phases : des coups au visage, des plaies par arme blanche au niveau du cou, évoquant des plaies d'intimidation, un maintien de la victime par le cou, puis quatre groupes de plaies dues à des coups de couteau (thorax, cœur, abdomen, flancs droit et gauche). Pas de trace de violence sexuelle, sans toutefois pouvoir exclure totalement le viol. L'ensemble des éléments constatés par les médecins légistes laisse à penser à une agression entièrement « maîtrisée » par un criminel qui conserve son sang-froid durant les faits. Il ne s'enfuit pas en paniquant, mais éteint la lumière et verrouille la porte en quittant les lieux.

Enquête de voisinage relayée par un appel à témoins diffusé dans la presse locale, environnement de la victime, téléphonie, vidéos du réseau de bus décortiquées... Les égouts du quartier sont sondés, les poubelles fouillées dans l'espoir de retrouver l'arme du crime ainsi que les clefs de la victime. Recherches malheureusement vaines.

Un individu, dealer de shit place Sainte-Anne, avec lequel Lucie et une de ses amies avaient sympathisé quelques jours avant les faits, était identifié et interpellé le 6 septembre, car connu pour son comportement violent et agressif. Il devait être mis hors de cause dans l'affaire.

Une information judiciaire ayant été ouverte, un juge d'instruction nous délivrait une commission rogatoire pour poursuivre l'enquête. « Une enquête acharnée », comme la qualifie le procureur de Rennes.

Je chargeais la brigade criminelle d'entendre les personnes proches de la victime (amis, membres de la famille) et qui auraient pu l'entraîner à ouvrir la porte du studio ainsi que celles ayant eu connaissance de sa récente arrivée à Rennes (agent immobilier, voisins, agents de nettoyage des parties communes de l'immeuble...), soit 60 personnes, dont l'ADN était prélevé à toutes fins utiles.

Par ailleurs, 37 individus présentant des antécédents judiciaires à caractère sexuel et résidant à Rennes étaient auditionnés et leur emploi du temps vérifié, autant que faire se peut.

Rien ne pouvait être retenu à leur encontre. Leur ADN était systématiquement prélevé.

Une seconde vague de vérifications entreprises sur un secteur géographique plus étendu dans le quartier Gambetta nous amenait à découvrir, le 21 octobre, un élément déterminant pour la suite des investigations. En effet, les recherches menées sur les espaces verts de la ville permettaient de retrouver, dissimulés dans un bosquet d'un jardin public situé à plus de 300 mètres de l'appartement de Lucie, sept coussins enroulés dans un paréo ensanglanté qui s'avéraient appartenir à celle-ci. Cette découverte devait relancer l'enquête.

Les prélèvements et analyses réalisés sur ces objets par le laboratoire d'expertises génétiques, l'IGNA de Nantes, révélaient la présence de sang de Lucie ainsi que des traces biologiques appartenant sans doute à l'auteur présumé, traces qui ne permettaient d'établir qu'un ADN mitochondrial[9] partiel masculin, difficilement exploitable.

Il m'apparaissait indispensable d'étendre le champ de nos investigations au niveau national. Des recherches étaient donc entreprises à partir du mode opératoire par l'intermédiaire de la DCPJ et du logiciel SALVAC, outil précieux pour effectuer des recoupements entre les affaires et traquer tueurs et violeurs en série.

Une circulaire nationale d'information sur les faits était diffusée à tous les services de police et de gendarmerie.

Pour tenter d'identifier la trace biologique découverte, début 2005, nous sollicitions l'administration pénitentiaire afin de nous communiquer l'identité des prisonniers

[9] Plusieurs individus peuvent avoir le même ADN mitochondrial, son pouvoir de discrimination est bien plus faible que l'ADN nucléaire.

incarcérés en France depuis le 4 septembre 2004 pour viol ou meurtre (ou en permission le week-end du meurtre de Lucie). Sur 1 600 individus recensés, en excluant les mis en cause impliqués dans des homicides passionnels, des règlements de comptes ou des rixes après boire, une liste de 224 détenus était établie. Cette liste était classée par DIPJ et par établissement pénitentiaire, car il était impossible à notre service d'entendre l'intégralité de ces individus pour établir leur emploi du temps au moment des faits et effectuer un prélèvement d'ADN. Mme Géraldine Berhault, juge d'instruction en charge du dossier, délivrait durant l'été 2005 deux commissions rogatoires adressées respectivement au directeur central de la police judiciaire et au directeur régional de la police judiciaire de Paris.

Sur les 224 « sélectionnés », seul un individu incarcéré pour viol sur mineure, au centre de détention de Montmedy (Meuse), possédait un ADN compatible avec la trace « question ». Il était entendu par le SRPJ de Nancy. Mais sa culpabilité était rapidement exclue. Permissionnaire du 3 au 6 septembre 2004, il était assigné à résidence à Charleville-Mézières (Ardennes) et ne pouvait s'être rendu à Rennes, car soumis à une obligation de « pointage » quotidien à la gendarmerie locale. Déception. On ne progresse guère.

Le dossier n'était pas pour autant délaissé. Sur une telle affaire, on ne peut pas se résigner… Le temps passe ; deux fonctionnaires plus spécialement en charge de l'enquête continuent d'exploiter la moindre information pouvant se révéler utile à la manifestation de la vérité. À vrai dire, notre espoir se porte essentiellement sur les expertises génétiques approfondies que nous sollicitons périodiquement sur les scellés constitués (vêtements, paréo, coussins). Les avancées scientifiques en ce domaine sont permanentes…

En début d'été 2006, ma mutation à Bordeaux en qualité de directeur interrégional de la PJ est officialisée. Invité par les quotidiens régionaux *Ouest-France* et *Le Télégramme* à évoquer mon séjour rennais, je faisais part aux journalistes de mon seul regret : ne pas avoir élucidé ce qui est devenu l'affaire Lucie Beydon. À titre personnel, je le vivais alors comme un échec…

La ronde « attachante » des gabelous

Le 19 octobre 2004 vers 16 heures, sept douaniers de la brigade de surveillance intérieure de Rennes s'apprêtent à mettre en place un dispositif de contrôle de véhicules à hauteur de l'aire de « La Lande » située à Saint-Aubin-d'Aubigné entre Rennes et Caen, sur l'autoroute A84. Une Lancia Théma immatriculée en Loire-Atlantique avec un homme au volant se trouve stationnée sur l'aire de repos à l'arrivée des fonctionnaires. L'un d'eux décide de procéder au contrôle de cet individu et se dirige vers lui. À son approche, le conducteur sort de la voiture, brandit une arme de poing et neutralise le douanier. Ses six collègues accourent pour lui venir en aide, mais le malfrat braquant son revolver sur la tempe de son otage en menaçant de l'abattre les freine dans leur élan. Le malfaiteur exige des douaniers qu'ils déposent leurs armes administratives au sol, puis qu'ils s'attachent entre eux avec leurs propres menottes. Dérobant les sept revolvers Smith et Wesson et deux téléphones mobiles, l'homme prend la fuite à bord de sa Lancia, laissant nos gabelous penauds, empêtrés dans leurs paires de pinces.

Dès que les douaniers parviennent à prévenir leur hiérarchie et le Parquet de leur mésaventure quelque peu vexante, j'en suis informé et mon service est chargé de l'enquête. L'auteur est rapidement identifié. Il s'agit de Christophe Levillain, 40 ans, connu entre autres pour trafic de stupéfiants, ports d'armes, vol avec violences, violences sur agent de la force publique… La Lancia appartient à sa maîtresse, Delphine M., demeurant à Nantes. Sans domicile fixe, Levillain fait aussitôt l'objet d'une diffusion nationale. Delphine a pris la fuite vraisemblablement avec lui… Toutefois, les surveillances exercées à Nantes permettent d'interpeller la jeune femme dix jours plus tard, alors qu'elle regagne discrètement son appartement. Sa Lancia est retrouvée stationnée quai de la Fosse à Nantes. À son bord est découvert l'un des sept revolvers 357 Magnum dérobés.

Levillain étant originaire de Caen, nos recherches s'orientent vers la Normandie et visent plus particulièrement les membres de sa famille et ses relations locales. Ces investigations font apparaître que le fuyard bénéficie dans sa cavale de l'appui d'une équipe structurée de voyous, dont les membres sont progressivement identifiés. L'un d'entre eux s'apprête à le conduire dans une « planque » située dans le Sud-Ouest de la France dès qu'il aura perçu de l'argent que deux « camarades » doivent lui faire parvenir.

Le 5 novembre, Levillain est repéré à Caen alors qu'il circule à bord d'une voiture appartenant à son père. L'une de ses proches relations, Maxime Goudard, l'accompagne. Ils se rendent à un bureau de poste où Goudard doit récupérer le montant d'un mandat adressé par les complices, à l'attention du fugitif. Dès que Goudard pénètre dans l'agence postale, Levillain est extirpé « virilement » du véhicule et neutralisé. Il est porteur d'une arme faisant partie du lot dérobé aux douaniers. Un autre revolver 357 Magnum de marque Dan Wesson, approvisionné, est découvert sous le siège conducteur. Il s'agit de l'arme utilisée pour menacer les douaniers.

Dans la foulée, Maxime Goudard est interpellé à sa sortie du bureau de poste. La perquisition effectuée à son domicile amène à la découverte des cinq dernières armes de poing dérobées aux douaniers. Levillain, quant à lui, est en possession de faux documents d'identité, dont une fausse carte professionnelle de douanier supportant sa photo.

Les deux membres de l'équipe qui finançaient la cavale de Levillain sont interpellés à leur tour, quelques jours plus tard à Limoges et Clermont-Ferrand. Au domicile de l'un d'eux est découverte une cache aménagée dissimulant 10 000 euros en espèces et 46 bons au porteur pour un montant de 227 000 euros émis par une société luxembourgeoise – Altivie –, victime en 2001 d'un vol à main armée avec prise d'otages. Cette découverte devait permettre aux policiers luxembourgeois de faire progresser leur enquête sur cette agression à laquelle ils soupçonnaient Levillain d'avoir participé.

Nos investigations dans le cadre de cette affaire se termineront par l'interpellation le 8 décembre à Anglet (Pyrénées-Atlantiques) d'un douanier en disponibilité qui avait renseigné l'équipe sur la diffusion nationale de recherches concernant Levillain et son véhicule. Il avait par ailleurs fourni une copie de sa commission d'emploi de douanier, à titre de modèle, pour établir la fausse carte professionnelle retrouvée en possession de Levillain.

Ce fonctionnaire était donc mis en examen pour sa participation à l'association de malfaiteurs. Et la boucle est bouclée… Des douaniers victimes au départ et, pour finir, un douanier mis en examen…

Au terme de l'enquête, le directeur régional des douanes de Rennes se fendra d'un courrier de remerciements et de félicitations pour la réactivité et l'efficacité, dont la DIPJ de Rennes a fait preuve dans le déroulement des investigations.

La traque aux cyberpédophiles

Le développement de l'informatique dès la fin des années 1980, devait amener certains délinquants à se livrer à un nouveau type d'activités répréhensibles (vols de données, destruction, endommagement, prise de contrôle de systèmes…) ou à utiliser les nouvelles technologies pour commettre leurs forfaits (escroqueries, trafic de stupéfiants, proxénétisme, fausse monnaie…). Il est un domaine particulièrement odieux dans lequel les possibilités offertes par l'informatique étaient rapidement exploitées : la pédopornographie. Fini le temps de la circulation « sous le manteau » de revues ou de cassettes vidéo, place aux échanges internationaux – *via* internet – d'images et films abjects d'enfants agressés, violés, maltraités et torturés… Conscientes de la nécessité de lutter efficacement contre ce fléau, les organisations internationales de coopération policière (Interpol, Europol) favorisèrent la circulation d'informations relatives à ces atteintes graves aux mineurs, à la suite de détections et de surveillances de sites dédiés. Au-delà de la mise en cause de diffuseurs et détenteurs d'images à caractère pédopornographique, les investigations diligentées ont permis de débusquer des pédophiles « actifs ».

C'est ainsi qu'en 2005, lors d'une perquisition au domicile d'un homme suspecté de téléchargement de vidéos, les enquêteurs de la PJ de Nantes le surprenaient au lit avec un mineur. Le disque dur de son ordinateur révélait que ses ébats étaient filmés à l'aide d'une webcam.

La même année, un internaute amateur de photos pédophiles, entendu au siège de la DIPJ, déclarait avoir contacté par internet un homme qui proposait d'avoir des relations sexuelles avec sa fille âgée de 9 ans. Identifié rapidement derrière son pseudo et localisé à Iffendic (Ille-et-Vilaine), Michel M., informaticien âgé d'une cinquantaine d'années, était interpellé. La fillette révélait les viols commis par son père, mais aussi par quatre autres hommes. Les investigations réalisées par les enquêteurs spécialisés en criminalité informatique établissaient les contacts de M. avec d'autres pédophiles auprès desquels il prostituait sa fille. « Fillette à louer » : 500 à 1 000 euros le week-end pour avoir le droit de violer l'enfant ! M. gérait un site hébergé aux États-Unis, contenant des récits pédophiles. Un de ces documents, le plus ignoble que j'ai pu consulter de toute ma carrière, constituait un véritable manuel d'enlèvement, de séquestration, de sévices, de tortures à infliger à un enfant, fille ou garçon ; le titre : « Capture et dressage, conseils et techniques de soumission ». Le tout avec un luxe de détails à dépasser l'imagination des auteurs de polars qui n'ont jamais côtoyé l'horreur ni un macchabée, mais se délectent à décrire des cadavres, des blessures, des tortures... à la limite de la perversité. Ce que personnellement j'apprécie très peu. Michel M. et ses quatre « clients » devaient se retrouver en décembre 2009 devant la cour d'assises d'Ille-et-Vilaine. Je pense que leurs camarades de détention ont dû leur réserver un accueil particulièrement chaleureux.

La « cyberpatrouille », instaurée par la loi du 5 mars 2007 relative à la prévention de la délinquance, a permis de disposer d'un outil supplémentaire de lutte contre la pédophilie. Elle autorise des enquêteurs spécialement formés et habilités, à procéder à des investigations sous pseudonyme sur internet, notamment en matière d'atteintes portées aux mineurs. La cyberpatrouille peut se pratiquer tant sur les sites de « tchat » d'adolescents que sur les sites de partage de matériels pédopornographiques. Elle vise à lutter contre le « grooming » (sollicitation de mineurs à des fins sexuelles) et donc à matérialiser les propositions de nature sexuelle du majeur envers le mineur (exhibition devant la caméra, demande de rencontre physique) et, le cas échéant, à interpeller l'adulte au moment du rendez-vous qu'il aurait fixé à un mineur. C'est ce qu'il s'est passé dans une chambre d'hôtel proche de la gare de Rennes où un homme d'âge mûr a eu la mauvaise surprise de se trouver face à deux policiers de la PJ alors qu'il s'apprêtait à recevoir un adolescent. Ce mode d'investigations a permis d'identifier et d'arrêter de véritables prédateurs sexuels, allant du collectionneur compulsif au pire des abuseurs. Traquer sur la toile porte ses fruits et permet dans tous les cas de repérer des comportements déviants et parfois de prévenir le passage à l'acte.

Hémorragie de 8 millions d'euros… à l'établissement français du sang (EFS)[10]

En mars 2004, un renseignement nous était communiqué par une banque, concernant des mouvements de fonds importants et suspects sur les comptes personnels de Mme Thérèse Mérel, 49 ans, demeurant à Bréal-sous-Montfort (Ille-et-Vilaine), ainsi que sur les comptes de l'entreprise de son mari, Serge Mérel, dirigeant d'une société d'aménagement de commerces. Mme Mérel était l'adjointe de l'agent comptable de l'ESF de Bretagne.

Les premières vérifications effectuées par les enquêteurs de la division financière révélaient que la comptable « modèle », en poste depuis 32 ans, détournait régulièrement des fonds de l'établissement. La direction de l'ESF était donc avisée par nos soins et apprenait avec stupéfaction les agissements de Mme Mérel, considérée comme « irréprochable ». Nous procédions le 12 mars à son interpellation sur son lieu de travail ainsi qu'à celle de son mari qui rentrait de Paris où se tenait un salon professionnel. Le montant des détournements était dans un premier temps évalué à environ 5 millions d'euros. Le mode opératoire était des plus simples. Depuis 1990, Thérèse Mérel créait dans la comptabilité de l'organisme, des fausses factures de fournisseurs et virait les fonds correspondants directement sur ses comptes personnels ou ceux de l'entreprise de son mari. Les sommes détournées avaient servi notamment à l'acquisition d'un haras, « Les Écuries du Mesnil » à Bréal-sous-Montfort,

[10] L'EFS de Bretagne est l'un des 18 centres régionaux de l'établissement public créé le 1er janvier 2000 pour remplacer l'Agence française du sang (AFS). Il dispose du monopole des activités de collecte, de préparation et de commercialisation des produits sanguins destinés aux hôpitaux et cliniques de la région. Il emploie 450 personnes en Bretagne.

ainsi que de plusieurs biens immobiliers de valeur dans les environs. Passionnée de chevaux et de courses, la famille Mérel avait, au fil des années, « investi » le produit des malversations dans le développement et le fonctionnement de leur centre équestre, et l'achat de plusieurs hectares de terre. Leur établissement ultra moderne et magnifiquement entretenu par une dizaine de salariés était réputé dans toute la France. Une soixantaine de chevaux, dont plusieurs leur appartenant, s'y trouvaient en pension.

À l'issue de leur garde à vue, les époux Mérel étaient mis en examen pour « détournement de fonds publics, abus de confiance, faux et usage de faux et complicité » ; tous deux étaient placés en détention.

On peut légitimement s'interroger sur le fonctionnement comptable de l'EFS de Bretagne. Comment de tels détournements de fonds ont-ils pu se produire sans être détectés par la direction de l'établissement, ni par les experts-comptables ni par les commissaires aux comptes ? À noter que les comptes du centre de transfusion de Rennes étant déficitaires, l'Agence française du sang (organisme remplacé par l'EFS) avait déjà dû renflouer ses caisses de 30 millions de francs entre 1995 et 2000. Il s'agit pour le moins de graves négligences.

Cette affaire a connu un retentissement médiatique au plan national. Et pour cause. Il s'agit non seulement d'un détournement de fonds, mais d'un détournement indirect des dons du sang, cédés après traitement par l'EFS à des établissements hospitaliers sous contrepartie financière.

À l'issue de neuf années d'instruction, le préjudice global est évalué à 8,7 millions d'euros. Jugés en octobre 2013 par le tribunal correctionnel de Rennes, Thérèse Mérel était condamnée à sept ans de prison ferme, son mari à cinq ans de prison dont deux et demi avec sursis. Deux cadres de l'EFS, agents comptables et supérieurs successifs de la principale mise en cause, comparaissaient pour négligence, mais bénéficiaient d'une relaxe.

***

Fin mai 2006, Martine Monteil, directrice centrale de la police judiciaire, me passe un coup de fil. Un « jeu de chaises musicales » se profile à l'horizon. Le poste de directeur interrégional de la police judiciaire de Lyon va se libérer prochainement. Suis-je intéressé ? Eu égard à l'excellente qualité de nos relations, je me permets de lui dire en plaisantant que j'apprécie la ville de Lyon, mais qu'elle se trouve à mon goût un peu loin de la mer. Elle me propose alors une autre solution : nommer le DIPJ de Bordeaux à Lyon et me confier dans ce cas le poste de directeur de la PJ sur les régions Aquitaine et Midi-Pyrénées. J'accepte donc son offre ; date d'affectation prévue : 1er septembre 2006. Excellent ! Un début d'année scolaire et un délai largement suffisant pour trouver un logement et préparer un déménagement. Le collègue pressenti pour me succéder à Rennes est le directeur de la PJ de Corse.

Pot de départ traditionnel au siège du service à Rennes, fin août, puis direction Bordeaux, ville où je n'avais pas remis les pieds depuis 22 ans, mais que j'avais particulièrement appréciée lors de mon premier séjour.

LA DIPJ DE BORDEAUX
(2006-2009)

La DIPJ de Bordeaux regroupe deux SRPJ – Bordeaux et Toulouse – qui comportent quatre antennes implantées à Bayonne, Pau, Périgueux et Agen. Elle recouvre le ressort des cours d'appels de Bordeaux, Pau, Toulouse, Agen et en partie Montpellier.

À mon arrivée le 1er septembre 2006, je découvre le nouvel hôtel de police implanté rue François-de-Sourdis. Des locaux fonctionnels, mais impersonnels à mon goût. La distribution des espaces me déçoit un peu : les bureaux de la direction et des services administratifs à un étage, ceux des services d'enquêtes à un autre. J'ai toujours privilégié la proximité avec les fonctionnaires des divisions opérationnelles, facilitant les échanges au quotidien sur les investigations en cours.

Le 7 septembre 2006, Martine Monteil fait le déplacement à Bordeaux pour procéder à mon installation en présence des autorités locales. Elle me présente comme

« flic à l'ancienne » ; rien de choquant ni de péjoratif dans sa bouche. Traduire : école du terrain, recherche d'efficacité, de résultats et pas trop de discours… Il est vrai que la « jactance » n'a jamais été mon fort. Je préfère le parler « cash » et l'action à la parlotte. Des réunions, lorsque c'est nécessaire, mais point trop n'en faut. En revanche, la porte du bureau toujours ouverte…

De mes camarades de travail du premier séjour qui remonte à plus de vingt ans, il n'en reste quasiment plus en activité. Mon adjoint est le commissaire divisionnaire José Mariet. Un fin technicien de la matière financière et un collaborateur d'une loyauté remarquable. Sous un abord quelque peu bougon, il dissimule en réalité une personnalité attachante et pétrie d'humanité. J'ai le plaisir de retrouver Guy Sapata, mon ancien adjoint au SRPJ de Rouen qui occupe le poste de directeur du SRPJ de Toulouse. Je sais que c'est en toute confiance que nous œuvrerons ensemble sur la région Midi-Pyrénées. À Bayonne, l'antenne est dirigée par Jérôme Martin, un commissaire au parcours éloquent, passé par Marseille, Toulon et Lyon. Un véritable pilier de la PJ dans les départements des Pyrénées-Atlantiques et des Landes. La proximité géographique avec l'Espagne explique pour partie la criminalité constatée sur le grand Sud-Ouest, qui constitue un lieu de repli privilégié pour les membres de l'organisation terroriste ETA et un lieu de passage obligé pour le trafic international de stupéfiants.

Pour une plus grande clarté de la présentation de l'action de la police judiciaire au fil des ans en matière de lutte contre l'ETA, il m'a semblé préférable d'y consacrer un chapitre dédié (voir chapitre « Poulet… "basquaise" »).

*

QUAND LA BOURGEOISIE BORDELAISE S'ENCANAILLE… : L'AFFAIRE TERRASSON

« La vieille dame riche, les notables et la cartomancienne »[11]

Cette affaire, relativement banale, mettant en cause des notables bordelais allait connaître un retentissement médiatique inattendu. La PJ de Bordeaux avait-elle ourdi un complot ? Ben tiens, pardi !

Une quinzaine de jours après mon arrivée à la DIPJ, le service était saisi par commission rogatoire de Mme Sophie Petriat, juge d'instruction à Bordeaux, d'une enquête relative à des vols qui auraient été commis au préjudice d'une dame de 84 ans, atteinte de la maladie d'Alzheimer et faisant l'objet de mesures de protection (tutelle puis curatelle renforcée) depuis début 2005. La richissime Mme Jeannine Terrasson disposait d'un patrimoine considérable, composé d'immeubles implantés à Paris, Bordeaux, Biarritz et en Charente, de terrains et de biens mobiliers de valeur (objets d'art, meubles anciens, bijoux…). L'octogénaire n'ayant pas d'enfant, il est certain que sa situation n'était pas sans aiguiser l'appétit de personnages peu scrupuleux, mus par l'appât du gain. L'originalité de l'affaire tient à l'appartenance de ces malfaisants au milieu des notables locaux. Des individus prétendument humanistes, désintéressés et soucieux du bien-être de la vieille dame…

L'enquête faisait suite à une plainte avec constitution de partie civile contre X… déposée le 5 avril 2006 par

---

[11] Titre emprunté au journal *Libération* du 25 janvier 2007.

M. Raillon, tuteur de Mme Terrasson, dénonçant des faits de vols. Il avait constaté la disparition d'objets de grande valeur appartenant à sa « protégée ». Depuis le mois de février 2005, cette dernière avait rompu tout contact avec ses anciennes relations, changé de médecin et d'avocat. Cette rupture coïncidait curieusement avec l'apparition dans son entourage de Mme Nicole Dumont, une cartomancienne de 58 ans exerçant ses talents auprès d'une clientèle bordelaise huppée. Le tuteur rencontrait les pires difficultés à remplir sa mission. La voyante, se présentant comme légataire universelle de Mme Terrasson, avait décidé, sans aucun respect des mesures de tutelle, de prendre en main les destinées de la vieille dame en administrant de fait ses intérêts. Elle avait fait déménager la victime de la maison dont elle était propriétaire pour l'installer dans un appartement situé à proximité de son domicile sans aucun avis ni autorisation du juge des tutelles. Cette manœuvre avait en outre permis de disperser une partie des biens et objets de valeur de Mme Terrasson.

Notre voyante était la maîtresse de François-Xavier Bordeaux, dit FXB, ancien chef de file du parti socialiste girondin et chargé de mission au sein de la mairie de Bordeaux, président bénévole de la caisse sociale de développement local, une structure spécialisée dans le microcrédit, créée par ses soins, en partenariat avec la mairie de Bordeaux.

L'enquête étant ouverte du chef de vols, j'en confiais la direction à un jeune commissaire très prometteur de la division criminelle, Jean-René Personnic, un solide Breton des Côtes-d'Armor. Il s'en suivait la mise sur écoute de Nicole Dumont, qui allait se révéler édifiante quant à ses prétendues bonnes intentions. Les communications téléphoniques interceptées et les surveillances permettaient d'identifier trois personnages de son environnement, intervenant dans la gestion et la dispersion des biens de la victime : l'amant FXB, Martine Moulin-Boudard, avocate et adjointe au maire de Bordeaux (Alain Juppé), chargée de la culture, et Jean-François Lhérété, magistrat à la Cour des comptes et détaché en qualité de directeur des affaires culturelles de la ville de Bordeaux. Le quatuor appartenait à une coterie mondaine, le Cercle du Jardin public, groupe de réflexion ainsi nommé parce que les réunions se tenaient au domicile de Lhérété, situé dans ce quartier. À noter par ailleurs la création par FXB d'une association d'aide aux personnes placées sous tutelle (!), dont le vice-président n'était autre que Jean-François Lhérété.

Sur les conseils de ce dernier, Martine Moulin-Boudard avait été choisie comme avocate de la victime en début d'année 2005. Elle avait dès lors initié une procédure ayant abouti en juillet 2006 à la destitution de M. Raillon et la modification de la tutelle en curatelle renforcée. Le tuteur écarté, le contrôle de la fortune de l'octogénaire par ses nouveaux amis pourrait en être facilité. La curatrice désignée rencontrera elle aussi les pires difficultés pour rencontrer Mme Terrasson, laquelle lui paraîtra être sous la coupe de Nicole Dumont, FXB et Martine Moulin-Boudard. L'avocate, censée représenter les intérêts de Jeannine Terrasson, en violation totale du secret professionnel, assistait avant tout Dumont dans ses démarches de mainmise sur le « pactole ». Nos surveillances établissaient notamment l'existence d'un box loué au nom d'une tierce personne, dans lequel avaient été dissimulés des objets précieux appartenant à la victime. Il apparaissait par ailleurs que des meubles de grande valeur avait été mis en vente chez des antiquaires de la place, des bijoux déposés au crédit municipal…

En concertation avec la juge d'instruction, il était décidé du déclenchement d'une opération le 22 janvier 2007 au matin. Cette magistrate nous avait demandé d'observer la plus grande discrétion avant l'intervention pour éviter toute fuite éventuelle, précisant de n'informer le Parquet qu'au moment même des interpellations et perquisitions. Je m'en chargeais personnellement, provoquant un grand étonnement du procureur de la République dans la voix duquel je devinais une certaine contrariété en raison de mon coup de fil qu'il jugeait quelque peu tardif.

Les perquisitions réalisées se révélaient fructueuses. Des bijoux et du numéraire étaient découverts dans des caches aménagées par Nicole Dumont à son domicile ainsi que chez sa mère. Du mobilier et des tableaux appartenant à la victime étaient retrouvés chez Jean-François Lhérété et chez Martine Moulin-Boudard. Il ne s'agissait pour eux, bien sûr, que de mettre ces biens à l'abri. Dans le box loué clandestinement étaient saisis 80 meubles et objets d'art de valeur. Des documents attestant de l'existence de comptes bancaires ouverts de longue date en Suisse par Mme Terrasson, étaient également récupérés. La poursuite de l'enquête établira des voyages de l'équipe à Genève pour y retirer des fonds destinés – évidemment… – à assurer le train de vie de leur protégée, sans que le juge des tutelles n'en ait jamais été informé. Interrogé sur les avoirs bancaires de Mme Terrasson en France, FXB reconnaissait s'être impliqué aux côtés de Dumont et de Lhérété dans la « remise en ordre » des comptes et coffres détenus par la victime à la Barclays Bank de Bordeaux, dans l'unique souci de « rationaliser » ses dépenses.

Jean-François Lhérété déclarait avoir voulu rendre service à Nicole Dumont dans ses démarches visant à aider la vieille dame. Il avait d'ailleurs avancé une somme de 40 000 euros qui devait lui être remboursée sur le produit de la vente d'une des maisons de Mme Terrasson.

Au terme de leur garde à vue, les quatre « bienfaiteurs » se voyaient mis en examen, entre autres, pour abus de faiblesse, abus de confiance et vols (ou complicité pour certains) sur personne particulièrement vulnérable, association de malfaiteurs. Mme Dumont et FXB étaient écroués, M. Lhérété et Mme Moulin-Boudard placés sous contrôle judiciaire. À noter que M. Lhérété sera lui aussi incarcéré le 7 février 2007, mais qu'après une condamnation en première instance, il bénéficiera d'une relaxe six ans plus tard.

Cette affaire relativement classique et à mon sens d'un modeste intérêt au plan policier allait pourtant défrayer la chronique et créer de l'émoi dans le microcosme bordelais. Dès le lendemain des interpellations, le quotidien *Sud Ouest* évoquait les investigations en cours. Il est vrai que des perquisitions à la mairie de Bordeaux (bureau de M. Lhérété) et dans le même temps dans un cabinet d'avocat n'étaient pas passées inaperçues. Les commérages d'un hôtel de police, d'un palais de justice, du barreau local ne tardent jamais à arriver aux oreilles des journalistes. Surtout lorsque les gardés à vue sont des personnalités proches de la mairie. Mais il est plus facile d'accuser le service enquêteur d'être à l'origine de la fuite, d'avoir monté un dossier à charge, et même d'avoir ourdi un complot. Un complot ? Mais contre qui ?

C'est très simple; il s'agissait d'une « machination politique ». C'est en fait… Alain Juppé qui serait la victime collatérale visée dans cette affaire. J'ai entendu beaucoup de conneries dans ma vie, mais celle-là est une des meilleures.

Selon FXB, la justice et la police judiciaire auraient été instrumentalisées par la « vieille droite bordelaise. Des réseaux qui datent de l'époque de Chaban-Delmas et qui n'ont jamais été totalement démantelés. » (propos relatés par *L'Express* le 14 février 2008). Le *Point* titrait en une de l'hebdomadaire du 3 avril 2008 : « Affaire Terrasson, La tragi-comédie qui fait jaser Bordeaux ». Les mis en cause se présentaient comme des victimes : « Les détails de l'affaire étalés dans la presse ont participé à l'immolation sociale des notables. »

Contacté par plusieurs journalistes, je me contentais de répondre que nous n'avions rien à nous reprocher dans le traitement du dossier et que nous avions procédé comme toujours en pareil cas, indépendamment du statut social des mis en cause. Pas de police à deux vitesses à la PJ. Hors de question de polémiquer par voie de presse. Je me sentais d'autant plus serein qu'arrivé à Bordeaux quelques jours seulement avant le début de l'enquête, j'ignorais même jusqu'à l'existence de ces notables provinciaux, figures de proue des quartiers chics.

Des propos inacceptables ont été tenus par certains avocats quant à l'honnêteté des enquêteurs de mon service qui auraient prétendument fabriqué des éléments à charge. Très remonté, je contactais le procureur de la République lui faisant part de mon souhait de déposer une plainte pour diffamation. Il m'en dissuadait, me précisant qu'elle serait irrecevable, les défenseurs bénéficiant dans ce contexte de « l'immunité judiciaire du plaideur ».

La poursuite des investigations postérieurement à mon départ de Bordeaux établira en 2010 qu'un compte commun Dumont-Terrasson avait été ouvert aux Bahamas. Des sommes importantes avaient été prélevées sur ce compte, avec FXB à la manœuvre. Toujours dans le souci d'assurer une vie décente à l'octogénaire. Il ne pouvait y avoir que la police pour suspecter une spoliation de patrimoine dans ces actes de bienveillance accomplis dans l'intérêt de Mme Terrasson.

Le procès se tiendra en mai 2011 et le jugement sera rendu le 1er juillet suivant. Résultats : deux ans de prison ferme, dont un avec sursis pour le couple Dumont-FXB, un an avec sursis pour l'avocate et neuf mois également assortis du sursis pour Jean-François Lhérété.

Au terme d'un jugement en appel rendu le 18 septembre 2012, Nicole Dumont restait condamnée à deux ans de prison, dont 18 mois avec sursis, FXB à un an de prison, dont huit mois avec sursis et Martine Moulin-Boudard à quatre mois avec sursis. Quant à Jean-François Lhérété, il bénéficiait d'une relaxe. Bref, comme je le pressentais, une tempête dans un verre d'eau pour une affaire misérable.

LA MAGISTRATE, LE FLIC ET LE MARI TROMPÉ

Le 13 janvier 2009, entre 20 heures et 22 heures, plusieurs magistrats en poste à Bordeaux ainsi que dans différents tribunaux et cours d'appel ou à l'École nationale de la Magistrature, recevaient sur leurs messageries professionnelles un mail au contenu diffamatoire visant personnellement une de leurs consœurs, Mme S., en fonction au tribunal de grande instance de Bordeaux. Ce courriel avait trait à une relation extra-conjugale que la magistrate entretenait avec un fonctionnaire de la police de l'air et des frontières.

Le lendemain matin, le procureur de la République, quelque peu ennuyé, me téléphonait pour me faire part de ce courriel qui provoquait quelque émoi au sein de la juridiction. Il avait préconisé à Mme S. de déposer une plainte auprès de mon service et me précisait que l'amant était vraisemblablement l'auteur de ce message malveillant. La discrétion était bien sûr de rigueur. Pour la discrétion… j'imaginais déjà les réactions et les commentaires dans les bureaux du tribunal.

Reçue le jour même en nos locaux, Mme S. confirmait avoir entretenu une relation avec le policier jusqu'en octobre 2008, date à laquelle elle y avait mis un terme de manière unilatérale. Elle nous remettait copie du mail incriminé qui était effectivement particulièrement odieux. Ce message rédigé par son amant avait été adressé à l'origine à son époux, lors de la rupture, et relatait dans le détail et en termes grossiers leurs relations intimes. Depuis cette rupture, la magistrate recevait sur son téléphone personnel des appels et des SMS malveillants émis depuis le portable du fonctionnaire.

Si les premiers éléments de l'enquête laissaient bien supposer que l'amant congédié était l'auteur des appels malveillants et le rédacteur du texte adressé à plusieurs magistrats, il convenait de vérifier si la diffusion du mail lui était effectivement imputable. Les « cyber-policiers » de la DIPJ étaient donc actionnés pour entreprendre des investigations, notamment sur le serveur du tribunal de grande instance de Bordeaux. On ne se refuse rien pour une affaire relevant de *Voici*/*Gala* !

La localisation de l'adresse IP menait à un cybercafé du cours Pasteur à Bordeaux où une boîte mail (j.essaime@gmail.com) avait été créée et utilisée pour envoyer les courriels. Les vérifications sur place ne permettaient pas d'identifier pour autant l'expéditeur qui avait pris soin de procéder au nettoyage de l'ordinateur après utilisation. Un bornage téléphonique était donc réalisé sur la zone proche du cybercafé. Le portable du policier soupçonné n'apparaissait pas, mais surprise… celui de l'époux de la magistrate bornait à cet endroit à l'heure des envois. Aïe! Aïe! Aïe! J'en informais le procureur de la République qui tombait lui aussi du placard. Il pensait tellement qu'il s'agissait du flic.

Je lui proposais donc de convoquer le mari dans nos locaux. Deux hypothèses : soit il reconnaissait les faits, on s'en tenait à une simple audition et je transmettais le dossier en l'état au Parquet, à charge pour le procureur de « classer » l'affaire éventuellement ; soit il ne reconnaissait pas et un placement en garde à vue s'imposait et advienne que pourra.

Nous tombions d'accord. Convoqué au siège de la PJ, après avoir oralement et timidement tenté de nier les faits, l'époux trompé comprenait rapidement où se situait son intérêt et avouait s'être laissé aller à cet acte de malveillance qu'il regrettait (pour le regret, c'est ce qu'on lui a suggéré de préciser). Quant au policier, il était également convoqué et reconnaissait ses propres turpitudes. Dossier clos et transmis au procureur, sans rapport d'enquête ni conclusion… Une enquête dont on se serait bien passé.

UN ECCLÉSIASTIQUE PAS TRÈS « CATHOLIQUE »

Début juin 2008, le procureur général de Pau me contactait pour me faire savoir qu'il aurait souhaité me rencontrer afin de m'entretenir d'une affaire « particulièrement sensible » que le Parquet de Tarbes s'apprêtait à confier à mon service. Il ne m'en disait pas davantage au téléphone. Je lui proposais donc de lui rendre visite avec mon adjoint quelques jours plus tard, lors d'un déplacement que nous avions programmé à Pau, au siège de notre antenne locale.

Le jour dit vers 10 heures, José Mariet et moi pénétrions dans le bureau pour le moins vieillot et tristounet du chef de cour qui nous recevait fort courtoisement. Il nous tardait d'apprendre ce dont il s'agissait. L'enquête qui allait nous être confiée concernait le père Raymond Zambelli, recteur des sanctuaires de Lourdes, soupçonné de détournement de fonds issus de dons de pèlerins. Ce responsable religieux, âgé de 65 ans, avait fait l'objet d'un signalement de Tracfin (cellule de lutte anti-blanchiment du ministère des Finances) en raison de sommes d'un montant total de 427 000 euros placées sur ses comptes personnels, incompatibles avec ses revenus officiels. Ainsi, en 2007, 32 000 euros avaient alimenté ses comptes alors que le traitement annuel perçu par l'ecclésiastique ne s'élevait qu'à 8 700 euros. Il nous appartiendrait donc de déterminer précisément l'origine de ces fonds.

Mais le problème prenait une autre dimension aux yeux du procureur général. La visite du pape Benoît XVI était attendue à Lourdes les 14 et 15 septembre pour célébrer le 150e anniversaire des apparitions de la Vierge à Bernadette. Il s'interrogeait sur l'opportunité de procéder à l'interpellation et à l'audition du recteur avant la venue du pape ou de différer cette phase de l'enquête pour ne pas ternir l'événement par une mauvaise publicité. Je lui faisais savoir qu'en ce qui me concernait, cela m'importait peu, mais qu'il nous était possible d'accélérer les investigations pour intervenir dans un délai suffisamment bref afin que l'affaire soit réglée quelques semaines avant le voyage pontifical. Nous quittions le haut magistrat en l'assurant que nous procéderions selon ses instructions. Il était toutefois convenu que les recherches et vérifications sur les fonds encaissés seraient entreprises au plus tôt. Le lendemain de notre entrevue, je recevais un appel téléphonique du magistrat qui me faisait savoir qu'après réflexion, il préférait que l'audition du recteur et son éventuelle garde à vue n'aient lieu que postérieurement à la visite papale. Message reçu !

Comme il est d'usage pour ces affaires dites « signalées », je rédigeais une note d'information à l'intention de la DCPJ tandis que le procureur général en faisait de même à l'intention du ministère de la Justice. Il me rendait d'ailleurs destinataire d'une copie de son écrit. Énorme surprise le mercredi 2 juillet : un article du *Canard enchaîné* évoquait l'ouverture de l'enquête concernant les agissements suspects du père Zambelli. L'information était reprise par l'ensemble de la presse nationale. Le procureur général me contactait et me faisait part de son embarras : il s'interrogeait sur l'origine de la fuite. Je lui répondais que la question ne se posait même pas : l'article du *Canard* reprenait mot pour mot certains passages de sa note d'information. Pour moi, l'indiscrétion ne pouvait provenir que de la chancellerie.

Dans la foulée, le révérend Zambelli, ancien recteur du sanctuaire de Lisieux devenu en mai 2003 recteur des sanctuaires de Lourdes, provoquait une conférence de presse lors de laquelle il récusait toute implication dans un éventuel détournement de fonds. L'évêque de Tarbes et Lourdes, Mgr Jacques Perrier, assurait au journal *Le Monde* « croire en la bonne foi » de son collaborateur : « Il n'y a eu ni malversations ni détournements de fonds ; le père Zambelli, qui est un normand économe, reste à son poste. »

Ce n'était pas vraiment ce qui ressortait des premiers actes de notre enquête. Des fidèles qui avaient procédé à des dons par chèques que le recteur avait encaissés sur ses comptes déclaraient que cet argent ne lui était pas destiné personnellement, mais bel et bien à l'Église. Il en allait de même selon des responsables de communautés religieuses, pour des sommes versées provenant de ventes de biens produits dans des couvents et monastères.

L'origine de quelque 250 chèques était vérifiée auprès de donateurs. Il apparaissait que 80 % des chèques encaissés par le recteur pour un montant de 50 000 euros ne lui étaient pas destinés. Cinq de ces personnes déposaient plainte. Pour les dons en espèces, pas de vérification possible.

Entendu le 21 novembre 2008 au siège de notre antenne paloise, après avoir démissionné en début de mois « pour raison de santé », le religieux ne pouvait que confesser le détournement des 50 000 euros formellement établi. Quant au reste de ses avoirs, il les justifiait par des gratifications et sommes d'argent versées par de « généreux » donateurs pour la célébration de messes. À ce rythme, il devait passer ses journées derrière l'autel… Lors de l'exercice de son ministère en Normandie, une « dame pieuse » lui avait fait don d'une maison revendue 120 000 euros et lui avait versé pendant vingt-trois ans 5000 francs par mois au titre d'honoraires de messes. Âgée de 94 ans et atteinte de la maladie d'Alzheimer, cette ancienne paroissienne ne pouvait être entendue. Selon Zambelli, il avait accumulé ces fonds afin de se constituer un pécule pour la retraite…

Pas de miracle toutefois pour le recteur des sanctuaires. Le 5 décembre 2008, le tribunal de Tarbes le condamnait à un an de prison avec sursis pour abus de confiance. Il avait entre-temps remboursé les plaignants et les sanctuaires de Lourdes du « trop perçu ». Quant au nombre de messes qu'il lui restait à dire, le mystère demeure.

***

En ce qui concerne la lutte contre la drogue, notre action se portait tant sur le démantèlement de réseaux du trafic international de « transit » que sur celui d'équipes structurées issues notamment des cités sensibles de Bordeaux et de Toulouse, assurant l'approvisionnement local *via* l'Espagne.

Si habituellement les conducteurs de voitures transportant de la drogue sont des individus relativement jeunes, il arrive parfois quelques surprises. Ainsi, ce couple de retraités au look passe-partout interpellés au passage de la frontière franco-espagnole, circulant à bord d'un camping-car. Ces deux personnes apparemment sans histoire regagnaient leur domicile en Suisse et arrondissaient leur fin de mois en ramenant quelques centaines de kilos de cannabis dissimulées dans le faux plancher de leur véhicule.

À titre anecdotique, l'interpellation d'un revendeur de cocaïne girondin devait nous apprendre que sur les lieux du tournage du film *Camping*, à proximité du bassin d'Arcachon, certains ne consommaient pas que du pastis.

Région viticole oblige, des enquêtes portant sur des vols de grands crus ainsi que sur des fraudes liées au vin (tromperie sur la nature, la qualité substantielle ou l'origine d'une marchandise) étaient régulièrement confiées à la DIPJ. Ne pas toujours se fier à l'étiquette!

L'année 2008 démarrait plutôt bien pour moi. Par décret du président de la République en date du 7 janvier, j'étais nommé contrôleur général. Cette promotion était la bienvenue; j'ose croire que Martine Monteil n'était pas mécontente de la manière dont j'exerçais mes fonctions à Bordeaux.

Début septembre 2008, mon ami Christian Lothion, directeur interrégional à Marseille, me contactait un dimanche à mon domicile. Il était pressenti pour être nommé directeur central de la PJ et me proposait de le rejoindre à Paris où il envisageait de me confier un poste important. Une preuve de confiance de sa part, mais j'avoue qu'intégrer la direction centrale n'avait jamais fait partie de mes plans. C'est un job particulier et je n'étais pas sûr d'y être spécialement à l'aise. C'est donc quelque peu gêné que je déclinais la proposition de mon camarade qui ne m'en tiendra nullement rigueur.

Les affaires suivaient leurs cours et les résultats obtenus étaient régulièrement salués par les autorités judiciaires.

En mai 2009, j'apprenais que le collègue qui m'avait succédé à Rennes, envisageait de prendre sa retraite. Une idée germait dans mon esprit. Bien que cela soit pour le moins inhabituel, je décidais de candidater sur mon ancien poste. Un retour en Bretagne me comblerait. J'en faisais part à Christian Lothion qui manifestait un grand étonnement. L'opération lui semblait difficilement réalisable. À sa connaissance, il n'existait pas de précédent. Cependant, il acceptait d'en parler à Frédéric Péchenard, directeur général de la police nationale, un de mes camarades de promotion de l'IHESI avec qui j'avais entretenu d'excellentes relations. C'est ainsi qu'après accord du directeur général, j'obtenais une nouvelle fois une mutation pour Rennes. Prise de service prévue le 1er septembre 2009.

LA DIPJ DE RENNES
(2009-2016)

Le 3 septembre 2009, Christian Lothion procède à mon installation officielle à Rennes. Ses propos chaleureux sont repris par la presse régionale qui titre le lendemain avec humour : « Le patron est de retour. » Selon le directeur central, « Jean-Paul Le Tensorer est l'assureur tous risques dont la police et la région ont besoin. » Je ne reste pas insensible à cette marque de confiance et me sens d'autant plus redevable. J'entends bien m'investir totalement dans l'exercice de mes fonctions et précise : « Je ne suis pas revenu ici préparer ma retraite. Il me reste encore plusieurs années d'activité avant de tourner la page et j'entends bien assumer ma tâche avec passion jusqu'au dernier jour de ma carrière policière. »

Durant mon séjour bordelais, deux nouveaux commissaires talentueux ont été affectés à la DIPJ du Grand Ouest : Nicolas Guidoux, chef des divisions opérationnelles à Rennes, et Laurent Chavanne, chef de l'antenne de Nantes.

D'excellents meneurs d'hommes (et de femmes, bien sûr !), toujours présents sur le terrain pour les affaires délicates.

Ma première préoccupation, avant de prendre connaissance des principales affaires en cours, est de faire le point sur le dossier du meurtre de Lucie Beydon. L'enquête se poursuit ; il est régulièrement procédé à de nouvelles réquisitions d'analyses techniques pour bénéficier des avancées de la science en matière d'ADN. Les limiers de la Crim' ne lâchent rien…

Pour contrer les difficultés et lourdeurs procédurales, la PJ favorise chaque fois que possible les interpellations en flagrant délit (braquages, cambriolages, trafic de stupéfiants…). Difficile pour des voyous pris la main dans le sac de nier leur participation à des actes répréhensibles. Le droit au silence reconnu aux gardés à vue importe peu dans ces circonstances. Par ailleurs, le « flag » est pour le flic de PJ le comble de la satisfaction dans l'exercice de son métier. L'aboutissement, parfois, de plusieurs mois de traque.

*

MÉLODIE EN SOUS-SOL, PLACE SAINT-GERMAIN À RENNES

Le 20 décembre 2009, 120 000 euros de bijoux disparaissaient lors d'un cambriolage commis dans une bijouterie de La Baule (Loire-Atlantique). Les « casseurs », à l'heure du déjeuner, avaient pénétré dans une agence immobilière, avenue Charles-de-Gaulle, puis avaient défoncé la cloison commune avec la bijouterie Morice. Ils étaient repartis en abandonnant sur place de l'outillage utilisé pour commettre l'effraction.

L'antenne PJ de Nantes était saisie de l'enquête, mais les premières investigations ne se révélaient guère fructueuses. Toutefois, début 2011, l'exploitation d'une trace ADN relevée sur l'un des outils aboutissait à l'identification d'un des auteurs présumés de ce casse, un Marseillais, André Boisseau, 51 ans. Dans l'entourage de Boisseau figuraient deux chevaux de retour, susceptibles d'avoir pris part à l'équipée bauloise : Christian Cordoliani, 49 ans, ancien braqueur, également marseillais, et Joaquim Pinto Brito, 50 ans, tenancier de bar à Voiron (Isère). Les recherches établissaient qu'à l'époque du cambriolage de La Baule, ces individus avaient loué une voiture et que leurs téléphones portables avaient curieusement été coupés au moment des faits. Les écoutes placées sur le trio permettaient de détecter une nouvelle location de véhicule le 13 mars 2011 par Cordoliani. Le 14 mars, les deux Marseillais rejoints par Pinto Brito à Voiron, prenaient la direction de l'ouest de la France. L'affaire semblait bien se présenter. Ils étaient pris en compte par la BRI de Nantes à partir d'Angers pour ne plus être lâchés d'une semelle. En plus de la voiture de location, nos clients disposaient d'une fourgonnette. Nous assistions le 15 mars au soir à leur installation dans un hôtel de Piré-sur-Seiche (Ille-et-Vilaine). Le lendemain matin, ils prenaient la direction du centre de Rennes et concentraient leurs allées et venues, visiblement en repérage, sur la place du Parlement et la place Saint-Germain où se trouvaient implantées à quelques centaines de mètres de distance deux importantes bijouteries, Prieur et Gapaillard. Durant trois jours, aucun de leurs faits et gestes n'échappera à nos surveillances, sans que nous sachions toutefois laquelle des joailleries constituerait leur objectif final. En effet, à tour de rôle, deux d'entre eux s'étaient présentés comme des clients potentiels dans chacune des bijouteries. Ils avaient également procédé à des visites de parties communes d'immeubles voisins de ces commerces. Le 18 mars au soir, les choses se précisaient. Nous assistions à un dépôt d'outillage dans le sous-sol de l'immeuble jouxtant la bijouterie Gapaillard.

Le samedi 19 mars, nos trois individus pénétraient à nouveau dans cet immeuble, peu après la fermeture de midi et en ressorteaient vers 13 h 45, porteurs de sacs à dos. Les policiers de la BRI leur laissaient le temps de monter à bord de leur véhicule et les prenaient en filature pour les interpeller quelques minutes plus tard, bloquant leur voiture à un feu rouge, rue de Vern. Le butin, représentant environ 300 000 euros en bijoux, était entièrement retrouvé en leur possession ainsi que trois cagoules, des paires de gants et de l'outillage.

Les trois malfaiteurs, équipés comme des artisans du bâtiment, s'étaient introduits dans la bijouterie après en avoir découpé le plancher à partir d'une cave située sous le commerce, avaient fracturé des vitrines et dérobé les bijoux restés sur les présentoirs pendant la fermeture de midi.

Deux d'entre eux reconnaissaient les faits. Quant à Cordoliani, subitement atteint d'amnésie, il ne se souvenait de rien. L'objectif initial du trio était de cambrioler la bijouterie Prieur, mais l'importance des mesures de sécurité les en avait dissuadés. Jugés en avril 2013, ils écopaient tous les trois de six ans d'emprisonnement.

RETRAITS À LA POSTE

Vendredi 29 juillet 2011, 16 h 30. Deux braqueurs encagoulés et gantés font irruption dans l'agence de la Banque Postale, rue Coëtlogon, à Rennes. Sous la menace d'une arme de poing, ils neutralisent les personnes présentes et se font remettre le contenu des caisses. Un complice les attend à l'extérieur, au volant d'une voiture à bord de laquelle le trio prend la fuite. Ce véhicule est abandonné peu après. Les trois hommes s'engouffrent alors dans une seconde voiture pilotée par un quatrième malfaiteur. Mais pour eux, c'est le début de la fin... Ils ont commis leur hold-up sous les yeux de policiers de la PJ (BRI de Nantes et BRB de Rennes) qui les prennent en filature. Une demi-heure plus tard, les hommes de la BRI investissent un appartement où le quatuor est occupé à se partager le butin. La fouille du véhicule relais caché par les malfaiteurs au terme de leur périple amène à la découverte de l'arme à feu, des cagoules, des gants et d'une bombe lacrymogène utilisés lors du braquage.

Ce vol à main armée venait clôturer une série de cinq agressions du même type commises depuis le 19 mars 2011 à Rennes par une équipe dite « à tiroirs », composée de sept individus. Après s'être fait la main sur un bar-PMU et un supermarché, nos braqueurs s'en étaient pris à trois agences de la Banque Postale. Lors d'un repérage effectué à proximité de la première de ces agences, deux d'entre eux avaient commis l'imprudence d'abandonner sur place un mégot et une canette de Coca. La récupération « à tout hasard » de ces objets dans le cadre de l'enquête de voisinage devait s'avérer décisive. Après analyse, la présence de traces ADN était révélée, traces correspondant curieusement aux empreintes génétiques de... deux individus déjà connus pour vol à main armé. Écoutes et surveillances amenaient à l'identification des relations de nos deux suspects. Un peu de patience et la neutralisation de l'équipe ne saurait tarder.

Le 28 juillet, il ressortait de conversations échangées entre nos malfaiteurs, leur intention de partir en villégiature en Espagne le week-end suivant. Les surveillances étaient renforcées dans l'hypothèse où ils commettraient une nouvelle agression avant leur départ. Effectivement, quatre d'entre eux étaient observés alors qu'ils se livraient durant la journée à des repérages dans Rennes. Dès lors, un important dispositif était mis en place le vendredi 29 juillet et aboutissait à l'arrestation en « flag » du quatuor.

Les trois autres membres de l'équipe étaient interpellés les 5 et 7 septembre 2011. Incidemment, la neutralisation de ces malfrats devait permettre à la gendarmerie d'élucider un autre braquage commis au préjudice de la poste de Carhaix (Finistère) le 22 décembre 2010.

OPÉRATIONS « RETOUR »

Le mois de décembre 2013 devait se montrer favorable à notre service qui neutralisait en « flag » à quelques jours d'intervalle deux équipes issues de la communauté des gens du voyage, spécialisées dans des vols aggravés et des vols par ruse. Ces voyous, parfaitement aguerris et rompus aux méthodes d'investigations policières (recherches d'empreintes digitales et génétiques, filatures, écoutes, balises...) prenaient un luxe de précautions pour effectuer leurs raids nocturnes à un rythme élevé (une à deux équipées hebdomadaires) : utilisation de voitures de grosse cylindrée volées puis incendiées en fin de périple, gants, cagoules, combinaisons, brouilleurs GSM, neutralisation d'alarmes... Les surveillances révélaient une zone d'action particulièrement étendue pour l'une de ces bandes : Bretagne, Pays de la Loire, Normandie, Centre, Auvergne... Des centaines de kilomètres parcourus dans la nuit à très grande vitesse. Il s'agissait pour les enquêteurs et les hommes de la BRI de Nantes d'intervenir dans des conditions raisonnables de sécurité. La moindre faille dans un dispositif d'interpellation pouvait se traduire par un « clash », des blessés, voire des morts… Imaginez la suite.

La première de ces équipes, un clan familial basé à Nantes, était neutralisée le 2 décembre à 2 h 40 au retour d'un raid nocturne. Après avoir abandonné au Mans (Sarthe) la BMW utilisée dans la nuit, puis dérobé dans la concession locale une nouvelle BMW, les malfaiteurs étaient finalement arrêtés à bord de ce véhicule à Orvault (Loire-Atlantique). Plusieurs dizaines de cambriolages pouvaient leur être formellement imputés (commis tant au préjudice de particuliers que de commerces, d'entrepôts, de concessions automobiles…) et des vols par ruse au préjudice de personnes âgées. Leurs gardes à vue étaient ponctuées d'incidents : insultes, provocations, menaces, déclarations fantaisistes… Du classique avec cette clientèle !

Quant à la seconde équipe localisée dans un camp de la banlieue rennaise, il était mis un terme à ses activités délictueuses le 17 décembre à Rennes, lors d'un retour d'expédition nocturne au cours de laquelle quatre cambriolages avaient été commis. La BRI de Nantes attendait nos « casseurs », en planque sur leur voiture relais repérée en soirée avant leur départ. Leur premier exploit recensé par notre service remontait au 21 août 2013. Vers 9 h 30, ils avaient défoncé avec un véhicule bélier les portes vitrées de la galerie marchande d'un supermarché de Chantepie (Ille-et-Vilaine). Ils avaient arraché à l'aide d'un câble un distributeur automatique de billets sous le regard médusé des quelques personnes présentes. Ils avaient ensuite pris la fuite à bord de deux voitures découvertes ultérieurement carbonisées, le coffre vide abandonné à proximité. La série de méfaits commis essentiellement en Ille-et-Vilaine par ces individus était impressionnante.

ÉCHEC AU BRAQUAGE DU SIÈCLE

L'expression « braquage ou casse du siècle » est régulièrement galvaudée. En l'occurrence, ce n'est pas le cas ; sans l'intervention de la PJ, c'est un préjudice astronomique qu'aurait subi l'une des plus importantes entreprises d'Europe spécialisées dans la fabrication de billets de banque, la Société Oberthur Fiduciaire, implantée à Chantepie dans la banlieue de Rennes. À certaines périodes, plusieurs centaines de millions, voire milliards d'euros et de monnaies étrangères peuvent y être stockés. Il aurait s'agi vraisemblablement du plus gros braquage de l'histoire du banditisme français.

Le 9 juin 2014, lundi du week-end prolongé de Pentecôte, alors que je profite des charmes de la cité corsaire de Saint-Malo, mon collègue Francis Choukroun, directeur de la DIPJ de Lyon, me contacte téléphoniquement. Des enquêteurs de l'antenne PJ de Grenoble, placée sous son autorité, travaillent depuis quelque temps sur des malfaiteurs locaux suspectés de se livrer à du trafic de stupéfiants à grande échelle. Lors de conversations échangées entre eux et enregistrées, il est apparu que ces voyous s'apprêtent en fait à commettre un braquage d'envergure dans la région rennaise. Ils sont à la recherche d'un chariot élévateur pour réaliser leur opération. Francis pense à l'attaque d'un centre-fort d'agence de transport de fonds. On en discute ; la recherche d'un transpalette par ces voyous m'interpelle. Mieux qu'un transporteur de fonds, je verrais bien pour objectif une entreprise locale et discrète où je sais être entreposées sur palettes des liasses compressées de billets de banque pouvant atteindre des milliards d'euros, l'imprimerie Oberthur de Chantepie. Cette entreprise était notamment connue de mon service pour avoir subi, durant l'été 2013, le vol de plus de 8 000 billets de 2 000 pesos dominicains fabriqués sur place, dont plusieurs milliers avaient été écoulés auprès d'agents de change parisiens. L'enquête, menée conjointement par notre DIPJ, l'office central pour la répression du faux monnayage et la PJ parisienne avait abouti à l'interpellation d'une équipe de malfaiteurs implantés à Rennes, dont deux salariés d'Oberthur, Trappes et Dreux.

Les investigations diligentées initialement par nos collègues grenoblois et la BRI de Lyon faisaient suite à un renseignement communiqué par la BRI de Versailles concernant un voyou au palmarès éloquent, Khamar Lemsieh, originaire de Valence (Drôme) et exilé à Grenoble après avoir échappé à une tentative d'assassinat. Suspecté de se livrer à un trafic international de stupéfiants, il se montrait très mobile, se déplaçant sur l'ensemble du territoire national ainsi qu'en Espagne et aux Pays-Bas. Plusieurs contacts de Lemsieh, ancrés dans le grand banditisme, étaient ainsi identifiés. Il ressortait de conversations, interceptées courant avril, qu'un projet criminel distinct du trafic de stupéfiants était en préparation.

Au cours du week-end des 7 et 8 juin, des éléments techniques de géolocalisation, confortés par des surveillances physiques, laissaient présager un passage à l'acte imminent sur l'agglomération rennaise. Lemsieh et certains de ses « équipiers » grenoblois et parisiens avaient été repérés lors de déplacements express entre les régions Rhône-Alpes, Île-de-France et Bretagne. C'est dans ce contexte que Francis Choukroun me contactait le 9 juin.

Dès le lendemain, le magistrat instructeur grenoblois en charge du dossier saisit la direction centrale de la police judiciaire de la poursuite de l'enquête, permettant ainsi à la DIPJ de Rennes et ses BRI de Nantes et de Rouen, à l'office central de lutte contre la criminalité organisée, aux BRI Nationale, de Lyon et de Versailles de participer aux investigations menées par l'antenne PJ de Grenoble.

Le PC de l'opération est installé au siège de la PJ de Rennes. Le travail de terrain intensif réalisé dès le 10 juin conduit à la localisation d'un garage – un petit hangar propret – dans une zone artisanale de Betton (Ille-et-Vilaine), ainsi que d'un appartement à Rennes, point de chute potentiel de relations de Lemsieh. Ces lieux nous paraissent susceptibles d'abriter le matériel nécessaire à la réalisation d'un « gros coup ». Parallèlement, deux Rennais, Jean-Marie Tang et Samir Zerouali, eux aussi défavorablement connus, sont identifiés dans l'entourage immédiat de Lemsieh et de son « bras-droit », Medhi Hal Belaid, originaire d'Argenteuil.

Les planques ininterrompues sur le garage et l'appartement, les filatures, écoutes et géolocalisations nous permettent de connaître précisément et en permanence la position des principaux acteurs de l'opération commando en préparation. Persiste toutefois l'incertitude sur leur objectif.

Le 12 juin, les investigations nous confirment la présence dans le garage de Betton de trois véhicules volés, faussement immatriculés, et de matériel prêt à l'emploi pour commettre un braquage.

Dès lors, eu égard à la dangerosité des individus ciblés et à la quasi-certitude de leur passage à l'action à très brève échéance, nous décidons de lancer sans plus attendre les interpellations. Bien nous en a pris !

En fin de journée, Tang et sa compagne sont arrêtés au sortir d'un supermarché à Saint-Grégoire (Ille-et-Vilaine), tandis que Lemsieh, Hal Belaid et Zerouali sont interceptés à hauteur du péage autoroutier de Saint-Arnoult (Yvelines) alors qu'ils prennent la direction de la Bretagne.

Dans la foulée sont investis l'appartement de Rennes et le garage de Betton. À l'intérieur de l'appartement sont interpellés trois hommes, pas véritablement des enfants de chœur (antécédents de vols à main armée, trafic de stupéfiants…) ; l'un est originaire de Béziers (Hérault), les deux autres sont frères et Grenoblois, en possession de faux documents d'identité. Dans ce logement sont récupérés des plans et des vues aériennes de la société Oberthur (Eh oui !), des effets vestimentaires de type commando, deux tenues d'agent de sécurité, un brouilleur électronique, des jeux de plaques d'immatriculation ainsi que… des petits soldats et des voitures miniatures (quatre véhicules de police ; une Audi, une BMW et deux utilitaires censés représenter les voitures des malfaiteurs). La découverte improbable de ces derniers objets attestait de la préparation minutieuse de l'opération et de la détermination de nos braqueurs, prêts à affronter la police en cas d'intervention. Dans le garage de Betton, loué par Tang, sont découverts effectivement trois véhicules volés, deux utilitaires et une Audi S3, ainsi qu'un véritable arsenal, dont deux fusils d'assaut, deux pistolets automatiques Glock, des munitions, des pistolets à impulsion électrique et des gilets pare-balles, un casque lourd, des appareils à vision nocturne, des talkies-walkies, des bombes lacrymogènes, des menottes, des serflex, deux disqueuses thermiques, des herses… Le lendemain, des perquisitions sont opérées dans les domiciles des personnes arrêtées et dans l'entourage de Lemsieh, à Grenoble. Du matériel informatique est saisi en vue d'une exploitation ultérieure. Lors des auditions, aucun des mis en cause, bien évidemment, ne reconnaît sa participation à l'association de malfaiteurs projetant une attaque de la société Oberthur. Rien de surprenant s'agissant de malfaiteurs chevronnés.

L'issue heureuse de cette intervention démontre une fois de plus la capacité de la PJ à travailler en parfaite harmonie entre services territoriaux et centraux, et dans l'urgence. Nous avons certainement évité de justesse, de la casse dans cette affaire. Mon service poursuivra l'enquête pour identifier et interpeller par la suite trois malfrats locaux ayant apporté leur concours aux Grenoblois dans la préparation de leur entreprise criminelle, pour assurer la logistique, notamment la location d'un box et d'un gîte rural de repli, ou pour fournir des renseignements sur la société Oberthur. Effectivement, l'analyse de supports informatiques saisis lors des perquisitions apporte la preuve d'un travail de reconnaissance photographique extrêmement précis aux abords du site Oberthur. Des vidéos filmées à l'intérieur de l'imprimerie sont également extraites de ces supports. L'identification du « caméraman » sera facilitée par le fait que son propre reflet a été filmé involontairement dans une vitre lors des prises de vue. Il avait utilisé une montre dotée d'une mini-caméra numérique. C'est ballot ! Il s'agit d'un ex-employé d'Oberthur mis en examen dans l'affaire du vol des pesos dominicains, laissé en liberté, mais pour peu de temps finalement.

Douze prévenus impliqués dans l'affaire, poursuivis pour association de malfaiteurs en vue de la préparation d'un crime ou pour complicité, ont été condamnés en juin 2016 par le tribunal correctionnel de Grenoble à des peines allant de 12 ans de prison ferme (Limsieh) à 18 mois avec sursis.

Oberthur a, depuis cet événement, considérablement renforcé les mesures de sécurité et de dissuasion sur son site de Chantepie, n'hésitant pas à débaucher l'un des meilleurs enquêteurs de la DIPJ de Rennes pour superviser les opérations.

XDDL, LE FUGITIF INTROUVABLE

Parmi les nombreuses affaires d'homicides traitées par la DIPJ de Rennes durant la période 2009-2016, je me dois d'évoquer l'affaire Dupont de Ligonnès, remontant à 2011 et continuant régulièrement de défrayer la chronique. Et pour cause !

Le 19 avril 2011 dans le courant de la matinée, Laurent Chavanne, chef de l'antenne de Nantes me téléphone pour me faire part d'une enquête que le procureur de la République de Nantes, Xavier Ronsin, vient de confier à la police judiciaire. Elle concerne l'étrange disparition d'une famille nantaise, les Dupont de Ligonnès : le père, Xavier, âgé de 50 ans, la mère, Agnès, âgée de 48 ans et leurs quatre enfants de 13, 16, 18 et 21 ans ne donnent plus signe de vie depuis plusieurs jours. Des voisins inquiets en ont informé le commissariat local le 13 avril. Les vérifications effectuées par la sécurité publique n'ont pu apporter d'explication à cette disparition énigmatique.

Je pense figurer parmi les personnes ayant une excellente connaissance de ce dossier que nous ne tarderons pas à baptiser « XDDL », l'essentiel des investigations ayant été menées par la PJ de Nantes placée sous mon autorité jusqu'en 2016. Des moyens colossaux ont été engagés dans le traitement de cette enquête. Après s'être déplacé à Nantes, le directeur central de la PJ, Christian Lothion, nous a fait bénéficier du concours de l'ensemble des services de la DCPJ, notamment l'office central de lutte contre la criminalité liée aux technologies de l'information et de la communication (les « cyberpoliciers »), l'office central pour la répression des violences aux personnes, la brigade nationale de recherches des fugitifs, la DIPJ de Marseille..., et du soutien des organisations internationales de coopération policière (Interpol et Europol).

L'information judiciaire visant des faits d'assassinat étant toujours en cours, je me garderai de reprendre la chronologie et le détail des investigations, cependant déjà largement diffusés et commentés, parfois déformés par certains médias, les « détectives et experts auto-proclamés » et les réseaux sociaux, contribuant ainsi à polluer l'enquête. Le « XDDL » est vendeur et fait même l'objet, comme on l'a constaté à partir de l'été 2020, d'une véritable exploitation commerciale (séries, bouquins, reportages, bande dessinée...). Malgré de nombreuses sollicitations de chaînes TV pour participer à des débats ou apporter mon témoignage, je me suis toujours refusé à céder à leurs avances. Les révélations du magazine *Society* démontrent que des journalistes ont eu accès à la procédure. Tout le monde n'a pas eu les mêmes scrupules ! Je me limiterai, quant à moi, à donner un éclairage sur l'acte criminel en lui-même et la personnalité de Xavier Dupont de Ligonnès, tel que je les ai perçus.

Si l'horreur des faits commis froidement et avec préméditation rend ce fait divers hors norme, le mode opératoire du suspect, le père de famille, revêt un côté « amateur » et quelque peu « fantasque ». Il n'aura fallu que deux jours à la PJ après sa saisine, pour mettre au jour l'ignoble massacre : cinq corps ensevelis sous la terrasse, supportant des impacts de balle de calibre 22 LR, le même sort ayant été réservé aux deux chiens.

Le courrier adressé par XDDL à certains proches expliquant la disparition de la famille par une exfiltration de la DEA (*Drug Enforcement Administration*) dans le cadre d'un programme de protection de témoins relève du roman-feuilleton et révèle une imagination des plus fertiles. Mais cette version ne résiste pas une seconde à un examen policier. La PJ et la DEA collaborent : il nous est même arrivé, à la demande de ce service américain en charge de la lutte contre le trafic de stupéfiants, d'assurer la protection de personnes menacées. De plus, quels renseignements d'importance XDDL aurait-il pu communiquer sur un trafic international de drogue ?

L'utilisation de cartes de crédit par le père de famille début avril 2011 pour le paiement d'achats de 10 kilos de chaux, d'une bêche, de sacs de ciment et de sable... aux magasins Jardiland et Castorama de Nantes amènent immédiatement à envisager l'hypothèse de sa responsabilité dans la tuerie. Cet outil et ces produits ont été utilisés pour ensevelir les corps. On le sait par ailleurs en possession d'une carabine 22 LR équipée d'un silencieux.

Si le suspect a pris soin de faire disparaître matériel informatique et téléphones portables de la famille, il n'en demeure pas moins que la police est en capacité d'obtenir des informations *via* les opérateurs de télécommunications et de sites internet sur les échanges antérieurs (messagerie, participation à des forums, même sous des pseudos...). De plus, la saisie et l'exploitation d'ordinateurs appartenant à des proches s'avèreront riches d'enseignements.

Le parcours emprunté par le père de famille a pu être aisément reconstitué jusqu'à sa disparition dans le Var le 15 avril : Puilboreau (Charente-Maritime), Blagnac (Haute-Garonne), Le Pontet (Vaucluse), La Seyne-sur-Mer (Var), Roquebrune-sur-Argens où il abandonne sa Citroën C5 sur le parking d'un hôtel Formule1. Il y a séjourné du 14 au 15 avril sous l'identité de Xavier Dupont. Il a laissé des traces partout : paiements par carte bancaire dans hôtels et restaurants, retrait DAB, connexions 3G... Il ressort de ce comportement une certitude dans l'esprit de Dupont de Ligonnès : la découverte des cadavres n'est pas pour demain. Ce qu'il prend pour des précautions (plusieurs jours passés à enterrer les corps et à nettoyer méticuleusement la maison, mails et courriers divers adressés justifiant le « départ » précipité de la famille...) le conforte vraisemblablement dans cette idée. Toujours persuadé de sa supériorité intellectuelle.

Qui est véritablement XDDL ? C'est au fil des investigations que nous allons découvrir précisément sa personnalité. Celui qui se fait passer auprès de ses proches pour un homme d'affaires avisé a en réalité accumulé les échecs sur le plan professionnel. Il aime paraître. Il profite d'une certaine naïveté de ses amis pour les épater par sa forfanterie. Incapable d'assumer financièrement le train de vie qu'il mène, il va se retrouver dans une situation des plus délicates. Les dettes s'accumulent. Il use de tous les subterfuges pour masquer son incapacité à rembourser. Il a déjà dilapidé l'héritage de son épouse. Il emprunte aux amis, à des membres de la famille et même à une maîtresse qui lui avance 50 000 euros utilisés pour éponger une partie des dettes et mener la grande vie. Les loyers ne sont plus payés. Des prêts à la consommation ont été contractés… Un puits sans fond. Cela ne l'empêche pas de continuer à parader. De lointains séjours aux États-Unis, « Xav » – pour les intimes – reste fasciné par ce pays et la culture country. Il aime se la jouer « cow-boy ». Mais la vérité ne va pas tarder à éclater. Il « flippe ».

Malgré l'image du père de famille modèle qu'il souhaite donner, sa vie de couple est loin d'être exemplaire : infidélités, sexualité atypique, épouse « écrasée » par un mari dominateur… Curieusement, malgré son comportement égocentrique, notre homme apparaît sujet à des crises de mysticisme. Peut-être le résultat de son éducation et de l'influence de sa mère, à l'origine de la création d'un groupe sectaire baptisé Église de Philadelphie. Selon l'un de ses amis, Bruno de Stabenrath, la secte avait été « destructrice pour Xavier » ; « sa mère lui disait qu'il sauverait le monde de l'Apocalypse » et qu'il était « L'Élu » (déclarations au journal *Le Figaro* du 16 octobre 2020). À noter que chaque cadavre enseveli sous la terrasse de la maison familiale arborait un symbole religieux (croix, vierge, chapelet…).

Le jour où les huissiers entrent dans la danse, mandatés par les créanciers, la carapace se fissure et s'apprête à exploser. Une vie façonnée par un orgueil démesuré est en passe de se briser. Il aurait pu envisager un « suicide individuel », mais non, ce serait un aveu de faiblesse. L'« honneur » de la famille s'en ressentirait. On ne se suicide pas chez les Dupont de Ligonnès ; hors de question de perdre la face.

Ainsi germe vraisemblablement l'idée machiavélique de la « disparition » collective, justifiée auprès de certains par la mise sous protection de la DEA ou par un départ précipité en Australie pour d'autres.

Policièrement, deux hypothèses sont dès lors envisagées : cavale ou suicide du père de famille ? Les deux pistes sont creusées avec opiniâtreté ; les recherches sont menées sans *a priori*, XDDL devenant le fugitif le plus recherché de France. Plus d'un million de numéros de téléphone ont été « brassés » sans « match probant » sur son itinéraire de fuite. Les investigations dans le Var ont été entreprises avec le concours de l'antenne PJ de Toulon. Les Dupont de Ligonnès ont habité ce département dans les années 1990. La région est passée au peigne fin pour tenter de retrouver la trace du suspect après son départ de l'hôtel Formule 1 de Roquebrune : visite des hôtels et commerces du secteur, contacts avec les compagnies de taxis, chauffeurs de bus, épluchage des appels émis et entrants des 60 cabines téléphoniques recensées sur Roquebrune... Les recherches sur le terrain réalisées avec l'assistance de la gendarmerie, de CRS de haute montagne, de plongeurs, de maîtres-chiens, de spéléologues, de fonctionnaires de l'Office national des forêts, et au moyen d'hélicoptères... demeurent vaines. Les grottes, anfractuosités, galeries de mines désaffectées, creusées dans le massif des Maures sont si nombreuses qu'elles ne peuvent être fouillées une à une.

Dans l'hypothèse d'une cavale « organisée » en vue de s'offrir une nouvelle vie sous une fausse identité, XDDL avait-il les moyens de financer sa disparition (une cavale coûte cher !) ou avait-il bénéficié de la complicité d'un proche ou d'une maîtresse ? Un financement personnel est à exclure, de Ligonnès est un homme ruiné. S'agissant d'une éventuelle complicité pour lui fournir une aide financière ou matérielle, un travail d'ampleur est entrepris dans son environnement familial, professionnel, amical ainsi que du côté de ses relations féminines. Les surveillances téléphoniques, investigations numériques, multiples témoignages recueillis et vérifications… n'ont pu étayer cette thèse. La diffusion de l'avis de recherche puis du mandat d'arrêt délivré pour assassinats au niveau national et international donne lieu à plus d'un millier de signalements. Tout le monde s'y met, on le voit partout en France et à l'étranger : personnes de bonne foi, astrologues, médiums. À plusieurs reprises des individus ressemblant à notre suspect sont interpellés ou contrôlés, y compris un religieux du monastère Saint-Désert-Notre-Dame-de-Pitié, à proximité de Roquebrune. Mais les déceptions et désillusions s'enchaînent les unes après les autres.

Un dimanche soir, fin 2015, je reçois un appel téléphonique de mon collègue Éric Arella, directeur interrégional de la PJ de Marseille. Un squelette humain a été découvert dans une grotte du côté de Roquebrune-sur-Argens. Il pourrait s'agir des restes de XDDL. L'hypothèse semble séduisante… Cette fois, nous y croyons. Malheureusement, une fois de plus les analyses réalisées infirmeront cette thèse.

Force est de constater que le « fugitif » a mieux réussi sa propre disparition que celle de sa famille. Est-il mort ou encore vivant ? Le mystère demeure.

À titre personnel, je privilégierais plutôt la thèse du suicide, sans pouvoir l'affirmer, bien sûr. Pourquoi ? Si Xavier Dupont de Ligonnès avait envisagé une cavale, il aurait fallu qu'elle soit préalablement financée. Or, son dernier retrait d'argent au distributeur de billets d'une agence bancaire de Roquebrune-sur-Argens est d'un montant dérisoire de 30 euros. Il ne peut en retirer davantage. Quel avenir !

Par ailleurs, en quittant définitivement le Formule 1, il est filmé par une caméra de surveillance portant sur l'épaule une housse de costume, dont la forme laisse présumer qu'elle contient la carabine utilisée lors du massacre. Un criminel en fuite se serait empressé de se débarrasser de son arme dans le premier fleuve venu. Quel intérêt de conserver dans son périple cette arme qui, en plus, constitue une pièce à conviction l'impliquant dans l'exécution des membres de sa famille ?

Si son souci était de s'expatrier pour refaire sa vie, comment expliquer sa consommation excessive d'alcool depuis son départ de Nantes (découverte dans la C5 de bouteilles de pastis et de vin entamées, capsules de bouteilles de bière). Selon quelques proches, il était sujet depuis quelque temps à des crises d'angoisse récurrentes, d'insomnies, de ruminations en raison de son incapacité à rembourser ses dettes après avoir usé de tous les subterfuges pour masquer son insolvabilité. « Xav » avait confié en juillet 2010 à ses deux meilleurs amis, aujourd'hui décédés, se trouver « au pied du mur avec une décision définitive à prendre : suicide seul ou suicide collectif ». Il avait envisagé de « faire cramer » la famille (lui compris) en incendiant la maison, l'essentiel étant que l'origine du sinistre apparaisse accidentelle. Toujours protéger l'honneur de la famille. Si l'hypothèse du suicide me paraît la plus vraisemblable, à l'inverse, certains de ses proches le pensent toujours en vie. Mais qu'il s'agisse d'ami ou de parent, les sentiments (amour, amitié, esprit de famille) ont généralement pour effet de nuire à une perception objective de la réalité. C'est bien pour cela qu'on ne confie jamais une enquête à un policier proche d'une victime et encore moins, bien sûr, d'un auteur de crime ou délit. Selon son ami, Bruno de Stabenrath, auteur du bouquin *L'ami impossible*, « Xav » « est descendu dans le sud pour brouiller les pistes. Puis il a pris un cargo – c'était (notre) fantasme d'adolescence... Il est aujourd'hui soit en Thaïlande, soit en Amérique du Sud... Jusqu'à la veille du drame, c'était un mec bien... C'est un crime altruiste : Xavier a supprimé sa famille parce qu'il pensait que c'était le meilleur moyen pour lui et pour eux de les protéger, de les mettre à l'écart du scandale. Il n'avait plus d'argent et son couple battait de l'aile. Il s'est pris pour l'assassin qui se substitue à Dieu. C'est comme s'il disait à ses enfants : *Je vous ai donné la vie, je vous la reprends et je vous donne la mort.* [12]» Je vous laisse apprécier la crédibilité de tels propos.

Quant aux autres livres publiés prétendant apporter des éléments confortant la thèse de la cavale et une nouvelle vie à l'étranger, ils ont été écrits par des auteurs qui connaissent l'affaire essentiellement à travers les médias et des « révélations » de proches penchant pour cette hypothèse. Pour faire le buzz, il est plus vendeur de prétendre « Xav » sous les cocotiers, fumant un cigare, une maîtresse sur les genoux que d'évoquer un suicide somme toute « banal ». Le summum est atteint en mars 2024 avec la parution d'un bouquin écrit par sa sœur, Christine : les corps retrouvés ne sont pas ceux de l'épouse et des enfants, la famille a été exfiltrée par des services secrets américains...

[12] Déclarations au quotidien *Le Figaro* du 16 octobre 2020.

Lors de son séjour au Formule 1, Dupont de Ligonnès apparaît sur une vidéo un polar à la main, le roman *Glacé* de Bernard Minier. Certains ont voulu y voir des similitudes entre XDDL et le tueur sur lequel porte l'ouvrage, une clef à déchiffrer. Je leur répondrai en citant ce même auteur dans un autre de ses thrillers intitulé *Sœurs* : « Il y a dans toute enquête criminelle des petits détails qui semblent conduire quelque part et qui ne sont que des branches mortes, sans rapport avec l'affaire. C'est ce genre de coïncidence qui donne du grain à moudre aux sceptiques incorrigibles, aux amateurs de théorie du complot, à tous ceux qui aiment refaire l'histoire et croient que la vérité est ailleurs. » C'est tellement vrai !

Combien de fois n'a-t-on pas pu lire ce genre d'articles de presse : « XDDL, des journalistes relancent l'enquête… » ? À ma connaissance, en dehors de provoquer des témoignages souvent farfelus, voire toxiques, ils n'ont jamais rien apporté de déterminant. Si une poignée de journalistes parvenaient à faire mieux que des centaines de policiers engagés sur les investigations, ce serait fortement inquiétant sur les capacités des enquêteurs à traiter une affaire criminelle. Quant aux témoignages farfelus, il y en a eu un qui vaut son pesant d'or et les médias s'y sont engouffrés sans prendre la peine de vérifier la crédibilité de l'information. La fausse arrestation de Dupont de Ligonnès en Écosse restera dans les annales. Le vendredi 11 octobre 2019 dans la soirée, alors que je suis retraité depuis 2016, je regarde à la télé un match de football Islande-France plutôt ennuyeux lorsque mon téléphone sonne. Je réponds ; mon correspondant est un journaliste du quotidien *Le Télégramme* avec lequel je suis resté en relation :

« Jean-Paul, vous êtes au courant ?

— De quoi donc ?

— De Ligonnès vient d'être interpellé en Écosse à l'arrivée d'un vol Paris-Glasgow. BFMTV vient de l'annoncer. L'info est reprise par les autres chaînes TV.

— Non !... C'est dingue ! ... Un véritable coup de massue. »

Je ne croyais plus à cette issue. Je lui fais part de mon étonnement en reconnaissant m'être planté en privilégiant la thèse du suicide. Nous échangeons sur l'affaire avant de raccrocher. Je m'empresse donc de lâcher les Bleus en plein match et de zapper sur les chaînes d'info. Confirmation de l'interpellation : XDDL aurait subi des opérations de chirurgie faciale, il est en possession d'un passeport français volé en 2014, il vivait en couple en Écosse... Il fera jour demain ; j'en apprendrai certainement davantage avec mes anciens camarades de travail. En tout état de cause, c'est la fin du mystère.

À mon réveil, je prends connaissance de la presse écrite. Bien sûr, l'arrestation fait la une de tous les journaux : « L'incroyable rebondissement », « Après huit ans de cavale, l'homme trahi par ses empreintes », « Fin de cavale pour Xavier Dupont de Ligonnès »... Dans *Le Télégramme*, un ancien commissaire de sécurité publique à Nantes, dont je tairai le nom, et qui, certes, s'est rendu sur les lieux lors de la découverte des corps, mais n'a nullement participé à l'enquête diligentée par la PJ déclare doctement : « Mon hypothèse à moi a toujours été qu'il était vivant... Mon hypothèse, c'était que Xavier Dupont de Ligonnès avait rejoint l'Italie en passant par la région des Alpilles qu'il connaissait bien pour embarquer sur un bateau en Italie et rejoindre l'Argentine, comme l'avaient fait les nazis après la Seconde Guerre mondiale. » Alors là, chapeau ! De telles précisions sur le parcours du fugitif me laissent admiratif.

Tout le monde connaît la suite de cette « hallucination collective » et de cette surenchère médiatique. L'homme interpellé n'avait rien à voir avec XDDL. Je l'apprenais de mon successeur dans le courant de la matinée du samedi 12 octobre alors que les chaînes d'info commençaient à émettre quelques réserves sur l'identité de la personne interpellée. Les conclusions erronées de la police écossaise quant à l'identité des empreintes digitales du « suspect » et celles de Dupont de Ligonnès avaient accrédité la thèse de la fin de cavale. Bref, un immense fiasco !

Sollicité par *Europe 1* pour une interview dès le lendemain, j'acceptais volontiers la proposition, histoire de moucher avec humour les « pseudo-sachants ». Les tenants de la thèse de la cavale organisée s'étonnent de l'absence de découverte du corps de XDDL s'il avait vraiment mis fin à ses jours. Il faut savoir que plus de 40 000 personnes disparaissent en France chaque année. Parmi toutes ces disparitions, on estime à 1 000 celles qui ne seront jamais résolues : disparitions volontaires, accidentelles, suicides ou affaires criminelles (enlèvement, séquestration, homicide, dissimulation de corps). Il arrive que des cadavres soient retrouvés fortuitement plusieurs années après le décès, alors qu'il n'y avait pas de volonté du défunt de disparaître sans laisser de traces (morts accidentelles, meurtres, suicides…). Lorsque l'on connaît la volonté de Dupont de Ligonnès de protéger l'honneur de sa famille et son imagination féroce, il se peut très bien que l'on ne retrouve jamais son cadavre. D'autant que selon même le président du comité de spéléologie du Var « les recherches dans les anfractuosités sont impossibles, tant elles sont nombreuses. Il s'en découvre constamment ».

L'une des sœurs de Xavier, Véronique, considère qu'il ne s'est pas suicidé sur place pour épargner sa sœur, Christine, et sa mère qui voient le suicide comme un péché impardonnable. Cette énigme reste finalement le seul et unique succès de notre homme dont la vie s'apparente à celle d'un « raté » mythomane et mégalomane ayant accumulé les échecs : un pied de nez à tous ceux qui sont ou ont été à sa recherche, policiers (dont je fais partie), magistrats, journalistes, médiums, détectives autoproclamés...

Il n'en demeure pas moins que l'enquête de la PJ de Nantes se poursuit inlassablement et que tout élément porté à la connaissance des policiers fait l'objet d'exploitation. Toute piste nouvelle est explorée jusqu'à la refermer selon une démarche rationnelle et non basée sur des théories. Comme tout un chacun, j'aimerais connaître un jour la conclusion de cette affaire, que l'intéressé soit découvert « mort ou vif ».

AFFAIRE LUCIE BEYDON : « ON NE LÂCHE RIEN ! »

2014... Dix ans se sont écoulés depuis le meurtre à Rennes de la jeune étudiante originaire de Brest, mais le dossier est loin d'être perdu de vue à la brigade criminelle de la PJ. Trois juges d'instruction ont été successivement saisis de l'affaire. À la demande des enquêteurs, plusieurs expertises génétiques approfondies ont été effectuées, échelonnées sur ces dix années, à partir des traces biologiques relevées sur les sept coussins et le paréo appartenant à Lucie Beydon, découverts un mois et demi après sa mort, dans des taillis à 300 mètres de son domicile. Nous restons en contact avec la famille. Régulièrement, je fais le point sur le dossier avec le chef de Crim' qui veille à la relance périodique de l'Institut génétique Nantes Atlantique (IGNA) en charge des expertises. Nous espérons que les avancées technologiques en matière d'analyses ADN permettront un jour d'orienter notre enquête.

Début juillet 2014, je me trouve en congé annuel. Un appel du service m'apprend la nouvelle tant attendue. Ça a « matché » ! Le dernier examen réalisé par l'IGNA sur le paréo de Lucie vient de révéler une trace biologique, un ADN « nucléaire », la Rolls des preuves. Elle appartient à un certain Nicolas Le Bouch âgé de 37 ans, auteur de 25 faits d'exhibitions et d'agressions sexuelles, la plupart ayant été commis dans le centre-ville de Rennes au début des années 2000. J'éprouve aussitôt un immense soulagement. Notre persévérance va enfin payer. Cet individu se présentait au domicile de ses victimes, s'exhibait et se masturbait devant elles, exigeant parfois leur participation active à cette masturbation.

Le Bouch, également connu pour son implication dans de nombreux cambriolages, est détenu à la maison d'arrêt d'Argentan, dans l'Orne, où il purge une peine de trois ans d'emprisonnement pour des faits de cette nature. Sa libération est prévue pour mars 2015.

À l'époque du meurtre de Lucie, Le Bouch exerçait la profession de cuisinier dans une pizzéria de la rue Saint-Georges, voisine du studio. À ce titre et au regard de son passé judiciaire, il avait fait partie des 37 individus « recensés » et « ciblés » par le service. Il avait été entendu et fait l'objet d'un prélèvement ADN au cours du mois d'octobre 2004. Il avait déclaré avoir appris le meurtre par les médias et bien sûr être totalement étranger à cette affaire. Il ne reconnaissait pas la victime sur présentation de sa photographie. Son alibi pour l'intégralité de la nuit du vendredi 3 au samedi 4 septembre 2004 n'étant pas vérifiable, aucun élément ne pouvait être retenu contre lui. Il repartait donc libre. Avec l'identification de son empreinte génétique sur le paréo et de telles déclarations, Le Bouch a tout pour plaire. « On va se le faire ! » Mais pas de précipitation, il est au « frais » pour un moment. Il est préférable de bétonner le dossier avant de l'interroger.

Une expertise biologique complémentaire, réalisée fin 2014, révélait également la présence de son ADN nucléaire sur un drap ainsi que sur le gilet et le pantalon portés par Lucie au moment des faits. Le 2 février 2015, Nicolas Le Bouch est extrait de prison et placé en garde à vue au siège de la DIPJ de Rennes. Il nie durant les premières 24 heures être l'auteur du meurtre, mais confronté au résultat des expertises génétiques, difficile de poursuivre dans cette voie. Il admettra après prolongation de sa garde à vue avoir tué Lucie et relatera les circonstances de l'homicide. Selon lui, étant en proie cette nuit-là à des pulsions sexuelles irrépressibles et sous l'emprise de l'alcool, il était sorti de chez lui pour assouvir son fantasme : accéder à un logement occupé par une femme, s'exhiber et se masturber ou se faire masturber par sa future victime. Il était armé d'un couteau. C'est ainsi qu'il pénétrait « par hasard », dans l'immeuble du 13 rue Gambetta, frappant à toutes les portes jusqu'à celle de Lucie qui avait eu le malheur de l'entrouvrir. Tenant son couteau d'une main et son sexe en érection dans l'autre, il avait forcé l'entrée de l'appartement. La jeune fille tentant de le repousser, il lui aurait alors porté « accidentellement » un premier coup d'arme blanche au niveau de l'abdomen. Lucie s'était affaissée au sol en hurlant. Pris de panique et craignant d'être interpellé, il l'aurait achevée en lui portant de multiples coups de couteau sur le haut du corps. Il précisait ne pas avoir abusé d'elle sexuellement.

Malgré la panique évoquée, comment expliquer que le corps de la victime ait été découvert en grande partie dénudé, qu'il ait pris soin d'emporter le paréo et les coussins imbibés de sang avant de refermer la porte à clef en quittant les lieux. Les vêtements de la victime n'étaient pas transpercés, ce qui laisse penser qu'elle avait été dénudée avant d'être tuée. Selon les experts, des plaies de défense et une tentative d'égorgement indiquaient qu'une violente lutte l'avait opposée à son agresseur.

À l'issue de sa garde à vue, Le Bouch était présenté au juge d'instruction le 4 février 2015, mis en examen du chef de meurtre et écroué. Des investigations complémentaires s'avéraient nécessaires en raison d'invraisemblances dans le récit du mis en cause, mais l'opiniâtreté de la PJ et de la justice, alliée au progrès scientifique, avait fini par payer. Soulagés par cette issue, nous avons une pensée pour la famille de Lucie qui, dans sa douleur, pourra toutefois mettre une réalité sur ses angoisses et ses incertitudes.

Plus que les lettres de félicitations des autorités qui nous sont parvenues à cette occasion, le message de reconnaissance d'une carte postale anonyme adressée au service nous va droit au cœur : au recto, un seul mot « Merci » ; au verso, le texte suivant : « Pour les recherches, pour l'espoir, pour son arrestation à lui le meurtrier de Lucie Beydon…

Pour tous ceux et toutes celles « coupables » que vous trouverez, merci. Nous pouvons nous apaiser grâce à vous, merci... »

L'apaisement des proches de victimes, une « raison d'être » suffisante pour inciter les enquêteurs que nous sommes à nous investir totalement dans notre travail quotidien. Nicolas Le Bouch a comparu devant la cour d'assises d'Ille-et-Vilaine en novembre 2017. Reconnu coupable de meurtre et de tentative de viol, il a été condamné à 30 ans de réclusion criminelle avec une période de sûreté de 18 ans.

TRAFIC DE STUPÉFIANTS : LES NOUVELLES TENDANCES

La multiplication des « go fast »

Les convois de véhicules assurant le transport en grande quantité de produits stupéfiants selon la configuration voitures « ouvreuses » (une ou plusieurs), voiture « porteuse », voire parfois voiture « suiveuse » (avec souvent un « donneur d'ordre » à bord), dits « go fast », se banalisent au fil du temps. L'approvisionnement en « stups » de l'ouest de la France selon ce mode d'acheminement a généralement pour point de départ les Pays-Bas, l'Espagne ou la région parisienne.

Les interceptions régulières de « go fast » par les BRI de Nantes et de Rouen assistant leurs collègues des brigades des stupéfiants relevant de la DIPJ de Rennes sont généralement précédées d'enquêtes permettant de détecter, d'identifier et de localiser les trafiquants ainsi que de repérer des endroits où peut être stockée de la drogue. La saisie de cocaïne, d'héroïne ou de résine de cannabis réalisée sur le « go fast » établit la réalité du trafic. Le « flag » assoit la procédure en dépit des dénégations des mis en cause et/ou de la possibilité pour ces derniers d'user de leur droit au silence. L'interception des convoyeurs est souvent suivie du déclenchement d'une opération d'interpellations et de perquisitions aboutissant au démantèlement complet du réseau, à de nouvelles saisies de stupéfiants, d'armes et d'importantes sommes d'argent… Le volet « financier » n'est jamais ignoré et amène souvent la saisie de véhicules, voire de biens immobiliers et de produits bancaires.

Parmi les interceptions de convois en configuration « go fast », deux d'entre elles méritent d'être relatées, eu égard à leur côté « rock'n'roll ».

Le 31 juillet 2012, au petit matin, une information m'était communiquée : un « go fast » en provenance de la région parisienne doit assurer de manière imminente la livraison à Rennes d'une importante quantité de « shit ». J'alertais donc les BRI de Nantes et de Rouen afin qu'elles se positionnent en urgence sur le parcours. À Saint-Arnoult-en-Yvelines, en cours de matinée, était repérée une Audi S3 roulant à vive allure, précédée d'une Renault Clio en position d'« ouvreuse ». La présence d'une autre voiture, une Peugeot 306, susceptible d'appartenir au convoi était décelée. Un seul homme à bord de chaque véhicule.

À la barrière de péage de la Gravelle (Mayenne), les policiers laissaient passer Clio et 206, concentrant leur dispositif sur l'Audi, vraisemblablement chargée de « came ». Au niveau de la borne de paiement, une voiture « police » parvenait à se positionner devant l'Audi, tandis qu'une seconde bloquait l'arrière et une troisième se plaçait sur son côté gauche. Conditions logiquement idéales pour un « top » interpellation.

Mais, à cet instant, le conducteur de l'Audi se sentant piégé, enclenchait une marche arrière. Usant de la puissance de son moteur, il heurtait violemment la voiture « police » assurant le blocage et parvenait à se dégager, percutant dans son slalom un enquêteur sorti de son véhicule pour interpeller. L'intégrité physique des autres policiers présents étant mise en danger, ils ouvraient le feu en direction de l'Audi qui s'immobilisait. Le conducteur était sérieusement blessé par balle au niveau du ventre. Un fonctionnaire de la BRI de Nantes lui prodiguait les gestes de premiers secours avant sa prise en charge par le SAMU et son transport à l'hôpital de Laval où les médecins restaient dans un premier temps réservés quant à son pronostic vital. Le policier percuté par l'Audi, souffrant de sévères contusions au bassin, au dos, aux jambes et à la mâchoire, était également hospitalisé.

Dans le même temps, la Clio et la 206 étaient prises en chasse puis interceptées, l'une à Rennes, l'autre à Chantepie (Ille-et-Vilaine). J'étais immédiatement avisé des événements par le commandant Ghislain Rochereau, chef de la BRI de Nantes. Tenu informé, le Parquet de Laval, territorialement compétent sur La Gravelle, saisissait, à la stupéfaction générale, la gendarmerie départementale de la Mayenne de la poursuite de l'enquête, tant sur le volet trafic de stupéfiants que sur l'usage des armes. Une marque de défiance intolérable à notre égard. Je tentais de contacter le procureur général d'Angers, mais celui-ci se trouvant en congé, j'étais mis en relation avec un substitut général assurant l'intérim.

Ce magistrat me déclarait avoir donné personnellement instruction au Parquet de Laval de saisir la gendarmerie. Le ton montait ; je lui faisais part de mon incompréhension. L'inspection générale de la police nationale (IGPN) était tout à fait compétente pour enquêter sur l'usage des armes. Pourquoi nous dessaisir de la poursuite des investigations sur le trafic de stupéfiants ? De guerre lasse, je raccrochais, décidé à me tourner vers l'avocat général de la cour d'appel de Rennes, en charge du suivi de l'activité de la JIRS de Rennes.

Simultanément, le chef de la BRI m'appelait et me faisait part de l'arrivée d'un colonel de gendarmerie sur les lieux de la fusillade qui entendait saisir les armes des policiers présents pour les besoins de son enquête. Je donnais pour instruction de refuser de lui remettre quoi que ce soit avant mon arrivée sur place. Lors de mon trajet de Rennes à La Gravelle, j'étais contacté par l'avocat général rennais qui me déclarait que le Parquet de Laval était finalement dessaisi au profit du Parquet de la JIRS de Rennes et que la PJ pouvait donc poursuivre ses investigations.

En arrivant au péage, je rencontrais le colonel de gendarmerie et lui annonçais donc qu'il n'était plus en charge de l'affaire. Il semblait l'avoir en travers de la gorge, mais qu'importe. La scène de l'interception de l'Audi avait été entièrement filmée par les caméras de surveillance du péage et l'état de légitime défense des policiers ayant ouvert le feu était bien établi. Les déclarations des témoins ayant assisté à la scène allaient également dans ce sens.

Dans un souci de neutralité, les investigations sur ce volet de l'affaire étaient réalisées par le SRPJ d'Angers en raison de l'indisponibilité de l'IGPN. Lors de la fouille de l'Audi,

160 kilos de résine de cannabis étaient découverts contenus dans cinq « valises marocaines ». Le trafiquant blessé, après une intervention chirurgicale, était mis en examen pour infractions à la législation sur les stupéfiants, association de malfaiteurs et tentative de meurtre sur personne dépositaire de l'autorité publique puis placé sous mandat de dépôt en milieu hospitalier. Les deux autres mis en cause niaient dans un premier temps toute implication dans ce convoyage puis invoquaient leur droit au silence. Les investigations techniques (téléphonie, GPS) établissaient toutefois la réalité de ce « go fast », l'Audi et la Clio se trouvant en relation téléphonique constante sur un itinéraire identique. Le conducteur de la 206 apparaissait comme le commanditaire donnant des instructions uniquement au départ et à l'arrivée du convoi avant le péage. Ils étaient tous deux écroués.

***

Pour la troisième saison de la série « Mohamed Aouaz », récemment libéré de prison, une nouvelle enquête était ouverte par la PJ de Nantes en mars 2014. Rapidement, il apparaissait qu'Aouaz « animait » un trafic de cocaïne entre Nantes et Paris. Il ressortait des planques et écoutes que Mohamed étendait le champ d'action de sa petite entreprise et nous préparait une livraison de coke entre Paris et Marseille par l'intermédiaire de Mohamed Naif, un Nantais installé dans la cité phocéenne. Dans ce contexte, il était jugé préférable d'associer l'Office central des « Stups », dont la compétence territoriale est nationale, à la poursuite de nos investigations.

Le 3 avril, en fin de journée, Aouaz quittait Nantes pour la région parisienne où il multipliait les contacts jusque dans la soirée du 4 avril. Le 5 avril vers 1 heure du matin, notre dispositif observait son départ de Paris par l'autoroute A6, à bord d'une Audi de grosse cylindrée, ouvrant la route à une Dacia Logan conduite par un inconnu. Vers 4 heures, le convoi était « stoppé » avec l'appui de la BRI de Lyon à hauteur de Saint-Albain (Saône-et-Loire). Le conducteur de la Logan, un certain Farid Bachiri, 36 ans, était interpellé après avoir blessé un policier de la BRI en se rebellant. Quant à Aouaz, il tentait de renverser un collègue de l'OCRTIS qui s'apprêtait à l'extraire de sa voiture. Il percutait ensuite un véhicule de police qui lui faisait face et parvenait à prendre la fuite en empruntant l'autoroute à contresens sur plus de 50 kilomètres. Une poursuite était alors engagée avec le renfort des unités de gendarmerie des régions Bourgogne et Centre sur près de 400 kilomètres.

La fouille de la Logan amenait à la découverte de 7 kilos de cocaïne dans une cache aménagée sous la banquette arrière. Vers 8 h 45, l'Audi était retrouvée vide d'occupants dans une forêt de Saint-Didier-la-Forêt (Allier). Un important dispositif de recherches mis en place par la gendarmerie nationale permettait enfin l'arrestation du fuyard à 20 heures.

Aouaz et Bachiri étaient conduits dans les locaux de la PJ de Nantes. Naif, 44 ans, était interpellé à son domicile marseillais ainsi que le commanditaire présumé très défavorablement connu, Djamel Ounous, 36 ans, qui tentait lui aussi de s'échapper. 226 550 euros en liquide étaient saisis chez Naif. Bachiri reconnaissait avoir été rémunéré 800 euros pour piloter la Logan de Paris à Marseille. Il prétendait ignorer la présence de drogue dans cette voiture, persuadé de transporter uniquement une forte somme d'argent. Craignant des représailles pour lui-même et sa famille, il ne souhaitait pas en dire davantage. Il affirmait même ne pas connaître Aouaz. Les trois autres mis en cause, en malfaiteurs chevronnés, refusaient de s'exprimer, faisant valoir leur droit au silence. Aouaz était condamné en avril 2015 par la JIRS de Rennes à neuf ans de prison.

J'aurai connu lors de chacun de mes trois séjours professionnels rennais les exploits de ce trafiquant récidiviste, amateur invétéré de rodéos motorisés. De quoi s'interroger sur les possibilités de réinsertion de certains délinquants !

***

En décembre 2012, des trafiquants nantais revenant d'Espagne et persuadés, à tort, d'avoir été repérés, abandonnaient précipitamment, peu avant le péage de Biarritz-La Négresse (Pyrénées-Atlantiques), un fourgon Mercedes contenant 1,140 tonne de cannabis et quelques kilomètres plus loin, une voiture « ouvreuse ». Les investigations des antennes PJ de Nantes et de Bayonne amenaient toutefois leur identification et interpellation à Nantes en juin 2013. Le convoi ne comportait pas moins de quatre véhicules. Une erreur fatale d'appréciation de nos voyous qui leur valait la perte d'une cargaison de grande valeur et quelques années d'emprisonnement.

Les convoyeurs font parfois preuve d'imagination pour éviter d'éventuels contrôles sur leur trajet. C'est ainsi qu'un couple de trafiquants brestois d'héroïne et de cocaïne ramenait régulièrement de région parisienne des quantités conséquentes de drogue, circulant chacun à bord d'un véhicule accompagné d'un de leurs enfants en bas âge afin de ne pas éveiller les soupçons. Malheureusement pour eux, le stratagème prenait fin au terme d'un « go fast » familial clôturé par leur arrestation durant l'été 2015.

La culture « indoor » ou cannabiculture

La culture locale de cannabis revêt souvent un caractère artisanal, mais il arrive aussi qu'elle se présente sous une forme beaucoup plus élaborée, fournissant ainsi d'importantes quantités d'un produit dont la teneur en principe actif (THC) se révèle supérieure à celui importé du Maroc.

Le 28 janvier 2015, les fonctionnaires de la direction des opérations douanières de Nantes, assistés des enquêteurs de l'antenne PJ de Nantes, investissaient une propriété sur la commune de Malville (Loire-Atlantique), suspectant une production massive d'herbe de cannabis en ce lieu.

L'enquête avait débuté fin 2014, sur la base d'un renseignement selon lequel cette habitation de 400 m² avait été récemment équipée, sans raison particulière, d'un groupe électrogène de très forte capacité se substituant ainsi au fournisseur habituel d'électricité, lequel, sollicité par les douaniers, indiquait que l'énergie consommée à cette adresse était quasi nulle. Il apparaissait en revanche qu'une quantité surprenante de fuel y avait été livrée. L'opération conjointe du 28 janvier faisait apparaître que la quasi-totalité des pièces de cette vaste habitation servait de salles de culture sur un mode semi-industriel d'herbe de cannabis. Elles disposaient chacune de l'équipement nécessaire à cette production (lampes halogènes, installations électriques, câblage, engrais, granules, système d'irrigation...). Deux individus, dont le locataire en titre, étaient présents lors de l'intervention. 4125 pieds de cannabis (représentant un poids de 1,2 tonne), 47 kilos d'herbe déjà récoltée et conditionnée, 10000 euros en espèces et un pistolet-mitrailleur Uzi 9 mm étaient saisis. Une centaine de munitions de calibres 5,56 et 7,62 était découverte enterrée dans le parc de la propriété.

Les deux hommes avaient été recrutés par des voyous nantais originaires du quartier de Bellevue pour cultiver la plantation et la défendre en cas de besoin. À cette fin, le pistolet-mitrailleur leur avait été remis. La récolte était écoulée sur Nantes. Bref, un circuit court à préconiser aux agriculteurs locaux !

Les importations par voie maritime : « rip off » et « drop off »

L'importance de la façade maritime du ressort territorial de la DIPJ de Rennes (près de 3700 km de linéaire côtier) et la présence de plateformes portuaires, notamment celle du Havre, sont propices à l'importation de volumes considérables de cocaïne et de cannabis par voie maritime.

L'expression « rip off » désigne une technique prisée des narcotrafiquants agissant avec la complicité de dockers sur des ports ouverts au transport international de conteneurs, comme Le Havre, considéré comme l'une des principales portes d'entrée de la cocaïne en Europe. La drogue est déposée, au départ, à l'insu de l'expéditeur et du destinataire dans un conteneur transportant du fret légal. Elle est généralement contenue dans des sacs, sans dissimulation particulière, prête à être récupérée rapidement à l'arrivée par des dockers complices. La récupération nécessite cependant toute une logistique. La première étape intervient au moment du déchargement. Une fois le conteneur repéré dans le bateau, il faut que le grutier soit dans la combine pour déposer la « boîte » dans un endroit le plus discret possible. Ensuite, il faut qu'une équipe au sol vienne briser les plombs, se servir et remettre de nouveaux scellés. Enfin, intervient un troisième niveau pour faire sortir la marchandise du port.

Ainsi, une affaire havraise : le 4 janvier 2013, les agents des douanes du Havre saisissaient sur le terminal portuaire 160 kilos de cocaïne destinés à une équipe de malfaiteurs franciliens. La poursuite des investigations par l'antenne PJ du Havre, celle de Cergy et l'OCRTIS aboutissait à l'identification des principaux acteurs de cette bande organisée et laissait penser qu'une nouvelle importation aurait lieu à l'automne 2013. La drogue devait être embarquée en Martinique à bord du navire CMA-CGM *Fort Saint-Georges*, dissimulée dans un conteneur dont la référence était connue. Arrivée prévue au Havre le 7 novembre 2013. Avec l'accord des autorités judiciaires, une opération de livraison surveillée était mise en place après substitution des 332 kilos de cocaïne récupérés lors de l'escale du porte-conteneur au port de Dunkerque.

Au cours des surveillances exercées dans la zone portuaire du Havre, après déchargement du conteneur, les enquêteurs assistaient, le 8 novembre, à la récupération de la drogue « factice » et à son transport au domicile d'un docker. Aussitôt, des interpellations en chaîne étaient déclenchées au Havre et en région parisienne. À l'issue des gardes à vue, douze individus étaient placés en détention provisoire. La suite des investigations établissait la participation à cette importation de deux autres dockers interpellés le 28 janvier 2014. Le maillon incontournable du réseau, intermédiaire entre les commanditaires, les clients parisiens et les dockers havrais, en villégiature en Thaïlande lors des phases opérationnelles, ne pouvait être appréhendé que le 12 mars 2014 à l'aéroport de Roissy–Charles-de-Gaulle, à son retour. Il s'agissait d'un franco-portugais, Avelino De Jesus, né au Havre et y demeurant.

La pratique du « rip-off », plus que jamais d'actualité, est un véritable piège pour les dockers attirés dans un premier temps par la possibilité de se faire de l'« argent facile ». Sans en avoir conscience, ils se placent sous la coupe d'organisations criminelles dont ils ne parviendront plus à se défaire sans s'exposer à des menaces, actes d'intimidation ou mesures de représailles, parfois mortelles.

Des quantités de stupéfiants allant jusqu'à 2,7 tonnes de résine de cannabis (novembre 2011) et 1,4 tonne de cocaïne (février 2014), ayant transité par les ports de Rouen et du Havre ont été saisies lors d'arrestations de trafiquants.

Parallèlement au « rip off » s'est développée la pratique dite du « drop off », correspondant à un largage en mer de la drogue à un moment et endroit donnés. Grâce à des balises GPS, des bateaux de pêche ou de plaisance récupèrent les stupéfiants, évitant ainsi les éventuels contrôles des ports de commerce.

Guerre de clans et règlements de comptes

Le trafic de stupéfiants engendre inévitablement des violences qui peuvent trouver leur origine dans une guerre de territoire, des « carottages » (arnaques), des dettes impayées, des saisies de drogue par la douane ou la police et donc non parvenue au destinataire final, la fauche de stupéfiants ou de numéraire... Ces violences peuvent aller de la « raclée » à l'enlèvement et à la séquestration de personnes, aux actes de torture, aux viols de compagnes de mauvais payeurs et parfois jusqu'au meurtre. Le métier n'est pas sans risque. Le nombre croissant de fusillades en atteste.

Indépendamment des règlements de comptes dans le milieu albanais (voir « Mafia albanaise dans l'ouest »), la

DIPJ de Rennes a mené de nombreuses enquêtes relatives à des faits de cette nature.

Parmi celles-ci, une affaire d'enlèvement et séquestration sur fond de trafic de stupéfiants, traitée à la suite de la disparition entre Nantes et La Roche-sur-Yon (Vendée) le 9 décembre 2012 de Koffi Vimenyoh, d'origine togolaise. Deux mois plus tard, à Aizenay (Vendée), un agriculteur découvrait dans un champ, un corps partiellement enseveli dans une fosse rebouchée avec une terre amalgamée à du terreau. L'autopsie permettait d'identifier le cadavre comme étant celui du disparu, une balle de calibre 7,65 mm logée au niveau de la deuxième vertèbre cervicale. L'exploitation des traces relevées sur la scène de crime, et notamment sur un sac de terreau retrouvé non loin de la fosse d'inhumation, permettait d'isoler et d'identifier l'ADN du tueur, interpellé par la PJ de Nantes le 4 avril 2013 à Angers. Le fournisseur de l'arme, emprisonné pour autre cause, était également identifié.

***

Le 31 juillet 2013, deux frères, Mohamed et Faouzi Ben Abbes, originaires du quartier de Bellevue à Nantes, circulaient à bord d'une Mercedes CLK 270 à Vigneux-de-Bretagne (Loire-Atlantique). Vers 22 h 15, ils étaient la cible de plusieurs rafales d'armes automatiques. L'un d'eux décédait sur place, le second était blessé au thorax. Les investigations nous orientaient vers trois individus ayant pris la fuite à bord d'une voiture de marque Audi. Les 1er et 2 août, les domiciles et points de chute connus des suspects étaient investis par la BRI de Nantes. La somme de 227 800 euros et une trieuse à billets étaient découvertes au domicile de l'un d'eux, ainsi que 8 000 euros dans son véhicule. Interpellés les 7 et 8 août, les trois hommes étaient mis en examen pour meurtre en bande organisée et écroués. À noter que le 23 mai 2012, Faouzi Ben Abbes et un autre de ses frères, Chérif, avaient déjà été atteints par des tirs d'armes à feu à Nantes.

***

Le 1er octobre 2014, notre service interpellait six individus, mis en cause dans une tentative de meurtre par arme à feu perpétrée le 14 juillet 2014 à Rennes sur fond de rivalité entre deux clans (guadeloupéen et martiniquais) et de trafic de stupéfiants. Identifié, l'auteur du tir était écroué.

Ces règlements de comptes se multiplieront au fil du temps dans le cadre de rivalités « commerciales » entre gangs. La facilité à se procurer des armes automatiques, voire à recruter des tueurs sans scrupules de plus en plus jeunes, se traduit par une progression constante des fusillades et des homicides. Aucune région n'est épargnée par le phénomène. Sur les points de deal, on tire dans le tas, sans même cibler de véritables « concurrents », avec parfois des victimes collatérales qui ont eu le malheur de se trouver au mauvais endroit au mauvais moment.

***

Le 19 mai 2011, Christian Lothion me remettait les insignes de chevalier de la Légion d'honneur lors d'une cérémonie organisée à la préfecture de région par le préfet Michel Cadot. C'est la seule et unique occasion de ma carrière où ma famille sera présente, car j'ai toujours tenu, pour le bien de tous, à garder une certaine distance entre vie familiale et vie professionnelle. Je leur devais bien ça pour avoir subi indirectement les contraintes imposées par le métier.

Lors de ce troisième et dernier séjour professionnel à la PJ de Rennes, j'aurai le plaisir d'être rejoint par des collaborateurs de valeur, avec qui j'avais eu l'occasion d'œuvrer précédemment sous d'autres cieux, au gré des mutations. Jérôme Martin, chef d'antenne à Bayonne, prendra les fonctions de directeur adjoint à Rennes en 2010 ; Vincent Le Béguec (ancien chef d'antenne à Nantes) lui succédera en 2014 ; Jean-René Personnic (ancien de la Crim' Bordeaux) prendra la tête de l'antenne de Nantes en 2012 ; Loïc Héricher (ancien chef de la BRI de Rouen) sera nommé chef d'état-major de la DIPJ de Rennes en 2013. Ces policiers, d'une loyauté et d'une disponibilité exemplaires, m'apporteront un précieux soutien dans l'exercice de ma fonction de directeur interrégional.

POULET…
« BASQUAISE »
(1982-2018)

ETA ANNÉES 1980

Tel le sparadrap dont le capitaine Haddock ne parvient pas à se débarrasser, les affaires liées au terrorisme basque ont « collé » à mon déroulement de carrière durant une trentaine d'années. À l'époque de ma première affectation à Bordeaux en 1982, les relations franco-espagnoles ne sont pas des meilleures. Les Espagnols reprochent à la France de servir de « sanctuaire » aux terroristes basques de l'ETA. Malgré plusieurs demandes d'extraditions de la part de Madrid, le gouvernement français se refuse à livrer des individus considérés par certains politiques comme d'anciens combattants de la liberté ayant lutté contre le franquisme. La première consigne qui m'est donnée dès ma prise de fonctions est claire : pour tout ce qui touche au problème séparatiste basque, ne prendre aucune initiative et en référer à la hiérarchie ; c'est Paris qui pilote. Il m'est recommandé de me méfier même des demandes de renseignements émanant d'Interpol Madrid en matière de droit commun, car elles peuvent en réalité concerner des individus liés à ETA. Au quotidien, c'est l'antenne PJ de Bayonne qui est en première ligne, mais le GRB est ponctuellement sollicité pour apporter son soutien à des dispositifs de surveillances ou à des opérations.

Le président de la République François Mitterrand envisageant une visite en Espagne du 22 au 24 juin 1982, en signe de détente dans les relations entre les deux pays, une opération visant à l'interpellation de membres de l'ETA est programmée pour le 12 juin. Le cadre juridique est tout trouvé, les douaniers bordelais ont découvert le 9 juin au centre de tri postal de Bordeaux, quatre colis expédiés du Danemark contenant 240 faux passeports espagnols vierges, adressés poste restante à Dax, Tarnos et Bayonne, à des destinataires aux identités « bidons ». Le procureur de la République de Bordeaux saisit donc le SRPJ de l'enquête pour falsification de documents administratifs et la direction me demande d'aller récupérer et saisir ces passeports au centre de tri. Le lendemain, 10 juin, une information est ouverte et une commission rogatoire est délivrée au service prescrivant de poursuivre les investigations. De manière fort opportune, des renseignements sont communiqués par la 6e Section de la DCPJ (en charge de l'antiterrorisme), selon lesquels « lesdits passeports pourraient être destinés à des membres de l'ETA Militaire séjournant dans le Sud-Ouest de la France et susceptible de se livrer à des activités illégales sur les territoires français et espagnol, notamment durant la période de la Coupe du monde de football ». Les investigations sont orientées vers certains militants de cette organisation ou sympathisants susceptibles de les héberger dans le département des Pyrénées-Atlantiques.

Le samedi 12 juin, 5 heures, briefing à Bayonne réunissant l'ensemble des participants à l'opération : fonctionnaires du SRPJ de Bordeaux (siège et antennes de Bayonne et Pau), de la 6e section de la DCPJ et de la direction régionale des renseignements généraux de Bordeaux. Une vingtaine de séparatistes d'ETA sont visés. En ma qualité de chef du GRB, je me vois attribuer un objectif de choix : Domingo Iturbe Abasolo *alias* « Txomin », chef des commandos de l'ETA Militaire, vivant dans la clandestinité, mais localisé depuis peu par la section de recherches des RG. Notre équipe d'intervention est constituée de bric et de broc : moi-même, un inspecteur divisionnaire de l'antenne de Bayonne, un inspecteur de l'antenne de Pau, un inspecteur de la 6e section, deux fonctionnaires des RG et deux CRS en uniforme pour officialiser l'intervention, les militants de l'ETA vivant dans la crainte permanente de se voir enlever ou descendre par des « mercenaires » à la solde des autorités espagnoles.

Nous nous rendons donc à la villa Le Gîte, rue du Pérou à Bayonne, logement supposé de « Txomin ». Coups frappés à la porte, mais pas de réponse à nos appels. Je requiers donc deux personnes du voisinage pour assister, en qualité de témoins, à la perquisition à laquelle nous devons procéder. Par chance, une clef permettant d'ouvrir une porte située à l'arrière de la maison est découverte sous un séchoir à linge. Avec les fonctionnaires de PJ, j'investis les lieux, rez-de-chaussée et étage, pour m'assurer que personne n'est présent.

Nous entamons ensuite la perquisition. Dans un placard, nous récupérons un revolver de calibre 357 magnum et une centaine de cartouches qui feront l'objet d'une procédure incidente pour détention d'arme et de munitions de 4e catégorie. Le procès-verbal de perquisition rédigé et signé par les témoins, nous rentrons au siège de l'antenne PJ pour le débriefing.

Quelques instants plus tard, mon directeur, celui des RG et le chef de la 6e section viennent vers moi et me font part de la découverte par les deux fonctionnaires des RG qui m'accompagnaient, de documents relatifs à des extorsions de fonds (levée de l'« impôt révolutionnaire ») et des projets d'attentats. Bien évidemment, les deux « RG », certainement adeptes du renseignement pour le renseignement, ne m'en ont pas parlé en cours de perquisition. Les autorités souhaitent donc que ces documents soient replacés dans la bibliothèque où ils avaient été trouvés, dissimulés parmi des bouquins, et qu'il soit procédé à une seconde perquisition. Je me montre réticent, car c'est toujours l'officier de police judiciaire dont le nom figure en tête du procès-verbal qui endosse la responsabilité de l'acte et, en l'occurrence, d'un « faux » qu'il va me falloir rédiger. Mais que peut faire un jeune commissaire devant l'insistance de trois commissaires divisionnaires ? Sinon procéder à cette seconde perquisition en requérant à nouveau les deux témoins réveillés aux aurores par nos soins. Et, ô miracle, découverte de ces documents caractérisant une participation à une association de malfaiteurs ! Rédaction d'un deuxième procès-verbal de perquisition et initiation d'une nouvelle procédure incidente.

Plus tard, dans la journée, en début d'après-midi, nous interpellons « Txomin » à proximité de l'Aviron Bayonnais.

Craignant de ne pas avoir affaire à des policiers français, il dégaine un pistolet automatique 9 mm, puis rassuré, il se rend sans opposer de résistance. Il faut préciser qu'entre 1975 et 1980, il a été victime de quatre tentatives d'assassinat.

Quant aux auditions sur les armes et les documents découverts à son domicile, elles sont des plus rapides : il ne répond à aucune question. À l'issue de sa garde à vue, « Txomin » est déféré au Parquet de Bayonne, puis écroué.

Quelques jours plus tard, le juge bayonnais chargé d'instruire la procédure d'association de malfaiteurs contacte mon directeur pour lui faire savoir qu'il va me convoquer afin de procéder à mon audition au sujet de la deuxième perquisition. Je l'aurais parié ! L'avocat de la défense a sauté sur l'occasion. Il me faut donc inventer une explication des plus fumeuses pour motiver cette deuxième visite du domicile « conspiratif ». Je prétexte le fait que « Txomin » demeurait introuvable malgré la dizaine de perquisitions effectuées au petit matin du 12 juin, pour justifier ces nouvelles recherches visant à localiser un éventuel point de chute où il aurait pu se trouver. Malgré ce mensonge « par devoir », j'ai ma conscience pour moi, car si les fonctionnaires des RG avaient apporté et placé eux-mêmes ces documents dans la bibliothèque, ils auraient eu tout intérêt à me faire part de leur découverte lors la première perquisition. Toutefois, cette nouvelle expérience d'opération menée avec un service de renseignement m'incitera pour l'avenir à me montrer méfiant vis-à-vis de fonctionnaires dont le souci premier est celui de l'information et non pas d'établir une procédure rigoureuse, car ils n'en ont pas la responsabilité. C'est le métier qui rentre.

Quant aux résultats de l'opération « symbolique » du 12 juin, ils sont somme toute modestes (découvertes de quelques armes, faux documents d'identité...) et n'apportent bien sûr aucun élément quant à la découverte des faux passeports motivant officiellement ce déploiement de forces. Curieusement, malgré la forte mobilisation de troupes et d'autorités policières engagées sur l'opération, je me vois confier la tâche d'établir les rapports relatifs aux procédures diligentées. Merci, patron ! Des peines de quelques mois d'emprisonnement seront prononcées suivies d'assignations à résidence. « Txomin » sera remis en liberté le 3 mars 1983. Après une nouvelle condamnation prononcée par le tribunal correctionnel de Bayonne en mai 1986 pour infraction à assignation à résidence, il sera expulsé au mois de juillet suivant vers le Gabon. Il rejoindra rapidement l'Algérie où, selon la thèse officielle, il se tuera le 27 février 1987 dans un accident de la route.

LES « GALEUX »

Aux élections d'octobre 1982, les socialistes du PSOE accèdent au pouvoir à Madrid. Felipe Gonzales devient président du gouvernement. Ce nouveau contexte politique va marquer le début d'un engagement français plus marqué et d'une coopération accrue avec les autorités espagnoles. Toutefois, les mesures adoptées par la France sont jugées insuffisantes vues d'Espagne. En moins d'un an, les relations se tendent entre Madrid et Paris. Ainsi, le mois de septembre 1983 verra naître les « groupes antiterroristes de libération » (GAL), une émanation des forces de sécurité espagnoles, chargés d'éliminer physiquement les etarras pour contrer leur offensive meurtrière. Le Pays basque français devient un lieu de règlements de comptes. Les GAL assassineront de 1983 à 1986 17 séparatistes basques ; 8 personnes étrangères au mouvement seront victimes collatérales de ces tueries. Leur mission : faire pression sur les autorités françaises pour les amener à se débarrasser des Basques d'ETA réfugiés dans le Sud-Ouest. Plusieurs groupes distincts d'exécutants généreusement rémunérés opèrent pour le compte des donneurs d'ordre espagnols : celui des truands bordelais et marseillais, celui d'anciens légionnaires ayant appartenu à l'OAS… Celui des truands bordelais est celui dont j'ai eu à m'occuper avec les membres du GRB en 1984 en collaboration avec l'antenne PJ de Bayonne et la 6e section de la DCPJ. Il sera le premier neutralisé.

Le 11 mars 1984, lors d'une bagarre anodine dans le centre de Bayonne, deux hommes sont interpellés par les policiers locaux. Roger Bernard, 35 ans, voyou bordelais bien connu et Kader Boudjellal, 27 ans, lui aussi de Bordeaux. Dans la voiture conduite par Bernard, deux pistolets automatiques de calibres 7,65 et 11,43 sont découverts. Ce véhicule faussement immatriculé a été volé quelques jours plus tôt à Bordeaux. La PJ est avisée de ces interpellations. Dans le contexte des opérations imputables aux « Galeux », la présence de ces truands bordelais dans le « Petit Bayonne » ne relève certainement pas du hasard. Bernard est inculpé de détention illégale et de transport d'armes avant d'être écroué. Après accord des magistrats du TGI de Bayonne, Kader Boudjellal, qui clame son innocence, est remis en liberté bien que personne ne soit dupe, bien au contraire. Il ne sera plus lâché d'une semelle. Dès son retour à Bordeaux, les filatures et surveillances exercées par notre groupe permettent de le « loger » dans un immeuble, place Pierre-Jacques-Dormoy. Un appartement est loué à cette adresse par la sœur de la maîtresse de Roger Bernard. Plusieurs de ses relations sont identifiées. Parmi elles, Mhamed Khiar, Algérien de 28 ans, figure montante du milieu bordelais, qui a incité les anciens corso-marseillais à quitter les lieux et à se retirer sur les bords de la Méditerranée. Nous avions eu vent d'une soirée où Khiar, accompagné de complices armés, avait braqué les truands « historiques » qui tapaient le carton dans l'arrière-salle d'un de leurs établissements. Symboliquement, Khiar les avait dépouillés de leurs montres et bijoux, leur faisant savoir qu'il prenait la relève sur la place. C'était ça, ou le sang coulerait !

Gaston Deferre, ministre de l'Intérieur, suivait de près le dossier des GAL, car aucune des enquêtes menées depuis leur apparition sur le territoire français ne s'était traduite par des interpellations. Claude Benay, mon supérieur direct, avait été reçu par le ministre lui-même, pour faire le point sur l'affaire, tout en sirotant un whisky. Deferre souhaitait prendre l'avis d'un policier de terrain, car il reprochait à ses conseillers d'être toujours d'accord avec ce qu'il suggérait. La stratégie adoptée était de poursuivre les surveillances sur l'équipe, d'identifier l'ensemble des membres du commando et d'intervenir au plus près de la commission d'un attentat. Facile à dire, mais il ne s'agit pas de se louper. L'interception d'une communication téléphonique établissait un contact de nos « clients » avec les frères Perret, Gilbert et Clément. Juifs pieds-noirs ayant connu leurs heures de gloire dans le milieu, les deux frères avaient été chassés du pavé parisien par le clan Zemmour ; ils s'étaient réfugiés à Castellón de la Plana, dans le sud de l'Espagne. Ils étaient soupçonnés d'avoir appartenu de 1978 à 1980 au « Bataillon basque espagnol » qui déjà se livrait à des exécutions d'etarras. Gilbert avait été reconnu comme étant l'un des trois auteurs de la fusillade, en novembre 1980, du Bar Hendayais, établissement fréquenté par des séparatistes basques.

Le 9 avril 1984, nous interceptons auprès des PTT, avant de le remettre en circulation, un courrier posté à Castellón de la Plana et adressé à nos « Galeux » bordelais. Il contient les instructions concernant les prochaines cibles à abattre, un homme et une femme vivant en couple à Bayonne. Des photos des intéressés sont jointes à ce courrier qui précise que le feu peut être ouvert, qu'ils se trouvent seuls ou accompagnés d'autres personnes. L'heure est donc venue de déclencher l'opération avant que le commando ne passe à l'action.

Le mercredi 11 avril, nous interpellons simultanément à Bordeaux, outre Boudjellal et Khiar, un certain Mohamed Mekouafi et sa femme, Yasmina, tous d'origine algérienne. Trois autres Français, domiciliés à Paris, Nîmes et Toulouse font également partie de la « charrette ». Les éléments découverts en perquisitions conforteront les projets criminels de ces individus. Inculpés d'association de malfaiteurs, ils seront écroués à la prison de Bayonne, puis transférés à la maison d'arrêt de Gradignan. L'organisation mise au jour par l'enquête s'articule en trois volets. L'un fait du renseignement, identifie et loge les etarras. Ces données sont transmises en Espagne où elles sont collationnées, recoupées puis répercutées en France vers les exécuteurs, « professionnels » recrutés dans le milieu. « Premier succès important des policiers français contre le mystérieux GAL » titrera le quotidien *France-Soir* dans son édition du 14 avril 1984.

À noter que Clément Perret sera exécuté par l'ETA à Castellón de la Plana le 18 août 1985.

LES BASQUES EN BRETAGNE

Au début des années 1980, les différentes branches d'ETA regroupent environ 2 500 militants répartis au sein de quatre appareils : militaire, politique, logistique et international. Malgré l'adoption en 1979 d'un statut d'autonomie du Pays basque et la création de la communauté d'Euskadi, 118 personnes sont tuées dans des attentats en 1980 ; les enlèvements suivis de demande de rançon, voire d'exécutions, et la levée de l'« impôt révolutionnaire » sont pratiques courantes.

Entre 1984 et 1987, les autorités françaises durciront progressivement leur position vis-à-vis de l'ETA en prenant diverses mesures : limitation des permis de résidence, expulsions vers l'Afrique, extraditions vers l'Espagne, poursuites judiciaires... Ce changement de politique contribuera à mettre un terme en 1987 aux attentats et enlèvements attribués au GAL.

L'interdiction de résidence dans les neuf départements du Sud-Ouest pour les Basques sollicitant le statut de réfugié politique amène l'ETA à se rapprocher de « sympathisants » recrutés dans les milieux régionalistes bretons et occitans. Les liens créés à cette période en Bretagne, notamment avec le mouvement « Emgann », perdureront. C'est ainsi que des Bretons, acquis à la cause, accueilleront dans un premier temps des Basques espagnols assignés à résidence, puis, le temps passant, des militants de l'ETA recherchés pour des actions terroristes commises outre-Pyrénées. En mai 1992, après quatre mois de surveillances de la PJ, une soixantaine de personnes du cru et cinq membres de l'ETA sont interpellés en Bretagne. Au total, 42 personnes sont présentées à la juge d'instruction, Laurence Levert, puis mises en examen pour association de malfaiteurs en relation avec une entreprise terroriste. Dix-huit d'entre elles sont écrouées.

À mon arrivée au SRPJ de Rennes en qualité de directeur adjoint le 1er août 1993, le calme règne dans l'Ouest sur le front des affaires basques. C'est effectivement une période de répit qui se termine à l'automne 1999. Entre-temps, le seul Basque auquel j'ai eu affaire de 1988 à fin 1991 est Jean Etcheberry, mon directeur rouennais, avec qui j'ai entretenu des relations des plus cordiales. Il est vrai qu'il éprouvait une véritable passion pour les armes et les munitions, lui conférant un statut d'expert en la matière. De là à le soupçonner d'appartenance à une organisation séparatiste !

Le 28 septembre 1999, alors que j'assure l'intérim du directeur du SRPJ hospitalisé, j'apprends « par la bande », en début de matinée, la commission d'un vol à main armée à Plévin (Côtes-d'Armor) dans le courant de la nuit précédente au préjudice de la société Titanite. Huit tonnes d'explosifs, près de 5 000 détonateurs et dix kilomètres de cordeau détonant ont été dérobés après que le personnel eut été neutralisé par un commando composé d'au moins sept individus, dont une femme. Leur accent étranger et un mot prononcé en espagnol ont été relevés par les témoins. J'en informe aussitôt Roger Marion, « patron » de la division nationale anti-terroriste (DNAT) à la DCPJ, puis me rapproche du procureur de la République de Guingamp dans l'attente d'une saisine ultérieure du Parquet antiterroriste de Paris. Le Parquet de Guingamp me confie effectivement l'affaire, me préconisant de me rapprocher de la gendarmerie, car le procureur semble craindre la réaction de la hiérarchie militaire à l'annonce de cette décision. Je téléphone donc au colonel, commandant le groupement de gendarmerie des Côtes-d'Armor et lui apprends le dessaisissement de ses services de cette enquête. Sa réaction est immédiate : « Dans ces conditions, je fais rentrer l'hélicoptère ! » Je lui fais remarquer qu'il a une drôle de conception de l'intérêt général, mais comme on a rarement vu une enquête aboutir à partir d'un survol d'hélico, qu'il fasse regagner la base à son engin si ça lui chante ! Au revoir et merci pour tout.

Le Parquet de Paris, informé du braquage, confirme la saisine de la PJ (division nationale antiterroriste et SRPJ de Rennes). Il ne faut pas être grand clerc pour voir la marque d'ETA dans le vol d'une telle quantité d'explosif. Des effectifs de la DNAT sont immédiatement dépêchés sur la Bretagne. Dans le courant de la matinée, une fourgonnette de l'entreprise Titanite est retrouvée abandonnée, embourbée près de Pontivy. À son bord, 675 kilos de dynamite... La presse nationale diffusant largement l'information, un renseignement parvient dans le courant de la journée à la gendarmerie d'Idron (Pyrénées-Atlantiques). Un habitant de la commune a remarqué quelques heures plus tôt la livraison discrète d'un nombre imposant de colis similaires à ceux dérobés, entreposés dans une villa du voisinage. Aussitôt avisés, l'essentiel des policiers de la DNAT et une paire d'enquêteurs rennais prennent la direction du Béarn. Un dispositif de surveillance est mis en place à proximité de ce pavillon résidentiel d'Idron. Dans le courant de la nuit, un couple est intercepté alors qu'il quitte la maison en voiture. Puis c'est le tour d'un autre homme circulant à moto. Son interpellation est particulièrement mouvementée. Deux autres personnes parviennent à quitter l'habitation sans être repérées. Les trois individus arrêtés sont identifiés. Les deux hommes sont des membres de commandos actifs de l'ETA. Quant à la jeune femme, c'est elle qui s'était chargée de la location de la villa. À l'intérieur de celle-ci, 2,6 tonnes de dynamite de Plévin.

Dans le même temps, les renseignements généraux de Rennes nous transmettent une information capitale. Des militants séparatistes bretons faisaient l'objet de surveillances durant les jours précédents le braquage. Les policiers des RG ont assisté à des contacts à Lorient entre ces derniers et des individus soupçonnés d'appartenir à l'ETA, dont Asier Oyarzabal Chapartegui, membre de la direction de cette organisation terroriste. Nous procédons donc à de nouvelles interpellations, notamment dans le Morbihan. Les investigations attestent pour le moins d'un concours logistique apportés par ces membres de l'armée révolutionnaire bretonne (ARB) au commando basque, en organisant son hébergement. La poursuite de l'enquête confirmera les liens entre ces Bretons et les etarras et conduira à l'arrestation ultérieure de plusieurs personnes, dont Oyarzabal. Un jugement de la cour d'assises spéciale de Paris condamnera le mercredi 29 juin 2005, cinq séparatistes basques et neuf militants bretons à des peines allant de quatre ans d'emprisonnement à vingt ans de réclusion criminelle. La sanction la plus importante est prononcée contre Oyarzabal, responsable logistique de l'ETA, cheville ouvrière du vol de Plévin.

Charlie Grall, journaliste et autonomiste breton, condamné à six ans de prison pour « participation à une association de malfaiteurs en vue de la préparation d'un acte de terrorisme » sera seul à faire appel de ce jugement. Il sera à nouveau reconnu coupable et condamné à deux ans d'emprisonnement avec sursis lors d'un second procès en octobre 2012.

Il n'en demeure pas moins que les explosifs de Plévin seront utilisés pour commettre plusieurs attentats meurtriers en Espagne et ont vraisemblablement servi lors de quelques actions perpétrées par l'ARB en Bretagne, dont l'attentat de Quévert où une jeune femme trouva la mort le 19 mai 2000. L'ARB restituera le 25 novembre de la même année, une centaine de kilos de dynamite et 450 détonateurs.

Pour ma part, je n'ai suivi que les premières semaines de la phase active de cette enquête, ayant été muté à Rouen le 8 novembre 1999 en qualité de directeur du SRPJ de Normandie.

ETA, LE DÉCLIN

Ce n'est qu'en septembre 2006 que je me retrouve confronté une fois de plus aux affaires basques. En effet, j'ai pris mes nouvelles fonctions de directeur interrégional de la police judiciaire de Bordeaux le 1er septembre. La situation a bien évolué. En ce qui concerne la lutte contre ETA, la collaboration franco-espagnole est bien instituée, la PJ travaille de concert avec le Commissariat général à l'information (CGI) du Corps national de police espagnole (force de sécurité civile), mais comme en France, rien n'est simple, nos collègues des Renseignements généraux œuvrent avec la garde civile (force de sécurité militaire comparable à notre gendarmerie).

Dès mon arrivée à Bordeaux, une réunion de prise de contact est organisée au siège de l'antenne PJ de Bayonne entre responsables du CGI et de la PJ en présence de Frédéric Veaux, sous-directeur en charge de la lutte antiterroriste (SDAT) à la DCPJ. Frédéric est une vieille connaissance, car je l'ai connu commissaire stagiaire à Bordeaux lorsque j'étais chef du GRB (il sera nommé directeur général de la police nationale en février 2020). Le chef d'antenne de la PJ de Bayonne, Jérôme Martin, et son adjoint, Alain Teillet, nous reçoivent dans leurs locaux. Le but de cette réunion est de se concerter sur les « objectifs etarras » susceptibles de préparer une reprise de la lutte armée ou recherchés en vertu de mandats d'arrêt européens ou internationaux, que les policiers français et espagnols prendront respectivement en compte sur le territoire national, après validation du ministère de l'Intérieur à Paris. Les Espagnols ne peuvent se livrer qu'à des actions de localisation et de surveillance de commandos clandestins localisés sur notre ressort géographique ; ils ne peuvent en aucun cas exercer d'actes à caractère coercitif (interpellation, perquisition). Ils sont autorisés à être armés pour assurer leur sécurité personnelle.

Préalablement à ma prise de fonctions à Bordeaux, l'ETA avait déclaré le 22 mars 2006 une trêve dans la commission des attentats dirigés contre les intérêts espagnols. Plutôt rassurant pensais-je. Mais le cessez-le-feu dit « permanent » devait être de courte durée. Il prend fin le 30 décembre 2006. Une fourgonnette piégée volée en France à Luz-Ardinen (Hautes-Pyrénées) explose dans un parking souterrain de l'aéroport de Madrid-Barajas, faisant deux morts et 19 blessés. Le 9 janvier 2007, ETA revendique l'attentat, renouvelant sa volonté d'indépendance. Le gouvernement espagnol met fin alors au dialogue engagé avec l'organisation clandestine. Nicolas Sarkozy, président de la République, déclare : « ETA, c'est une mafia, des assassins… La France ne sera pas sa base arrière. » Les arrestations d'activistes redeviennent d'actualité. La SDAT et la DIPJ de Bordeaux, avec son antenne de Bayonne et sa BRI, se retrouvent en première ligne pour traquer les « commandos légaux » – dont les membres mènent une vie normale et dont l'engagement est inconnu des services de police – et les « illégaux » constitués de militants identifiés ayant opté pour une clandestinité totale. Des 2 500 « combattants » du début des années 1980, leur nombre s'est réduit à 250 environ en 2007. Le 5 juin 2007, ETA annonce « officiellement » que le cessez-le- feu prend fin le 6 juin à minuit. L'organisation est certes affaiblie en raison de dissensions internes, mais certains militants semblent plus que jamais déterminés à radicaliser leur combat.

Trois hommes impliqués dans l'attentat de l'aéroport de Madrid seront identifiés : Igor Portu et Mattin Sarasola, interpellés en Espagne le 9 janvier 2008, et Mikel San Sebastian que nous arrêterons à Saint-Jean-de-Luz le 15 février 2008. Ils seront jugés par l'Audience nationale à Madrid et condamnés le 21 mai 2010 à 1 040 ans de prison chacun. Le commanditaire de cet acte terroriste, chef militaire d'ETA, Garikoitz Aspiazu Rubina, *alias* « Txeroki », sera interpellé par notre service et la SDAT en novembre 2008 à Cauterets (Hautes-Pyrénées).

Dès le 7 juin 2007, soit deux jours après l'annonce par l'ETA de la fin de son cessez-le-feu, nous portons un coup à l'organisation. À 6 heures, conjointement avec la

SDAT, nous faisons voler en éclats les portes 33, rue du Maréchal-Foch à Bagnères-de-Bigorre (Hautes-Pyrénées) où nous avions « logé » dans un appartement, quelque temps auparavant, trois clandestins considérés par les Espagnols comme des membres importants de la structure logistique de l'appareil militaire. Deux hommes et une femme y sont interpellés. Alaitz Areitio Aspiri, nom de guerre « Arrano », Aïtor Llorente Bilbao et Igor Iguartua Echevarria sont trouvés en possession de faux documents, d'un revolver et de matériel pour voler des véhicules et changer les plaques d'immatriculation. La femme, « Arrano », avait ouvert le feu à plusieurs reprises le 28 octobre 2004 sur des gendarmes motocyclistes à Bernac-Dessus (Hautes-Pyrénées), lors d'une course-poursuite pour échapper à un contrôle. Les deux hommes s'apprêtaient à repasser à l'action. Ils seront tous trois condamnés en France le 18 février 2010 par la cour d'assises spéciale de Paris pour association de malfaiteurs à visée terroriste. « Arrano », quant à elle, écopera d'une peine de 17 ans de réclusion criminelle pour le chef d'accusation supplémentaire de tentative d'homicide aggravé sur les gendarmes.

Les interpellations d'etarras sur le sol français se succèdent, mais ne se déroulent pas toujours dans les mêmes conditions. Ainsi, est arrêté le 24 juillet 2007, sur le marché à Lannemezan (Hautes-Pyrénées), Pablo Apperibai Bediaga. Il faut dire que l'intéressé a tout fait pour se faire remarquer en tournant autour de voitures, prenant l'air suspect de celui qui s'apprête à commettre un vol à la roulotte ou un vol de véhicule. Il avait une réelle envie de mettre fin à une clandestinité qu'il ne supportait plus. Il est vrai que les surveillances exercées sur des « illégaux » nous font découvrir leurs conditions de vie d'une extrême dureté : se terrer à plusieurs dans des studios ou de minuscules appartements mal équipés, dormir sur des paillasses à même le sol, se nourrir de surgelés, vivre dans une promiscuité et un stress permanents... On comprend pourquoi nombre de ces clandestins s'adonnent à l'usage de cannabis, ceci pouvant être d'ailleurs la cause de quelques accidents de circulation survenus dans des circonstances où seule une erreur de pilotage peut expliquer une sortie de route. Le problème qui se pose vis-à-vis de l'organisation, c'est qu'un etarra qui se constitue prisonnier est considéré comme un traître... Des documents saisis en 1993 font apparaître que les membres des commandos illégaux arrêtés ont l'obligation d'informer avec précision leur direction des conditions d'interpellation (rapports dénommés *cantadas*).

Le samedi 1er décembre 2007 au matin, je me trouve à mon domicile bordelais lorsque je reçois un appel de Jérôme Martin m'avisant de coups de feu tirés vers 8 h 40 à Capbreton (Landes) sur deux gardes civils espagnols en mission de renseignement dans le Sud-Ouest. Ils se trouvaient à bord de leur véhicule de service ; l'un est mort, l'autre grièvement blessé. Avant de prendre la route pour Capbreton, je contacte Martine Monteil, notre directrice centrale à Paris, et Frédéric Veaux, patron de la SDAT, pour les informer des faits. Frédéric va prendre ses dispositions pour me rejoindre sur les lieux. La section antiterroriste du Parquet de Paris saisit la SDAT et la DIPJ de Bordeaux de l'enquête. Je mobilise l'ensemble des personnels du siège de la DIPJ, des antennes, de la BRI de Bayonne et place en alerte le SRPJ de Toulouse pour un renfort éventuel.

Tout en roulant vers le sud du département des Landes, je suis en liaison permanente avec Jérôme qui est déjà sur place et me communique les infos en direct. Les faits se sont déroulés sur le parking d'un hypermarché Leclerc. Les auteurs seraient au nombre de trois, deux hommes et une femme. Ils ont pris la fuite à bord d'une VW Golf de couleur grise immatriculée en Gironde. Selon les premiers témoignages, ces individus et leurs victimes se seraient retrouvés fortuitement dans la cafétéria Les Écureuils, attenante au centre Leclerc. Ayant identifié les deux militaires espagnols, les membres présumés d'ETA les auraient suivis à l'extérieur au moment de leur départ et les auraient laissés monter à bord de leur voiture. Une conversation s'est engagée avant que des tirs ne retentissent. Raoul Centero, 24 ans, a été tué d'une balle en pleine tête tandis que son collègue, Fernando Trapero, 23 ans, également blessé au niveau du crâne, a été transporté à l'hôpital de Bayonne en état de mort cérébrale. Les deux gardes civils n'étaient pas armés. Le véhicule de fuite et les signalements du trio ont été diffusés à tous les services de police et de gendarmerie. Les deux hommes sont âgés d'une trentaine d'années. La femme plus jeune, blonde, les cheveux coupés au carré, porte des boucles d'oreille à la créole. Une véritable traque des terroristes est lancée. Vers 10 h 30, la Golf est abandonnée à Haut-Mauco, petit bourg situé au sud de Mont-de-Marsan. C'est là que les fuyards ont changé de voiture et ont pris une jeune femme, Stéphanie T., en otage. Elle venait de sortir du salon de coiffure du village et était remontée dans sa Peugeot 307 quand le commando a surgi. Elle a été extraite de l'habitacle et poussée dans le coffre. La Peugeot a pris la direction du nord.

À peine un pied posé à Capbreton, Martine Monteil m'appelle et me fait part de l'arrivée, dans le courant de l'après-midi, des ministres de l'Intérieur français, Michèle Alliot-Marie, et espagnol, Alfredo Pérez Rubalcada, me chargeant de les accueillir sur les lieux de la fusillade. La BRI, quant à elle, a mis le cap au nord au cas où la Peugeot 307 serait repérée. Sur la scène de crime, des dispositions sont prises pour préserver les traces et indices en attente des constatations techniques de nos collègues du service central d'Identité judiciaire basés à Écully (Rhône), qui doivent nous rejoindre par avion au plus tôt. Vers 13 h 15, je suis informé de la découverte de l'otage. Elle a été abandonnée par ses ravisseurs dans un bois de Saucats, en Sud-Gironde. Attachée à un arbre, elle est parvenue à se libérer et à prévenir un automobiliste qui l'a conduite à la brigade de gendarmerie de Léognan. Je donne donc pour instruction à mon chef d'état-major demeuré à Bordeaux de dépêcher une équipe d'enquêteurs pour la prendre en charge et procéder à son audition au siège de la DIPJ. Il me recontacte peu de temps après pour me faire part du refus des gendarmes de remettre Stéphanie T. à la PJ, ceux-ci ayant reçu cette instruction de leur général, commandant la région de gendarmerie d'Aquitaine. Selon le général, l'enquête concernant la prise d'otage serait distincte de celle portant sur les faits de Capbreton et ne relèverait pas de la saisine de la PJ. Les bras m'en tombent, on frise le ridicule… J'appelle aussitôt sur son portable Denis Vaultier, général précité. « Denis, tu me fais quoi là ? » Gêné, le général répond : « Désolé, Jean-Paul, cette instruction vient du général David Galtier, sous-directeur de la police judiciaire de la gendarmerie à Paris. » Bien, j'en réfère donc à Martine Monteil et lui relate la mauvaise plaisanterie. Elle me rappelle quelques minutes plus tard : contacté, David Galtier a fait part d'une mauvaise compréhension de ses ordres par les gendarmes d'Aquitaine (sympa pour eux !) ; l'otage doit être remis à la DIPJ de Bordeaux. Tant mieux, cela lui évite d'être enlevée une seconde fois dans la journée, mais cette fois, par des policiers.

Je suis rejoint en cours d'après-midi par Frédéric Veaux et nous accueillons ensemble les deux ministres de l'Intérieur. Je leur présente les lieux et le déroulement des faits tels qu'ils ressortent des témoignages recueillis. Les trois etarras se sont arrêtés pour prendre le petit déjeuner dans la cafétéria. Quelques minutes plus tard, les deux jeunes gardes civils se sont installés à leur tour dans la salle à manger quasiment vide et ont commandé des cafés. Ils parlaient en espagnol, ce qui a attiré l'attention des terroristes. Le café rapidement consommé, les agents ont regagné leur véhicule banalisé à bord duquel ils écouteront quelques instants la radio branchée sur le canal de la garde civile. Le son du poste résonnait suffisamment fort pour être entendu de l'extérieur. Trahis par leur radio, Raoul Centero et Fernando Trapero étaient froidement abattus comme des chiens par le commando.

S'en suit une conférence de presse, après laquelle je peux enfin reprendre le fil des investigations. Frédéric Veaux et Jérôme Martin veillent au grain. Anne Kostomaroff, chef de la section antiterroriste au Parquet de Paris est également des nôtres. La police technique et scientifique a débuté ses recherches tant dans la cafétéria que sur la Golf, traquant des traces digitales, génétiques, odorologiques et récupérant des éléments balistiques. Un large écho étant donné par la presse à cet événement, un numéro vert gratuit est diffusé pour recueillir tout renseignement susceptible de favoriser l'arrestation des meurtriers.

Dimanche 2 décembre, aucun signe du commando malgré les moyens mis en œuvre tant par la police que la gendarmerie. C'est le lundi 3 décembre que se manifestent deux des trois fuyards. Vers 13 heures, à Gabillou (Dordogne), un homme armé tente de dérober une VW Golf laissée, moteur tournant, par son propriétaire devant une boulangerie. Le propriétaire s'interpose et met en fuite l'homme armé qui s'engouffre dans une Renault Clio immatriculée en Haute-Garonne, conduite par une femme également armée. Le mardi 4 décembre, la Clio verte est retrouvée accidentée à Blan (Tarn), munie de fausses plaques d'immatriculation en « 82 ». À bord des sacs de couchage, des explosifs, 142 étuis vides et percutés de cartouches d'armes de poing, des mèches de cheveux blonds coupés aux ciseaux et un flacon de teinture. Vers 13 heures, à Puylaurens (Tarn), lors d'un contrôle routier, est recueilli le témoignage d'un automobiliste qui a pris en autostop l'homme et la femme pour les déposer à Revel (Haute-Garonne).

La trace des fuyards est retrouvée dans l'Aveyron, à Villefranche-de-Rouergue, et à Rodez où ils sont vus attablés dans un restaurant. Ils embarquent ensuite dans un taxi jusqu'à Espalion (Aveyron), puis dans un second taxi qui les dépose à Mende (Lozère) peu avant 23 heures. Le couple s'installe à l'hôtel du Commerce où il passe la nuit. Le mercredi 5 décembre vers 11 heures, ils quittent l'hôtel et se font déposer à proximité d'un abribus à l'Habitarelle, un lieu-dit de Châteauneuf-de-Randon, en Lozère. Mais l'étau se resserre autour d'eux depuis quelques heures. Peu après, un témoin qui les a aperçus à cet endroit alerte le commissariat de police de Mende.

La commune de Châteauneuf-de-Randon se trouvant hors de la circonscription du commissariat, les policiers transmettent immédiatement le tuyau aux gendarmes locaux qui dépêchent aussitôt des effectifs sur place. Le couple est toujours là, attendant un bus, mais ce sont finalement trois taxis bleus munis de gyrophares qui les prennent en charge. Ni l'homme ni la femme n'opposent de résistance, le nombre de gendarmes présents annihilant toute velléité de rébellion de leur part. Lui, donne sa véritable identité : Asier Bengoa Lopez De Armentia, âgé de 31 ans, *alias* « Pagadi ». Il est armé d'un revolver de calibre 357 magnum. La jeune femme s'est coupé et teint les cheveux en châtain ; elle est en possession d'un pistolet 9 mm. Elle donne une fausse identité, mais s'appelle en réalité Saioa Sanchez Iturregui, *alias* « Hintza ». Elle n'a que 26 ans. Ses documents d'identité supportent des photos où elle apparaît blonde avec… des boucles d'oreilles à la créole. Exactement comme la jeune femme décrite par les témoins sur le parking de Capbreton. La clef de la Clio abandonnée dans le Tarn est retrouvée dans les affaires du couple. Les comparaisons balistiques établiront que les douilles découvertes dans cette même voiture ont été tirées (vraisemblablement lors d'un entraînement au tir) par le revolver 357 magnum et le pistolet 9 mm… mais qui plus est, par l'arme utilisée pour abattre les deux gardes civils. C'est le même jour que nous apprenons avec tristesse le décès du deuxième garde civil, Fernando Trapero, à l'hôpital de Bayonne.

Les comparaisons d'ADN établiront la présence sur une brosse à dents découverte dans le premier véhicule de fuite d'une trace attribuée à « Pagadi ». Les deux etarras se refuseront à toute déclaration sur les faits de Capbreton. Ils avaient pris soin de se séparer du tireur, leur chef, après l'avoir mis à l'abri.

Transférés à Paris, Asier Bengoa Lopez et Saioa Sanchez sont mis en examen pour assassinats, enlèvement et association de malfaiteurs en relation avec une entreprise terroriste, puis écroués. Le chef du gouvernement espagnol José Luis Rodriguez Zapatero adressait le jour même, lors d'une conférence de presse, ses « plus grandes félicitations aux polices françaises et espagnoles ». Le 14 décembre, ETA revendiquait le double assassinat. L'exploitation ultérieure des traces digitales et ADN relevées, notamment dans le premier véhicule de fuite abandonné à Haut-Mauco, devait permettre l'identification du tireur, Mikel Kariboitz Karrera Sarobe, dit « Ata ».

Le 10 janvier 2008, une cérémonie à la mémoire des deux gardes civils exécutés à Capbreton était organisée à l'hôtel de Beauvau, à Paris, en présence des familles des victimes, présidée par les ministres de l'intérieur espagnol et français. À cette occasion, le ministre Rubalcada décorait de la « Cruz al Mérito » de la garde civile plusieurs policiers, dont Jérôme Martin et moi, et gendarmes français ayant participé à la traque des meurtriers présumés. Le même jour était signé un accord renforçant la coopération antiterroriste entre Paris et Madrid.

« Ata » sera interpellé en mai 2010 à Bayonne par le RAID et la PJ puis condamné en avril 2013 par la cour d'assises spéciale de Paris à la réclusion criminelle à perpétuité assortie d'une période de sûreté de 22 ans.

***

Durant l'année 2008, ce ne sont pas moins de 25 etarras et non des moindres que nous neutraliserons dans le Sud-Ouest. Épisodiquement, des caches (« *zulos* ») dissimulant des matériels divers (armes, munitions, explosifs, fausses plaques d'immatriculation…) entreposés par des etarras, sont découvertes en pleine nature par des chasseurs, des promeneurs… Les fouilles qui s'en suivent donnent lieu systématiquement à des recherches de traces par la police technique et scientifique ainsi que parfois, en fonction de la « fraîcheur » supposée de la cache, à la mise en place de surveillances vidéo, voire physiques.

Parmi les arrestations réalisées par la DIPJ de Bordeaux et la SDAT en 2008, trois concernent des membres éminents d'ETA, à savoir « Thierry », Javier Lopez Pena, chef politique présumé de l'organisation clandestine, puis à un mois d'écart, « Txeroki », Miguel de Garikoïtz Aspiazu Rubina, et « Gurbitz », Aïtzol Irindo, responsables du front militaire. En effet, dans l'organisation d'ETA, chaque responsable est systématiquement secondé par une doublure qui prend immédiatement le relais lorsqu'il tombe.

Les ministres de l'Intérieur se félicitent des résultats obtenus à la suite de la mise en œuvre de l'accord de coopération renforcée entre forces de sécurité françaises et espagnoles, signé le 10 janvier 2008 à Paris. Le jeune âge de la plupart des personnes arrêtées (20 à 30 ans) démontre qu'ETA a reconstitué ses dernières forces avec des militants d'une nouvelle génération.

Le samedi 4 juillet 2009, un gardien de la paix de la BRI de Bayonne, en déplacement privé dans l'agglomération paloise, déjeunait en famille dans le « Mac Donald's » de Mazères-Lezons (Pyrénées-Atlantiques) et remarquait le comportement suspect de trois individus qui pénétraient dans le fast-food après être descendus d'une VW Passat. D'initiative, il contactait un fonctionnaire de permanence à Bayonne et lui communiquait le numéro d'immatriculation de la Passat qui s'avérait être faux. Ces personnes conversant en espagnol, leur appartenance à ETA lui paraissait probable. Il alertait donc ses collègues de la BRI, qui toutes affaires personnelles cessantes, écourtaient prématurément leur week-end, se regroupaient et le rejoignaient en un temps record. Laissant les etarras présumés remonter à bord de la VW, ils les « serraient » à Idron (Pyrénées-Atlantiques), les conditions favorables à l'interpellation étant réunies. Il s'agissait bien d'un commando de l'appareil militaire d'ETA avec armes et bagages. « Flair » remarquable d'un « pro » de la lutte antiterroriste.

Le 29 juillet 2009, le procureur de la République de Paris, Jean-Claude Marin, adressait un courrier à Christian Lothion, directeur central de la PJ, dans lequel il mentionnait notamment : « Je tiens à vous dire combien le travail accompli, depuis plusieurs mois, dans la lutte contre l'ETA, par les enquêteurs de la sous-direction antiterroriste de la direction centrale de la police judiciaire et de la direction interrégionale de la police judiciaire de Bordeaux est apprécié de mes services qui ont pu, à de nombreuses reprises, mesurer la motivation, l'engagement et l'efficacité de chacun de ceux de vos collaborateurs engagés dans cette lutte. »

Quant à moi, je commence à préparer mes valises pour un retour sur Rennes programmé pour le 1er septembre 2009.

ETA ME « COLLE AUX BASQUES »

Lors de mon retour en terre bretonne, je pense avoir laissé les affaires concernant le terrorisme d'ETA derrière moi. Quelle erreur ! Puisque dès le 18 octobre 2009, je suis contacté par Christian Sainte, successeur de Frédéric Veaux à la tête de la SDAT. Il m'informe de la présence en Bretagne, vraisemblablement dans le Morbihan, d'un couple d'etarras circulant à bord d'une Audi A3 noire volée et immatriculée en Ille-et-Vilaine. Le renseignement émane de la garde civile espagnole. Je mets donc aussitôt en action la BRI de Nantes et la Crim' de Rennes pour quadriller le secteur ; ils seront rapidement rejoints par des éléments de la SDAT. Le lendemain matin, l'Audi est repérée stationnée sur un parking proche de l'église de Carnac. Vers 11 h 30, un couple arrive et monte à bord de la voiture. L'homme se met au volant et démarre, la femme à ses côtés. Ils n'iront pas bien loin. Dès la sortie du parking, les véhicules de la BRI bloquent l'« A 3 », empêchant le conducteur d'opérer la marche arrière qu'il tente d'engager. En un temps record, l'homme et la femme sont extraits du véhicule, plaqués au sol et menottés. Ils sont armés : lui, d'un pistolet automatique 9 mm, avec une cartouche engagée dans le canon ; elle, d'un revolver 357 magnum. La voiture faussement plaquée a été volée le 15 octobre 2009 à Tiercé (Maine-et-Loire). Ils sont en possession de faux papiers, mais identifiés rapidement. Il s'agit de Aïtor Elizaran Aguilar, 30 ans, recherché pour des faits de terrorisme en vertu de deux mandats d'arrêt espagnol et français, et de Oihana San Vicente Saez de Cerain, 32 ans, connue pour son appartenance à ETA. Ils sont rapatriés vers les locaux de la DIPJ à Rennes. Reste à déterminer leur point de chute dans la région.

Paris me donne le feu vert pour organiser une conférence de presse qui se tient dans mon bureau en fin d'après-midi en présence de plusieurs médias. Je remets aux journalistes présents des photographies de nos gardés à vue, espérant que des témoins se manifesteront dans les heures qui suivent, peut-être après la diffusion des journaux télévisés du soir.

Cela aurait pu marcher… C'était sans compter sur un manque de réactivité de la gendarmerie du Morbihan. En effet, un couple propriétaire d'un appartement meublé à Carnac reconnaît sur les photographies diffusées aux informations régionales, les locataires qui ont pris possession des lieux trois jours plus tôt. Ils se rendent immédiatement sur place et surprennent un troisième individu présent dans l'appartement. Aussitôt, ils prennent le chemin de la brigade de gendarmerie locale où ils trouvent porte close. Ils actionnent l'interphone et se trouvent ainsi en relation avec le centre opérationnel de la gendarmerie (COG) de Vannes. Ils exposent l'objet de leur démarche, mais l'opérateur leur répond que… la brigade est fermée pour la nuit et leur préconise de renouveler leur visite le lendemain dès 9 heures ! Bons citoyens, ils s'exécutent et se représentent à la gendarmerie à l'heure dite. C'est ainsi que nous apprenons avec plus d'une douzaine d'heures de retard le lieu de résidence de nos etarras et la présence, à leur côté, d'un troisième individu en fuite. Curieusement, dans le courant de la nuit, une voiture a été volée non loin de là. Elle sera retrouvée vide d'occupants à quelques dizaines de kilomètres de Carnac !

Le 27 février 2010, la SDAT informait la DIPJ de Rennes de la présence dans un gîte rural situé au lieu-dit « Les Planches » à Cahan (Orne) d'activistes de l'ETA. L'assistance de notre service était sollicitée pour procéder dès le lendemain matin, à 6 heures, à l'interpellation de ces terroristes. Pour réaliser cette opération délicate, l'un des etarras étant l'auteur présumé de deux assassinats, la

BRI de Rouen était actionnée, avec, à sa tête, le commandant Loïc Héricher. Les policiers de cette unité, après avoir fracassé la porte, neutralisaient rapidement trois hommes présents dans les lieux. Il s'agissait de Ibon Gogeascoechea Arronateguin, membre important de l'appareil militaire d'ETA, faisant l'objet de deux mandats d'arrêt français et espagnol, de Benat Aginagalde Ugartemendia, recherché en vertu d'un mandat d'arrêt européen délivré par l'Audience nationale à Madrid, et de José Lorenzo Ayestaran Legorburu. Ils étaient en possession de trois armes de poing, un pistolet mitrailleur, des détonateurs et poudres explosives ainsi que de faux papiers. Ils utilisaient une Peugeot 307 volée en Indre-et-Loire, faussement immatriculée. Il devait s'agir, en ce qui me concerne, de la dernière affaire de ma carrière ayant trait au terrorisme basque.

Une quinzaine de jours plus tard, le 17 mars 2010, des etarras se manifestaient tragiquement à Dammarie-les-Lys (Seine-et-Marne) où, surpris lors d'un vol à main armée, ils ouvraient le feu sur des policiers et abattaient le brigadier Jean-Serge Nérin, père de quatre enfants. Il devait être le dernier des 829 personnes assassinées au nom de la lutte pour l'indépendance du Pays basque.

Le 30 octobre 2010, lors d'une cérémonie organisée à l'ambassade d'Espagne à Paris, l'ambassadeur remettait à quelques policiers dont je faisais partie, la « Cruz Al Mérito » de la police nationale, pour services rendus.

À bout de souffle, ETA annonce le 20 octobre 2011 un « cessez-le-feu permanent et vérifiable ». Une page noire de l'histoire espagnole se tournait. L'organisation ne pouvait plus supporter la pression policière franco-espagnole. À cette date, 703 activistes étaient détenus, dont 140 dans des prisons françaises.

Le 3 mai 2018, soixante ans après sa création, le mouvement séparatiste basque annonçait son autodissolution totale et la fin de toutes ses activités. Je pense que tous les policiers qui ont contribué à mettre un terme à cette « folie » meurtrière, ont éprouvé un sentiment de soulagement et de satisfaction quant à l'issue de ce conflit.

MAFIA ALBANAISE DANS L'OUEST

(1990-2015)

L'implantation des premiers ressortissants albanais en Bretagne remonte au début des années 1990, lors de la vague migratoire qui a fait suite à la chute du régime communiste en Albanie. Bénéficiant d'aides publiques en qualité de demandeurs d'asile, ils se livraient dans un premier temps à la mendicité pour compléter leurs revenus. Rapidement, la communauté s'organisait, avec souvent ses règles de violence, certains « réfugiés politiques » se distinguant par l'évolution de leur statut social, en lien avec leur participation à des activités criminelles.

Dès 1994, nous détections l'implication de plusieurs de ces étrangers dans un vaste trafic de stupéfiants approvisionnant en héroïne, en provenance d'Allemagne, les villes de Rennes, Nantes et Quimper. Les déclarations concordantes de dealers interpellés orientaient nos recherches vers une « brochette » d'Albanais qui faisait dès lors l'objet de surveillances durant plusieurs mois. L'identification des têtes du réseau m'amenait, le 6 juin 1995, à déclencher et coordonner une importante opération mobilisant l'ensemble des policiers du siège et des antennes du SRPJ. Une cinquantaine d'individus, dont 25 Albanais, étaient appréhendés lors de ce coup de filet sur les trois agglomérations bretonnes. Quinze d'entre eux étaient écroués à l'issue des gardes à vue. Deux de ces malfaiteurs devaient s'affirmer ultérieurement comme des figures du milieu albanophone du Grand Ouest : Genc Dervishi, 28 ans, et Ilir Gashi, 24 ans, originaires de Tirana.

Les réseaux régulièrement démantelés depuis 1995 démontrent la prégnance de cette criminalité sur la région. Le trafic portant initialement sur l'héroïne (en provenance d'Orient *via* la Turquie, les Balkans, l'Allemagne ou l'Italie) s'est réorienté sur la cocaïne importée d'Amérique du Sud *via* l'Espagne ou les Antilles. Depuis cette époque, l'histoire du banditisme albanais dans l'ouest est ponctuée de règlements de comptes liés à ces trafics.

Le 19 février 1995 à Nantes était découvert le cadavre carbonisé d'Alfred Gemi, 29 ans, abattu de trois balles dans la tête. Notre enquête aboutissait à l'identification de l'assassin, Thomson Capoï, lui aussi réfugié politique albanais, qui avait préféré prendre le large et rentrer au pays. Sans doute pour s'y « réfugier », craignant davantage d'éventuelles représailles de ses compatriotes que la justice française. Bref, un réfugié professionnel d'opportunité !

De juillet à novembre 1998, nous démantelions à Rennes une filière de trafiquants d'héroïne et de cocaïne, essentiellement composée d'Albanais, dirigée par Arben Ahmeti, 32 ans.

Vingt-trois individus étaient mis à disposition des autorités judiciaires. Incidemment, un réseau de prostitution de ressortissantes albanaises en situation irrégulière était mis au jour. Sous la coupe de ces trafiquants, elles exerçaient le commerce de leurs charmes dans des appartements rennais.

En novembre 2002, Arben Ahmeti qui, à l'issue d'une peine d'emprisonnement, avait aussitôt repris ses activités délictuelles était à nouveau interpellé. Il était particulièrement craint des dealers rennais pour son extrême violence. Retour donc à la case prison, accompagné de deux de ses compatriotes. Ces trafiquants, lors de discussions informelles au cours de leur garde à vue, nous faisaient part de l'intégration dans leur parcours « professionnel », de passages probables par la « case prison ». Ils évaluaient le rapport bénéfice-risque en leur faveur, les peines d'emprisonnement prononcées en France leur paraissant clémentes, d'autant qu'elles faisaient l'objet ensuite de réductions dans leur durée.

Le 12 août 2003, dans le quartier de Maurepas, à Rennes, Erjon Muratti, 28 ans, était victime d'un véritable guet-apens tendu par trois compatriotes albanais au domicile d'une de ses relations. Séquestré par ses agresseurs pour échapper à des tortures au sécateur et à la hache, il se jetait par une fenêtre du troisième étage de l'immeuble. Avant même de toucher le sol, il était atteint mortellement de trois projectiles de 9 mm dans le dos. Notre enquête permettait d'identifier le meurtrier qui s'était enfui à l'étranger. Fatjon Naxakhu, 31 ans, un proche de Genc Dervishi, chargé de récupérer le montant d'une dette liée au trafic.

Informés du projet d'un Albanais « rennais » de se rendre au contact du meurtrier, nous mettions en place une surveillance sur cet individu. Une filature entreprise de Rennes à Maastricht (Pays-Bas) *via* la Belgique amenait la localisation de Naxakhu. Il y était interpellé avec la collaboration des policiers hollandais. Incarcéré à Maastricht en attente de son extradition vers la France, il s'évadait peu de temps après. Cette évasion devait lui être fatale. En 2005, à Tirana (Albanie), alors qu'il s'apprêtait à abattre un certain Domart Konjari, ce dernier prenait le dessus, parvenait à détourner l'arme et le tuait par balle. Tirana... son univers impitoyable ! Konjari n'était pas un inconnu pour nous ; il avait fait l'objet à Nantes d'une procédure pour port d'arme, alors qu'il se trouvait en compagnie d'un certain Alan Xibri, impliqué dans un vol à main armée. Domart Konjari devait s'affirmer quelques années plus tard comme le véritable chef d'un clan mafieux implanté sur plusieurs pays européens.

En novembre 2004, gare de Lyon à Paris, nous arrêtions deux fournisseurs de cocaïne du milieu albanais implanté à Rennes. Ils étaient en possession de 4,5 kilos de cocaïne importée des Antilles et d'une somme de 3 000 euros.

D'avril à juin 2005, un réseau albanais dirigé par Genc Dervishi – il s'agit bien du même qu'en 1995 – était démantelé à Rennes et à Nantes. La filière aux ramifications allemande et italienne alimentait le Grand Ouest en cocaïne et héroïne. Dervishi et deux de ses hommes de main étaient interpellés le 28 avril à Nantes alors qu'ils réceptionnaient 3 kilos de cocaïne, livrés par quatre trafiquants allemands. Au total, 14 malfaiteurs du réseau étaient écroués.

Le 21 décembre 2007, à Cesson-Sévigné (Ille-et-Vilaine), un trafiquant albanais, Artan Hyseni, 23 ans, était grièvement blessé de trois coups de couteau portés par un compatriote, Eloi Gernjoti, 25 ans. Chargé de convoyer de l'héroïne, Hyseni avait commis l'imprudence de détourner une partie de la marchandise. Sanction immédiate…

Le 12 juin 2008, Mario Kuka, Albanais de 18 ans, était atteint de deux balles dans le dos, au terme d'une course-poursuite, rue de Suède, à Rennes, et décédait des suites de ses blessures. Le meurtre trouvait son origine dans une dette de stupéfiants restée impayée. Le meurtrier présumé, Mehrad Mohaddes, Iranien de 24 ans, trafiquant notoire en fuite, perdait la vie lors d'un accident de circulation à Nantes le 28 décembre 2008.

En 2010 était démantelé à Rennes un nouveau réseau constitué de ressortissants albanais et arméniens. 9,5 kg d'héroïne et 1 kg de cocaïne étaient saisis, la drogue provenant des Pays-Bas. Cinq malfaiteurs étaient écroués.

*

L'OPÉRATION *COLT 44*, UNE ASSOCIATION DES MILIEUX ALBANAIS ET MARSEILLAIS[13]

De 2011 à 2013, une enquête d'ampleur suivie par notre service en collaboration avec l'OCRTIS et le soutien d'Europol va permettre de neutraliser un réseau international de trafiquants de cocaïne associant voyous albanais et truands issus du milieu marseillais.

Dans la nuit du 6 au 7 octobre 2011, la brigade de surveillance des douanes de Dax contrôlait au péage de Bénesse-Maremme (Landes), une Colt Mitsubischi conduite par Ilir Gashi – encore lui ! – qui faisait route vers Nantes.

[13] Colt : véhicule Colt Mitsubishi ; 44 : département de Loire-Atlantique.

Lors de la fouille de la voiture, une cache aménagée était découverte et les douaniers y saisissaient 28 kg de cocaïne.

Après les premières investigations menées par l'antenne PJ de Bayonne, l'antenne de Nantes assurait la poursuite de l'enquête. Gashi était une nouvelle fois écroué.

Les investigations menées établissaient la responsabilité de Genc Dervishi, une fois de plus, dans l'organisation de ce trafic et les relations qu'il entretenait avec deux malfaiteurs marseillais : Gilbert Slik, 55 ans, et Moïse Kisraoui, 59 ans. À noter qu'en 2007, Slik avait été blessé par balle à Marseille lors d'une « embuscade » tendue à proximité de son domicile. Il ressortait des surveillances que Dervishi et les deux Marseillais se rendaient régulièrement à Madrid afin d'organiser des importations de cocaïne. Ils y rencontraient Domart Konjari (le tueur de Naxhaku) et un certain Juan Pondesa-Ortega, originaire de Marseille et résidant à Alicante. Pondesa-Ortega était une de nos vieilles connaissances, skipper du voilier *Spes Nostra*, propriété d'Alain Coelier (dit « P'tit Alain », figure du milieu nantais, voir *supra*), lors de l'arraisonnement de ce bateau dans les eaux territoriales espagnoles en 2006, avec à son bord 3,5 tonnes de cocaïne en provenance d'Amérique du Sud. « P'tit Alain » n'a pas fait de vieux os non plus. Il a été abattu à Alicante en juillet 2010, quelques jours après sa sortie de prison en conditionnelle.

Un mois après l'arrestation d'Ilir Gashi, son frère Gentia Gashi était assassiné à Durres, en Albanie, par un homme armé d'un pistolet automatique. Gentia, homme d'affaires lié à la « mafia de Durres », venait d'acheter le 19 septembre 2011, un immense terrain sur la côte albanaise pour y construire un village touristique.

Courant juin 2012, il apparaissait que Dervishi partait pour Madrid avec Slik et Kisraoui. Une surveillance était opérée sur place avec la collaboration de la police espagnole. Le 28 juin, un convoi de deux véhicules, dont une Suzuki pilotée par Slik, quittait Madrid en direction de la frontière franco-espagnole. À bord d'une voiture « ouvreuse » se trouvaient Dervishi et Kisraoui. La filature était assurée par la BRI de Bayonne jusqu'à Bordeaux où le relais était pris par la BRI de Nantes. À 16 h 45, Gilbert Slik était intercepté par la BRI de Nantes sur une aire de repos de l'autoroute A 83, à une centaine de kilomètres au sud de Nantes. La fouille de la Suzuki amenait à la découverte de 14 kg de cocaïne dissimulés dans une cache aménagée au niveau du châssis. À 17 h 20, Dervishi et Kisraoui étaient appréhendés à Nantes. Seul Kisraoui reconnaissait sa participation au trafic, précisant avoir été recruté en janvier 2012 par des Albanais établis à Marseille. Il avait acheté la Suzuki à leur demande et avait effectué trois voyages depuis Madrid, deux à destination de Marseille et le dernier pour Nantes.

L'identification d'autres membres du réseau révélait l'ampleur du trafic et l'existence d'une véritable organisation criminelle albanaise s'appuyant sur un maillage communautaire implanté en Europe (France, Espagne, Italie, Allemagne, Angleterre et Bénélux), aux États-Unis et au Canada. Le chef de clan était identifié : il s'agissait de Domart Konjari. Ce dernier avait échappé une fois de plus en 2009 à Madrid à une fusillade visant son véhicule, tandis que son chauffeur, Dimitrius Vasis décédait des suites de ses blessures.

En septembre 2013, à l'initiative de la PJ de Marseille, un convoyeur marseillais et deux Albanais appartenant à la même organisation étaient interceptés dans la région milanaise en possession de 8 kg de cocaïne.

Le 11 octobre 2013, dans le cadre d'une information ouverte à la juridiction interrégionale spécialisée (JIRS) de Rennes, une opération d'envergure nationale était déclenchée. Elle associait la DIPJ de Rennes, le SRPJ de Toulouse et la DIPJ de Marseille avec le soutien d'Europol. Vingt-quatre personnes étaient arrêtées à Montauban, Toulouse, Marseille, Montpellier et Béziers. 4 kg de cocaïne, du matériel de coupage, des presses hydrauliques, des armes, des véhicules et des biens immobiliers étaient saisis. Plusieurs membres importants de l'organisation, dont le financier Fatji Hadjani, et Entoni Bega, entrepreneur installé aux États-Unis au sein de la communauté albanaise de Virginie, étaient ainsi neutralisés. Bega faisait l'objet d'un suivi de la *Drug Enforcement Admistration* (DEA) à Washington. Toutefois, le chef de clan, Domart Konjari, vraisemblablement « réfugié » en Hollande, manquait à l'appel.

Les 18 et 19 novembre 2013, de nouvelles interpellations étaient réalisées à Toulouse et Carcassonne, dont celle d'un garagiste bosniaque chargé de la logistique (aménagement de caches et immatriculation des véhicules).

Une filière parfaitement organisée allant de l'importation au blanchiment, en passant par la distribution, le recouvrement de créances et la logistique.

En novembre 2015, 18 prévenus de ce réseau comparaissaient devant la JIRS de Rennes. Au terme du procès, de lourdes peines d'emprisonnement atteignant jusqu'à dix années étaient prononcées. Konjari, recherché durant deux ans au niveau européen, finissait par être interpellé par la police albanaise à la frontière grecque, mais l'Albanie n'extradant pas ses nationaux, il était jugé à Tirana et écopait de quinze ans de prison.

Il n'en demeure pas moins que malgré les coups portés à cette organisation, la grande mobilité géographique, les relais en France et à l'étranger, les complicités puisées dans le milieu du banditisme traditionnel et les ressources tirées du blanchiment du produit du trafic constituent autant de facteurs propices à la poursuite de l'activité criminelle de ces groupes de type mafieux. Les vagues d'interpellations sont régulièrement suivies d'un renouvellement des équipes.

Il apparaît légitime de s'interroger sur l'opportunité de l'octroi du statut de réfugiés à ce genre d'individus et sur leur présence sur le territoire français durant une vingtaine d'années, malgré les condamnations dont ils font l'objet. Entre 2010 et 2017, les interpellations de délinquants albanais en France ont été multipliées par dix pour atteindre les 3600 par an. Elles se sont soldées par près de 600 incarcérations en 2016 (+ 500 % depuis 2011). Les « bénéfices » réalisés par les gangs sont rapatriés en Albanie par des virements internationaux ou par transport routier. Ils sont ensuite investis en biens immobiliers ou véhicules de luxe. Les mafieux albanais espèrent bien profiter un jour de l'adhésion programmée de leur pays dans l'Union européenne pour développer en France leurs activités.

ÉPILOGUE

COUP D'ŒIL DANS LE RÉTROVISEUR...

Les années ont défilé à un rythme effréné sans que je n'aie vraiment pensé à la retraite. La soixantaine approchant, je sollicite pour des raisons familiales, une prolongation d'activité jusqu'à 62 ans, âge limite que je me suis fixé, malgré la possibilité de « pousser » jusqu'à 67 ans.

Le 16 avril 2014, jour de mon soixantième anniversaire, j'organise un « banquet » réunissant à Rennes des collègues de travail et des amis d'horizons les plus divers, une cinquantaine de personnes ayant pour point commun la convivialité. Plat du jour : un « *kig ha farz* », spécialité régionale du pays de Léon en Armorique. Au fourneau, un vieux copain, François Lozac'h, restaurateur à Ploudalmézeau (Finistère) surnommé le « crêpier perché » en raison de la situation de son établissement situé au sommet d'un château d'eau, à 50 mètres au-dessus du sol. Parmi les convives, Christian Lothion, directeur central honoraire de la PJ, Frédéric Veaux, directeur général de la police nationale en 2020, deux présidents du Stade rennais – l'un honoraire et l'autre en fonction... Une fête qui débutera par un déjeuner et se poursuivra pour les plus résistants par un dîner.

Doyen des directeurs territoriaux et à ce titre membre reconnu du club des « éléphants » de la PJ, il m'apparaît souhaitable de ne pas bloquer le poste que j'occupe trop longtemps et de le libérer en début d'année 2016, au profit d'un collègue plus jeune. Ceci en accord avec Mireille Ballestrazzi, directrice centrale de la PJ qui avait succédé à Christian Lothion. Le mois de décembre 2015 sera donc consacré à une tournée d'adieu dans les différentes implantations de la DIPJ, clôturée par une réception organisée le 16 décembre à la préfecture de région par le préfet Patrick Strzoda, avec qui j'ai entretenu d'excellentes relations. Mireille Ballestrazzi, Christian Lothion et Frédéric Veaux ont fait le déplacement. La procureure générale de Rennes et future directrice de cabinet du garde des Sceaux, Véronique Malbec, est également présente.

Au titre de la reconnaissance des services rendus durant ma carrière, Bernard Cazeneuve, ministre de l'Intérieur, me remet lors d'une cérémonie à l'hôtel de Beauvau, le 9 novembre 2016, les insignes d'officier de l'Ordre national du mérite.

Cap donc sur le Finistère où j'ai décidé de passer une grande partie de mon temps libre en bord de mer d'Iroise. C'est avec une certaine satisfaction que je délaisse mon smartphone, surtout la nuit, sans avoir à m'interroger sur l'heure à laquelle la permanence me contacterait pour m'annoncer la commission d'un fait criminel grave, relevant de la compétence de la PJ, et en sollicitant des instructions de ma part, notamment sur des moyens à mettre en œuvre : effectifs, renfort éventuel de la BRI… Il convient d'apprécier convenablement la situation : si l'événement nécessite la présence de trois ou quatre enquêteurs, il ne s'agit pas d'en réveiller une dizaine, voire davantage. Bonjour l'accumulation des heures « sup » ! Cela peut paraître mesquin, mais la gestion du temps de travail a pris, au fil des années, une importance particulière. L'administration étant dans l'incapacité de financer la totalité des heures supplémentaires, certains policiers sont amenés, par compensation, à cesser leur activité un an ou deux avant la date effective de leur départ en retraite. Comme ils continuent d'occuper un poste budgétaire, ils ne peuvent donc être remplacés durant ce délai. Il en va de la responsabilité du chef de service de veiller à ménager la disponibilité de ses collaborateurs. Par ailleurs, lorsque les faits revêtent un caractère gravissime, il importe que le directeur se rende sur place pour être au cœur de l'action et prendre les décisions relevant de sa compétence.

On ne passe pas 38 années dans la police sans se remémorer les moments forts d'une carrière consacrée à la traque de criminels et de délinquants pourrissant la vie de leurs concitoyens au quotidien. Dans un tel contexte se tissent des liens puissants de solidarité et de complicité avec les camarades de travail, des liens qui transcendent ceux de la hiérarchie. Ils sont à l'origine du sentiment d'appartenance à une même communauté : pas de police judiciaire sans cohésion au sein des services. Nul besoin d'en référer à la novlangue managériale pour assurer que le charisme d'un chef de service en PJ passe avant tout par sa légitimité aux yeux de son personnel. Et… pas de légitimité sans être passé par l'école du terrain, qui elle-même nécessite, en début de carrière, de faire preuve d'une grande humilité. Chef de GRB sur le papier, c'est au contact d'inspecteurs et d'enquêteurs expérimentés que j'ai appris le boulot en compensant mes « faiblesses » par ma disponibilité, mon intérêt pour le travail, le courage manifesté dans l'action. Le temps passant, le métier rentre et amène à prendre de plus en plus d'initiatives et à assumer des responsabilités supérieures.

À propos d'école du terrain me revient une anecdote. Un commissaire stagiaire passé par Sciences Po Paris que je recevais en entretien me faisait part de son intérêt pour la gestion budgétaire du service et de son souhait d'approfondir ses connaissances en la matière. Je faisais un bond ! Lorsque j'étais commissaire stagiaire, je ne pensais qu'à « cavaler » avec les enquêteurs sur des planques, filatures, interpellations…, la gestion budgétaire était le cadet de mes soucis. Je lui faisais remarquer qu'il ne commençait pas une carrière d'expert-comptable ni d'« administrateur » de police et lui conseillais donc de se débarrasser de son petit costume, de revêtir une tenue plus opérationnelle et de partir immédiatement en surveillance avec la brigade des stups qui se mettait en chasse de trafiquants albanais.

J'ai appris par la pratique que le manager efficace est celui qui est respecté, pas celui qui est craint (sauf par les cossards et les gens déloyaux, c'est préférable). Il lui appartient de reconnaître les mérites et les compétences de chacun. Dans tous les services cohabitent des locomotives, des wagons de première, de seconde et parfois, malheureusement, quelques wagons décrochés. Rien de subjectif dans cette appréciation. Qui sont les « locomotives » ? Ceux qui répondent toujours présents en cas de coup dur, ceux qui s'investissent dans la recherche du renseignement, qui recrutent des informateurs, car c'est loin d'être une sinécure que de gérer des « tontons », susceptibles de vous contacter 24 heures sur 24. La PJ demande à la fois d'être proactif dans la détection des malfaiteurs potentiels et des trafics, et réactif face à l'événement inopiné. L'avancement et l'attribution de primes constituent des leviers permettant de gratifier les méritants. En 2024, le gouvernement avait abordé la question de la reconnaissance du mérite individuel des fonctionnaires dans la détermination de leur rémunération, l'ancienneté ne devant pas apparaître comme le critère essentiel retenu. Affaire à suivre…

À propos de l'attribution de primes, l'administration se montre parfois conciliante avec les syndicats et, à mon avis, pas toujours à bon escient. Tous les ans, les chefs de service se voyaient allouer une enveloppe budgétaire en fonction de leurs effectifs pour gratifier les policiers qui avaient fait preuve d'engagement dans leur activité. La fameuse PRE, « prime de résultats exceptionnels », appellation à mon avis inappropriée, « prime de résultats » m'aurait paru bien suffisant. Mais les mots, toujours les mots… En ce qui concerne les bénéficiaires retenus et les montants attribués, j'ai toujours été totalement transparent, tant avec les syndicats qu'avec l'ensemble du personnel. Inutile de préciser que certains ne percevaient rien en raison de leur manque d'appétence pour le travail. Mais, en 2013, des instructions furent adressées aux directeurs prescrivant de substituer aux primes individuelles, des primes par « petites équipes ». Une réserve toutefois : il était possible d'exclure un ou plusieurs fonctionnaires à condition de le justifier par un rapport. Incroyable, mais vrai ! Le chef de service était tenu de justifier le « non-versement » de primes aux collaborateurs quelque peu « ramiers ». À croire que l'exceptionnel devenait la norme. L'administration dans toute sa splendeur et sa faiblesse vis-à-vis de certains syndicats. Comment encourager l'engagement dans de telles conditions ? Je ne me suis jamais privé de rédiger des rapports excluant les partisans du service minimum.

Un chef de service qui prend ses responsabilités (savoir dire non, à condition de l'expliquer) ne peut faire l'unanimité au sein de l'unité qu'il dirige. Il se doit en revanche d'avoir les « meilleurs » de son bord, ceux qui font « tourner la machine » en se donnant à fond.

En police judiciaire, un service efficace et bien « géré » doit en toute logique se montrer performant au travers de ses résultats. Un certain nombre d'indicateurs ne peuvent tromper sur son niveau d'activité. Rien à voir avec la course aux chiffres : il ne s'agit pas de relever des infractions au Code de la route ni d'interpeller des usagers de stupéfiants, des étrangers en situation irrégulière ou des voleurs à l'étalage, mais de résoudre des affaires criminelles ou financières complexes et de démanteler des réseaux organisés de trafic les plus divers (proxénétisme, stupéfiants, fausse monnaie, véhicules volés...). J'ai très tôt mis l'accent en interne sur la saisie des avoirs criminels. Ainsi, en 2010, la DIPJ de Rennes a pu s'honorer d'arriver en seconde position derrière la PJ parisienne par le montant des avoirs saisis, devançant même la DIPJ de Marseille forte d'un effectif double. Pour l'année 2014, les derniers chiffres dont j'ai eu connaissance avant mon départ en retraite plaçaient la DIPJ de Rennes en seconde position derrière la PJ de Marseille pour le nombre d'individus mis en cause dans les affaires traitées, devançant la PJ de Lyon et de Versailles. Ces résultats sont le reflet de l'activité du collectif et du niveau d'implication remarquable des enquêteurs dans l'exercice de leurs missions. Il peut arriver qu'un service connaisse une année moins favorable, en raison d'une importante mobilisation de ses effectifs sur une ou plusieurs affaires criminelles gravissimes, mais il est aisé, sur une période de trois ans, d'évaluer la performance d'une unité de police judiciaire.

Gérer de l'événement, ce n'est pas du travail sur dossier, même si tout acte d'enquête se traduit par un procès-verbal. C'est le côté action de la profession qui fait à la fois son intérêt, mais peut parfois être source de désagréments. Un laps de temps parfois très bref pour prendre une décision susceptible d'avoir des conséquences fâcheuses en cas d'erreur d'appréciation. Certaines décisions délicates relèvent de la compétence du chef de service et engagent – et c'est normal – sa responsabilité. Il doit être le « recours » dans les affaires graves. Lorsqu'on travaille sur une équipe de malfaisants qui s'apprêtent à passer à l'action, va-t-on laisser faire ou intervenir avant le passage à l'acte ? Lorsqu'on travaille sur des trafiquants de stupéfiants avec un informateur dans la boucle (les indics sont loin d'être des enfants de chœur), jusqu'où peut-on aller ? Un bon « tonton » pour transmettre des tuyaux fiables doit être proche des voyous. Le risque de franchir une ligne « jaune » est souvent présent. Lorsque la vie d'un indic' est menacée, peut-on se permettre de s'écarter du cadre légal (sans usage de violence, bien entendu) ? Ma réponse est clairement oui, mais il ne faut surtout pas se faire prendre. Le Code de procédure pénale est loin de prévoir toutes les situations. C'est dans ce contexte que l'excellence des relations avec certains magistrats se révèle primordiale.

Il ne s'agit pas de les mettre dans la boucle sur le plan de décisions « *border line* », mais de ne pas les prendre pour des imbéciles s'ils sont amenés à poser des questions. Des collègues intègres ont déjà eu à connaître les foudres de la justice dans la recherche de l'efficacité à tout prix. Il s'agit d'évaluer en permanence la balance bénéfices-risques. Le chef de service doit aussi savoir soutenir, voire couvrir, à mon sens, un collaborateur qui commet une erreur d'appréciation dès lors que son intégrité et sa loyauté ne sont pas en cause. Il est des situations où la solution idéale n'existe pas ; dans ce cas, on choisit celle qu'on pense être la moins mauvaise en croisant les doigts.

Le policier, quel que soit le service auquel il appartient, est inévitablement soumis à des moments de stress et côtoie le sordide et la misère humaine. Il existe certes des dispositifs institutionnels d'accompagnement des personnels, mais je pense qu'il est un besoin vital dans l'exercice du métier : l'humour ! L'humour permet de dédramatiser une situation, détendre l'atmosphère, traverser plus sereinement les périodes de crise. Il aide à relâcher la pression après avoir côtoyé la misère, la mort… J'adhère totalement à cette appréciation de Mme Christine Bonardi, maître de conférences en psychologie sociale : « Il représente une force indiscutable pour apprivoiser ou détourner les émotions négatives (peur, doute, souffrance…) ». Il m'a été rapporté que quelques mois après ma cessation d'activité, une cadre administrative de mon ancien service avait déclaré à une tierce personne : « Ce qui nous manque le plus depuis son départ, c'est son rire. » Un compliment qui me va droit au cœur !

Dans le même esprit, partager un moment de convivialité (autrement dit : « boire un verre… ») après un temps de travail intensif ou après avoir vécu une situation difficile permet à tous de « décompresser ». Chacun s'exprime et se libère à la fois, dans un cadre tout à fait informel. J'ai constaté que pour certains policiers ce type de « débriefing » emportait leur préférence sur des dispositifs plus officiels d'assistance psychologique. Cet échange « à chaud » n'exclut en rien, bien évidemment, la possibilité pour ceux qui le souhaitent de recourir au service de soutien psychologique opérationnel (SSPO) mis en place dans tous les hôtels de police face au risque psycho-traumatique.

Les policiers ne sont pas épargnés par les problématiques liées à la détresse psychologique, tant pour des raisons professionnelles que personnelles ou familiales. Il importe en pareil cas de faciliter, au sein d'un service, la remontée d'informations pour éviter le pire. À plusieurs reprises, il m'est arrivé d'avoir été avisé par des fonctionnaires de difficultés rencontrées par un de leurs collègues. Il n'est pas toujours aisé d'aborder la question avec l'intéressé qui peut prendre ombrage de la connaissance par la hiérarchie de son mal-être. Les entretiens réalisés en cette circonstance sont délicats et doivent être placés sous le signe de l'écoute. Qui plus est, il appartient au chef de service d'apprécier la nécessité de procéder à un éventuel retrait de l'arme de service de son collaborateur. Décision à prendre, bien sûr, dans l'intérêt de ce dernier, mais susceptible de se révéler contreproductive dans la mesure où elle peut apparaître comme dévalorisante aux yeux d'une personne déjà sujette à une détresse mentale. Il ne s'agit pas de se planter. À Rennes, j'ai toujours pu compter sur le soutien et la coopération du docteur Jean-Michel Le Masson, chef du service santé zonal de la police, pour m'orienter dans ce genre de situation.

Il m'a paru essentiel, tout au long de ma carrière, de préserver mon indépendance d'esprit pour effectuer le « job » en toute quiétude et éviter les pressions d'où qu'elles viennent. Pas d'encartement politique, pas de fréquentation de loges (excepté la loge de mon ami Jean-Pierre Pigeault au Rhoazon Park, lors des matchs du Stade rennais), pas de dîners mondains. Il m'est arrivé, à de rares occasions, d'être contacté téléphoniquement par quelques élus de haut rang mécontents d'apprendre incidemment qu'une enquête financière visant un proche, irréprochable bien sûr, était diligentée par mon service. La conversation tournait court dans la mesure où j'informais le correspondant de ma possibilité d'acter par procès-verbal joint à la procédure, la teneur de son intervention quelque peu déplacée. Stop et fin.

***

La police judiciaire s'exerce au quotidien sous la direction et le contrôle des magistrats du Parquet ou des juges d'instruction, selon le cadre juridique d'enquête dans lequel elle intervient. Ce qui ne signifie pas que les policiers soient de simples exécutants de l'autorité judiciaire ; ils sont les véritables « techniciens » de l'enquête sur le terrain. Il est clair que la qualité des relations entre policiers et magistrats est primordiale pour arrêter conjointement une stratégie d'enquête et assurer un bon déroulement des investigations. J'ai en règle générale entretenu de bonnes relations, voire cordiales ou amicales pour certains, avec les parquetiers et magistrats instructeurs, puis, plus tard, avec les chefs de cour (procureurs généraux et premiers présidents de cours d'appel).

Il a pu arriver toutefois que des divergences apparaissent ponctuellement. Ce fut le cas à quelques reprises notamment pour décider de dates d'opérations d'interpellations alors qu'une opportunité se présentait (un flag réalisable) et que tous les éléments étaient réunis pour faire tomber un réseau. Sollicité pour obtenir son feu vert, il est arrivé que le juge d'instruction nous demande de décaler de plusieurs semaines notre intervention parce que… greffière en formation, puis congés scolaires, puis mission à l'étranger du magistrat, etc. Mais différer d'un mois ou plus une telle opération sans être certain de trouver les mêmes circonstances favorables, c'est prendre un risque et prolonger inutilement le travail (écoutes téléphoniques, surveillances, filatures) d'une équipe d'enquêteurs et d'un groupe BRI qui auraient pu se rendre plus utiles en s'attaquant sans tarder à une nouvelle bande de malfrats.

Il arrivait qu'un magistrat instructeur nous fixe à l'avance un nombre maximum d'interpellations et de personnes à déférer à l'issue de la garde à vue. Une opération policière réservant toujours quelques surprises, il appartenait aux enquêteurs de s'adapter au vu des circonstances pour sélectionner les « heureux élus ».

J'ai également vu un juge d'instruction JIRS nous prier de surseoir à l'interpellation d'un escroc, membre important d'un gang international spécialisé dans les escroqueries aux faux ordres de virement, alors qu'il existait un risque de fuite à l'étranger. Motif invoqué : il s'agissait d'un dossier traité au cabinet d'une de ses collègues qui venait de débuter un congé maternité. Consigne : attendre le retour de celle-ci. Il est dommage de constater que certains juges soient réticents au travail en équipe. Ce problème ne se rencontre pas au niveau des magistrats du Parquet qui sont susceptibles de se substituer à un autre à n'importe quel stade de la procédure.

Parallèlement, je pense que certaines missions réalisées à l'étranger dans le cadre de l'exécution de commissions rogatoires internationales pourraient tout simplement être évitées. À titre d'exemple : quel intérêt d'aller enquêter au Danemark à la suite de l'arrestation dans les eaux territoriales françaises par les douanes de narcotrafiquants danois qui ne faisaient que transiter dans notre espace maritime pour livrer dans leur pays d'origine des stupéfiants pris en charge au large des côtes africaines ? Il paraîtrait plus judicieux de dénoncer les faits aux autorités judiciaires danoises et de leur remettre les individus interpellés après une procédure traitée *a minima*. J'ai eu à plusieurs reprises des frictions à ce sujet avec des juges d'instruction, dans la mesure où ils demandaient systématiquement l'assistance d'enquêteurs lors de ces déplacements à l'étranger, alors que notre direction centrale nous prescrivait de les réduire à l'essentiel pour des raisons budgétaires et d'emploi optimisé des effectifs.

Il m'est arrivé d'échanger avec des chefs de cour au sujet de décisions de juges d'instruction peu expérimentés que je désapprouvais. La réponse écrite d'un premier président de la cour d'appel de Rennes résume bien la situation : « Je ne peux, et vous le savez, ni porter d'appréciation sur la décision d'un magistrat du siège ni *a fortiori* dans le cadre d'une affaire en cours lui donner quelque conseil ou lui faire quelque observation que ce soit. » La messe est dite. Il n'est toutefois jamais inutile de faire remonter l'information à l'autorité supérieure. Éric Dupond-Moretti dans son livre

Le Dictionnaire de ma vie, n'y va pas avec le dos de la cuillère : « Il est curieux de constater que dans chaque palais de justice, on identifie parfaitement les juges compétents et par voie de conséquence les incompétents, les travailleurs et les fainéants, les gens honnêtes intellectuellement et les malhonnêtes. » Les quelques désaccords que j'ai pu rencontrer ne doivent pas masquer la réalité des relations PJ-Justice qui, au quotidien, se traduisent par une complémentarité des deux institutions au bénéfice de nos concitoyens. J'ai aussi rencontré des magistrats remarquables avec qui c'était un réel bonheur de coopérer. En cas de difficultés d'ordre procédural dans le traitement d'une affaire, j'appréciais de pouvoir me tourner vers eux et de disposer de leurs conseils avisés et de leur compréhension. Lorsqu'en plus, ils avaient le sens de l'humour, j'adorais. Je pense entre autres à Gilbert Thiel, juge d'instruction anti-terroriste, qui m'adressait des fax du genre « Le Tens… Tu es viré ! » ou se faisait photographier au service menottes aux poignets pour réaliser sa carte de vœux. Travailler sérieusement sans se prendre au sérieux…

***

La médecine légale est indissociable de l'enquête dans le cadre d'affaires criminelles ou délictuelles se rapportant à des atteintes à la personne : homicides, viols, coups et blessures, accidents… Elle apporte habituellement une aide aux magistrats et enquêteurs en les orientant sur la détermination des causes de la mort, les circonstances d'un crime, l'identification d'une victime, les lésions observées sur une personne… Il m'est cependant arrivé de rencontrer des cas où des conclusions médico-légales erronées ont malheureusement constitué de véritables obstacles à la manifestation de la vérité. J'ai connu une époque où les médecins d'un même institut médico-légal avaient une tendance à attribuer rapidement une origine criminelle à certains décès. Des contre-expertises réalisées par d'éminents spécialistes reconnus au plan national, experts auprès, notamment, de la Cour de cassation ont invalidé à quelques reprises les conclusions des médecins initialement saisis. Dans le cadre d'une affaire concernant la découverte sur une plage, en contrebas d'une falaise, du cadavre d'une jeune fille décédée par noyade, l'origine criminelle de la mort retenue au terme d'une première autopsie reposait sur deux affirmations : un viol suivi d'une précipitation d'un lieu élevé et l'impossibilité pour la victime de se mouvoir de son point de réception jusqu'à l'endroit de découverte de son corps (une trentaine de mètres), ce qui supposait donc l'intervention d'un tiers. Une enquête était donc ouverte des chefs de meurtre et viol et confiée à la PJ. Des investigations approfondies et exhaustives mobilisaient la brigade criminelle durant de nombreux mois. Des éléments quelque peu troublants ressortant du dossier (mal-être de la victime, absence de désordre dans sa tenue vestimentaire, témoignages recueillis…), deux contre-expertises médico-légales successives étaient réalisées. La première, à la demande du magistrat instructeur ; la seconde, à la demande de la famille de la victime. Les conclusions de ces deux expertises invalidaient la thèse initialement avancée. Les lésions constatées ayant amené à retenir le viol résultaient en fait d'un traumatisme par « impactage » en lien direct avec la chute et excluaient un acte de pénétration *ante mortem*. Quant aux blessures relevées au niveau des membres inférieurs et d'un bras, elles laissaient la possibilité à la victime de ramper. Les deux éléments déterminants sur lesquels reposait l'hypothèse d'un viol suivi d'un meurtre apparaissaient donc fragilisés et remis en cause par ces conclusions, d'autant qu'aucun autre élément objectif sur l'origine criminelle du décès ne pouvait être avancé. L'enquête du service n'a toutefois écarté aucune piste : homicide, accident ou suicide. Les enquêteurs en charge de l'affaire ne peuvent être soupçonnés de légèreté. Ce sont eux qui, grâce à leur ténacité et leur professionnalisme, ont résolu dix ans après les faits le meurtre de Lucie Beydon commis à Rennes en 2004. Ne s'agissant pas de la seule affaire sujette à caution au plan des conclusions médico-légales, l'attention des autorités judiciaires a été attirée sur le problème. Les difficultés rencontrées en la matière pourraient être source d'erreurs judiciaires graves et se révèlent par ailleurs déstabilisantes pour les familles de victimes.

***

Les rapports entretenus avec les préfets, responsables de l'ordre public et de la sécurité des populations, bien que dépourvus à l'époque de tout lien de subordination, ne m'ont jamais posé de problème. Il m'a toujours paru raisonnable de les tenir informés de certaines enquêtes en cours sur des trafics polluant la vie de quartiers, le déclenchement d'enquêtes pouvant concerner des manquements à la probité de personnalités politiques locales avec lesquelles ils sont obligatoirement en relation au titre de l'exercice de leurs fonctions (présidents de région, maires de grande ville, par exemple)... Sans violer le secret de l'enquête, il existe des situations où il apparaît justifié d'alerter l'autorité préfectorale sur les conséquences possibles d'investigations diligentées par la PJ : conséquences sur l'ordre public, conséquences sur la contractualisation entre l'État et les collectivités territoriales... J'ai particulièrement apprécié les relations directes que j'ai entretenues avec deux préfets de zone de défense et de sécurité, aux personnalités différentes, mais présentant deux points communs : un sens élevé du service public et le pragmatisme préféré au verbe creux, Bernadette Malgorn et Patrick Strozda.

***

L'exercice des fonctions de directeur d'un service de PJ implique nécessairement des contacts avec les journalistes dans le cadre des affaires traitées, avec une double obligation : respecter la présomption d'innocence et ne pas nuire au déroulement des investigations. Si la communication judiciaire avec les médias relève en priorité des procureurs de la République, cette compétence peut toutefois être déléguée au service enquêteur. Les communiqués de presse du Parquet apparaissent parfois quelque peu insipides à ces professionnels qui aiment s'imprégner de l'ambiance de l'enquête et avoir connaissance du détail ou de l'anecdote qui donnera de la saveur à leurs articles. Ils apprécient donc le contact avec le policier et le parler « cash ». Dans le cas d'un refus de communiquer du procureur sur un fait criminel porté à leur connaissance par le voisinage ou les réseaux sociaux, ils prendront inévitablement attache avec la PJ après avoir effectué eux-mêmes des recherches sur place et recueilli des témoignages. C'est le vrai journalisme dit d'investigation. Dans ce genre de circonstances, j'ai toujours eu pour habitude de prendre leurs appels ou de les recontacter en cas d'indisponibilité momentanée, car un refus de ma part pouvait entraîner des conséquences néfastes pour la suite des investigations.

Il faut impérativement tenter d'éviter la diffusion d'un élément qui mettrait l'enquête en péril. Ma première question : « Vous savez quoi ? » Après leur récit, ma réponse : « Ça, c'est vrai… Ça, c'est faux… Ça, c'est vrai, mais si vous en faites état, cela va nuire au déroulement de l'enquête. » Il est donc possible d'arriver à un accord en échange de la promesse d'un « retour d'ascenseur » ultérieur lorsque l'affaire sera solutionnée. Mes relations avec les correspondants de l'AFP, de la presse nationale ou régionale (*Ouest-France*, *Le Télégramme*, *Presse-Océan*, *Paris-Normandie*, *Sud Ouest* et *Le Bien public*) ont généralement été empreintes d'une loyauté réciproque. Les rares « contrevenants » à cette règle ont fait les frais de l'opération, car ils ont été systématiquement black-listés de tout contact ultérieur avec le service. J'ai toujours considéré les « fuites » préjudiciables aux enquêtes comme intolérables et sanctionné en interne les auteurs d'indiscrétions ; seuls mon adjoint et moi-même – sauf dérogation ponctuelle – étions habilités à communiquer.

Il a pu arriver que des familles de victimes, des avocats, des mis en cause remettent en question par la voie des médias la qualité des investigations réalisées, voire l'impartialité des enquêteurs. Ma seule réponse aux sollicitations des journalistes dans ce cas consistait à faire savoir que nous étions irréprochables sans surtout chercher à polémiquer et à nous justifier par leur intermédiaire, car le but recherché en l'occurrence était de sortir un papier « vendeur ». Il serait malvenu de débattre sur la place publique d'éventuels désaccords sur des investigations en cours. En cas de manquement avéré, nous n'avions de compte à rendre qu'aux magistrats et à notre direction centrale.

***

En juillet 2007 était lancée la révision générale des politiques publiques (RGPP), réforme de l'État visant essentiellement à la réduction des dépenses publiques. Si l'objectif apparaît louable en soi, je n'imaginais pas que la police judiciaire subirait de plein fouet les effets de cette politique. Je pense que la police nationale et la gendarmerie ne méritaient pas la suppression de plus de 9 000 postes et que des économies auraient pu être recherchées ailleurs. Ainsi, en 2009, je recevais dans mon bureau à Rennes, un *cost killer* (un tueur de coût, rien à voir avec un *serial killer*), consultant d'un cabinet de conseil mandaté pour définir des pistes de réduction des dépenses du service, auquel je faisais découvrir l'univers de la police judiciaire, dont, visiblement, il ignorait les missions, les structures territoriales, les contraintes particulières... Cette visite était suivie d'une réduction progressive dans les années ultérieures des effectifs (devenus des ETP : équivalents temps plein travaillés) et notamment dans le corps des personnels administratifs. Un ratio commun à tous les services avait été fixé quant au nombre d'administratifs rapporté à celui des actifs. Sauf que ce ratio ne prenait pas en compte des tâches effectuées par le personnel administratif de la PJ au profit de services extérieurs de l'ensemble de la région, notamment dans le domaine de l'archivage des procédures, de gestion des fichiers... Résultat, une surcharge de travail incitant les fonctionnaires à solliciter des mutations hors PJ.

Parallèlement, le ministère faisait preuve d'exigences sans cesse croissantes en matière de « reporting », d'études statistiques... Bref, de paperasserie nécessitant de renforcer les effectifs des états-majors et ceci, au détriment des missions opérationnelles.

Dans le même temps, une complexification inouïe et chronophage de la procédure pénale propre à fragiliser les procédures établies, nécessitait dans les affaires d'importance de faire passer de deux à trois les policiers ayant en charge un gardé à vue, l'un d'eux se consacrant non pas au traitement du dossier sur le fond, mais veillant uniquement à la conformité des procès-verbaux établis avec les réformes successives du CPP toujours plus favorables à la protection des droits du mis en cause. Le Code de procédure pénale est passé de 800 à plus de 2400 articles depuis son entrée en vigueur en 1959. Certains avocats se sont spécialisés dans la recherche des causes de nullité qui permettent parfois de mettre à mal une procédure, alors même que le fond de l'affaire est indéfendable. Cette surcharge de paperasse s'est d'ailleurs traduite par une désaffection des policiers pour l'Investigation. On n'entre pas dans la police pour consacrer la majorité de son activité à faire du papier, alors que dans le même temps, des enregistrements vidéo sont réalisés, mais peu visionnés. Les policiers et gendarmes attendent avec impatience une simplification annoncée de la procédure, mais en guise de réponse, ils ont à subir depuis le 1er juillet 2024 un nouvel alourdissement des formalités de la garde à vue.

Sur le volet budgétaire, les dernières années d'exercice de mes fonctions ont connu des réductions drastiques des crédits alloués qui se traduisaient par des difficultés d'entretien des locaux, l'impossibilité de remplacement des véhicules défectueux… Il m'arrivait d'interdire l'utilisation de voitures non retenues au « plan annuel de renouvellement », car je ne souhaitais pas mettre en danger la vie des fonctionnaires. Dans le même temps, nous procédions à la saisie de véhicules appartenant à des délinquants qui entraînaient des coûts de gardiennage tout en se dégradant sur des parkings. La loi pour la sécurité intérieure de 2003 était censée permettre aux services de police, de gendarmerie ou de douanes de s'approprier des voitures ou deux-roues confisqués à l'issue d'un jugement. Selon le journal *Le Monde* : « Un four : en 2011, après huit ans d'application, seuls quatre véhicules avaient été affectés. La bonne idée s'était révélée inopérante pour deux raisons : la longueur du délai entre la saisie et la confiscation définitive et le coût de gardiennage des véhicules en attendant. » En 2007, une étude avait estimé à 13 millions d'euros par an le coût total de gardiennage des véhicules placés sous scellés judiciaires. Un pragmatisme redoutable ! Une circulaire du 11 septembre 2013 élaborée par les ministères de l'Intérieur, de la Justice et des Finances, une jolie usine à gaz comme on les aime dans la haute administration française, prévoyait enfin d'utiliser les voitures saisies avant jugement. Elle déroule, sur pas moins de 14 pages, les « conditions de mise en œuvre de la procédure d'affectation ». Malgré ces dispositions, nos premières demandes d'attribution de véhicules ont mis plus d'une année pour aboutir après de multiples relances des divers intervenants, alors que certaines de nos voitures étaient immobilisées pour des raisons de sécurité. Il semblerait toutefois que, par la suite, et fort heureusement, les délais se soient réduits.

L'impossibilité d'obtenir des crédits pour faire l'acquisition d'armoires fortes aux normes fixées par l'administration pour la conservation des armes individuelles nous avait amenés à récupérer auprès de banques, des armoires blindées à coffres multiples. Ce « mobilier » sécurisé n'étant pas totalement conforme aux préconisations, l'IGPN signalait à la suite d'un contrôle ce non-respect des prescriptions en la matière que je justifiais donc par le manque de ressources financières. Ce qui ne changeait rien à la situation, mais le contrôleur avait fait son boulot et moi le mien.

Ces tracasseries sont malheureusement le reflet du fonctionnement de l'administration dans notre pays. De bonnes intentions, mais trop souvent éloignées des réalités de terrain.

LA SÉCURITÉ, PREMIÈRE DES LIBERTÉS

Une vie professionnelle caractérisée par un contact permanent du flic que je fus avec les victimes et les délinquants m'amène fort justement à m'interroger sur l'évolution de l'insécurité dans notre société et à constater une inégalité criante des citoyens en ce domaine. Trop longtemps, l'aveuglement des élites politiques et intellectuelles les a empêchés de voir la détresse des populations en première ligne, à savoir les habitants des quartiers populaires. Ceci au nom de la « bien-pensance », de l'idéologie, du « pas de vague », mais aussi par lâcheté. La peur d'être sous le feu des professeurs de vertu républicaine et des sociologues donnant une profondeur expérimentale à leurs « enquêtes » qui sont le plus souvent le reflet d'*a priori* idéologiques. Il en est résulté une politique du déni de ceux qui prêchent le « vivre ensemble », mais vivent dans l'« entre-soi » et « hors sol ». Résultat, une minorité d'individus pourrit la vie d'habitants de cités entières, leur faisant subir des nuisances incessantes liées au trafic de stupéfiants, au communautarisme, aux incivilités. Un seul espoir pour eux : le « vivre ailleurs ».

Éric Dupond-Moretti, réfutant le terme d'« ensauvagement » employé par Gérard Darmanin face à la flambée de violence mesurée dans la société française, évoquait en

2020 « un sentiment d'insécurité de l'ordre du fantasme »[14]. Élisabeth Borne, en décembre 2023, n'hésitait pas quant à elle à mentionner « ce sentiment que la violence augmente chez les Français »[15]. Vouloir nier la violence est une manière de renoncer à la combattre efficacement, et ce, alors que les professions exposées à cette violence n'ont jamais été aussi nombreuses : policiers et gendarmes au premier rang, pompiers, professeurs, élus locaux, conducteurs de bus, inspecteurs du permis de conduire, pharmaciens, médecins... et même des arbitres bénévoles de football amateur. La crainte de l'accusation de dérive sécuritaire ne doit pas conduire à une sécurité laissée à la dérive.

Face à l'aggravation et à la généralisation de la délinquance et de la criminalité attestées par les données du service statistique ministériel de la sécurité intérieure (homicides : +30 % depuis 10 ans ; tentatives d'homicides passées de 2259 en 2016 à 4055 en 2023 soit + 80 % ; coups et blessures volontaires passés de 227 milliers en 2016 à 384 milliers en 2023 soit + 70 %), le discours a évolué. Certains sont passés du déni à la culture de l'excuse et à une stratégie de victimisation du délinquant. Une logique de culpabilisation inversée, dénoncée par le journaliste Guillaume Roquette dans un éditorial du *Figaro-Magazine*. Pour les tenants de cette thèse : « Les délinquants sont les victimes d'un ordre économique et social injuste qui les contraint à violer les règles communément admises. Ils méritent d'être excusés, voire protégés.[16] » Claire Hédon, défenseure des droits, proposait en 2021 d'expérimenter des

---

[14] Propos d'Éric Dupond-Moretti sur Europe 1, 1er septembre 2020 et repris par la presse.

[15] Interview d'Élisabeth Borne dans *Le Figaro* du 6 décembre 2023.

[16] Éditorial du *Figaro Magazine* du 11 septembre 2020 intitulé « Drôle de justice ».

lieux sans contrôles policiers, afin de ne pas « discriminer » les cités sensibles[17]. Suggestion intéressante à une époque où les dealers rennais contrôlent et fouillent les jardiniers et agents municipaux à leur arrivée sur leurs « territoires » pour s'assurer qu'il ne s'agit pas de policiers. Le monde à l'envers ! D'autres responsables politiques ont fini par admettre que l'insécurité posait problème et qu'il était temps de redresser la barre. La sur-représentation des étrangers dans les actes de délinquance commis n'était plus occultée. Dès 2018, Gérard Collomb quittant le ministère de l'Intérieur tirait la sonnette d'alarme en s'interrogeant sur l'avenir des quartiers minés par la délinquance et le communautarisme. Son message ne trouva que peu d'écho. On refuse de parler de zones de non-droit, mais on met en place dans le même temps le dispositif dit des « quartiers de reconquête républicaine » (QRR), étrange subtilité du vocabulaire. C'est donc admettre qu'ils avaient été préalablement conquis par quelqu'un ! Le discours se durcit en 2020 dans la bouche de Gérald Darmanin : « La France est malade de son insécurité. On ne peut trouver des excuses à tout. » En 2022, à la veille des élections présidentielles, le problème de la sécurité est abordé avec plus de fermeté, car il apparaît comme l'une des principales préoccupations des Français. Emmanuel Macron déclarait en 2023 vouloir « reciviliser » les quartiers populaires. Encore faut-il passer du discours à l'action en prenant des décisions courageuses, susceptibles de se traduire par des résultats. Les citoyens ne peuvent se contenter de déclarations indignées de leurs dirigeants à chaque nouveau fait divers : « La main ferme, la sévérité exemplaire... » Or, malgré l'engagement des forces de sécurité intérieure, en 2023,

17 Propos tenus sur France Info le 15 février 2021.

tous les indicateurs des violences se trouvent en hausse, et ce, bien que toutes les victimes ne portent pas plainte par peur des représailles. La drogue alimente fortement l'explosion de ces violences, tandis que les réseaux sociaux génèrent une violence particulièrement sensible chez les mineurs.

La sécurité et la laïcité ne sont pas des questions de parti politique. Malgré la position de ceux qui prétendent que « la police tue », « ACAB »…, plusieurs personnalités de gauche ont également manifesté leur inquiétude quant à la situation dans les quartiers prioritaires et la nécessité d'y rétablir l'ordre républicain : Fabien Roussel, François Ruffin… Michael Delafosse, maire socialiste de Montpellier, s'exprimant ainsi : « La sécurité n'est pas négociable. La loi de la République doit être la même pour tous. Les quartiers populaires ont droit à la même sécurité. Il ne faut pas laisser la défense des victimes être instrumentalisée par l'extrême droite. Il faut défendre l'existence d'une autorité : fonctionnaires, parents, police… Il faut des repères.[18] ». Un message qui passe mal auprès des représentants de la gauche devenue communautariste, faisant fi du développement de l'islamisme dans certains quartiers.

Bon nombre de municipalités, tant de droite que de gauche et du centre, ont pris la mesure de la menace : créations et renforcements des polices municipales, de brigades anti-incivilités, déploiement de dispositifs de vidéoprotection… À ma connaissance, seule la ville de Brest se montre réticente à la mise en œuvre de tels moyens. Je puis attester que la PJ de Rennes a solutionné plusieurs affaires criminelles grâce à des enregistrements vidéo récupérés en cours d'enquêtes.

---

[18] Propos tenus en présence d'élus locaux et repris par *Le Figaro* du 16 avril 2021.

***

Quels sont les obstacles rencontrés dans la lutte contre l'insécurité ? Certains dénoncent un peu rapidement le laxisme de la justice. Si des magistrats font preuve dans leurs jugements d'une clémence légitimement critiquée, la majorité d'entre eux rendent la justice avec impartialité, mais avec les moyens dont ils disposent. Je ne suis pas de ceux qui pensent que « le problème de la police, c'est la justice ». Toutefois, le défaut de réserve au plan politique du Syndicat de la magistrature interroge au point d'être considéré comme une succursale de la gauche radicale : « mur des cons », participation à une marche contre les violences policières avec LFI, émeutes interprétées comme une forme de la lutte des classes... Nous sommes bien loin de la défense des intérêts professionnels ; ces magistrats ne respectent plus leur statut de neutralité, d'impartialité.

Des décisions apparaissent incompréhensibles. Je pense à ce policier nantais percuté en 2023 par une voiture volée, traîné sur une vingtaine de mètres et sérieusement blessé à la tête. Le conducteur, âgé de 17 ans au moment des faits, écopait d'une peine de... 35 heures de travail d'intérêt général au titre de la « dynamique de réinsertion ». Majeur lors du procès, il avait, sur les conseils de son avocat, retrouvé depuis peu le chemin de l'école. Comment une réponse pénale aussi dérisoire est-elle conciliable avec la fonction d'exemplarité de la peine ? La peine d'un an de prison avec sursis requise par le Parquet aurait été plus adaptée et certainement plus dissuasive.

La justice a longtemps souffert d'un cruel manque de moyens humains et financiers. Elle subit de multiples contraintes matérielles et juridiques conduisant à un engorgement des tribunaux, l'impossibilité de prononcer rapidement des sanctions, un décalage entre peine encourue, peine prononcée et peine exécutée (parfois même non exécutée). La récente augmentation substantielle des moyens alloués se révèlera certainement bénéfique, mais ne réglera pas l'intégralité des problèmes. La surpopulation carcérale est un véritable casse-tête se traduisant par l'inexécution des courtes peines d'emprisonnement, des libérations anticipées, des obstacles à la réinsertion, des conditions indignes de détention et surtout de travail pour les fonctionnaires de l'administration pénitentiaire. Ces difficultés relèvent essentiellement de la responsabilité des politiques et ne sont pas étrangères au sentiment d'impunité des délinquants. La réponse doit être recherchée de manière pragmatique et non à coups de sentences idéologiques, de droite ou de gauche. Les Français souhaitent simplement que l'on applique la loi partout. Pour répondre au sous-dimensionnement du parc carcéral, le législateur a cherché à provoquer un recul de l'emprisonnement par un recours abusif aux aménagements de peine. La réflexion sur l'utilité et le sens de la peine a disparu. Afin de protéger la société, il faudra bien se résoudre à l'accélération de la construction de nouveaux établissements pénitentiaires et de centres fermés de moindre intensité (mineurs, auteurs d'infractions au Code la route…). Selon le Dr Maurice Berger, pédopsychiatre reconnu, le rappel à la loi et son héritier, l'avertissement pénal probatoire, font doucement ricaner les jeunes délinquants ultraviolents. Ils ont besoin d'une butée, d'un interdit d'agir matériel, non symbolique. La règle doit se manifester physiquement, concrètement.

En 2022, dans le cadre des travaux de la CNPR (Conférence Nationale des Procureurs de la République), des procureurs, par la voix de M. Damien Savarzeik, procureur de Grasse, invitaient à « repenser notre système des peines et notamment de probation trop axé sur la réinsertion, ignorant l'analyse criminologique des risques de récidive ».

Les peines « intermédiaires » de travaux d'intérêt général, considérées il y a quelques années comme solution intéressante, car favorisant la réinsertion, semblent être tombées en disgrâce en 2024. Si le TIG représentait 6 % de toutes les peines infligées en 2016, son taux n'excède pas 4 % aujourd'hui, malgré la création en 2019 d'une agence spécialement dédiée et d'une plateforme numérique permettant de recenser, en temps réel et dans toute la France, l'intégralité des offres existantes. Le nombre de « tigistes » est tombé de 25 000 en 2015 à 20 000 en 2023, ce qui apparaît regrettable. Cette désaffection pour les TIG s'explique en partie par la « concurrence » et l'extension de la détention à domicile sous surveillance électronique, plus facile à mettre en œuvre et demandant moins d'investissement humain.

Une amélioration de la situation sécuritaire passe inévitablement par des mesures qui relèvent de la compétence du législateur : refonte du Code de procédure pénale, évolution de l'excuse de minorité, rétablissement des peines planchers et de la rétention de sûreté, responsabilisation des parents, contrôle de l'immigration, prise en charge des mineurs non accompagnés, lutte contre les addictions.

***

Dans un autre registre, la prévention de la délinquance passe par une présence conséquente des forces de sécurité sur le terrain. « Les Jeux olympiques ont fait la démonstration que la présence de la police est efficace pour lutter contre l'insécurité» (Mathieu Hanotin, maire PS de Saint-Denis). Il serait à mon sens illusoire d'envisager une police de proximité à l'ancienne avec un îlotage à deux fonctionnaires ou la création de postes de police isolés dans les quartiers gangrénés par les dealers qui ne connaissent que le rapport de force. Ils constitueraient des cibles privilégiées pour ces voyous. La population est certes favorable à cette présence des forces de l'ordre, mais elle ne peut se concevoir qu'avec un effectif suffisant pour être dissuasif. N'en déplaise aux idéologues qui pensent recréer le dialogue et le contact permanent entre policiers et habitants, il est impossible pour ces personnes d'approcher les «bleus» sans être repérées et de subir ultérieurement des représailles. J'ai connu une affaire de tentative de meurtre à Nantes où un caïd de banlieue avait ouvert le feu sur un concurrent dans un centre commercial. Des témoins directs avaient révélé aux premiers policiers arrivés sur les lieux, l'identité de l'auteur. Après réflexion, ils avaient refusé devant les enquêteurs de la PJ de confirmer leurs déclarations initiales, même sous couvert d'anonymat, par crainte de subir les conséquences de cette dénonciation. Leur attitude était très compréhensible. À l'heure actuelle, si une personne souhaite signaler un trafic de stupéfiants perturbant la vie d'un quartier, de manière anonyme, il est préférable pour elle de se rendre sur la plateforme dédiée «Ma Sécurité» et d'échanger *via* le tchat.

Un renforcement des effectifs de policiers et gendarmes est indispensable pour assurer à nos concitoyens une sécurité à la hauteur de leur aspiration de retour à l'ordre et à l'autorité. Les derniers recrutements compensent à peine les départs à la retraite et les démissions qui atteignent un niveau record.

Selon un rapport de la Cour des comptes, pour l'année 2022, la gendarmerie a sous-estimé le volume de départs de 3 000, et la police de 2 500. La réponse appartient donc à nos gouvernants en charge du régalien.

LA MENACE DU NARCOBANDITISME SUR L'ÉTAT DE DROIT

Laure Beccuau, procureur de Paris et de la Juridiction nationale de lutte contre la criminalité organisée (Junalco créée en 2020) a lancé l'alerte en 2022 sur l'emprise croissante de la criminalité organisée en France, dominée par les gangs se livrant au narcotrafic allant de l'importation de drogue à sa distribution (« go fast », deal de rue, « ubérisation ») et au blanchiment de sommes phénoménales d'argent ainsi récolté. Le tout accompagné d'une violence inouïe : homicides, « jambisations[19] », séquestrations avec actes de torture et de barbarie, viols... Selon cette magistrate, « l'infiltration de nos sociétés par les réseaux criminels dépasse toutes les fictions et menace l'État de droit[20] ». Sans atteindre encore le niveau d'inquiétude connu en Belgique où des journalistes, des avocats, des ministres sont des cibles, l'extrême violence sur la voie publique contribue à faire baisser la confiance des Français dans leurs institutions. Elle suggère un statut élargi de repenti (réduction de peines, changement d'identité), une révision de la détention des narcotrafiquants visant à éviter les « évasions judiciaires[21] » et un régime carcéral spécifique pour empêcher les caïds de gérer leur business depuis la prison.

[19] Règlements de comptes à coups de tir dans les jambes.
[20] Propos recueillis par *Le Télégramme* du 17 février 2024.
[21] Mises en liberté obtenues par des stratégies dilatoires sur la forme, sans qu'un juge puisse évaluer le bien-fondé de cette libération.

Le Sénat s'est penché sur l'état du trafic de stupéfiants en constituant une commission d'enquête qui a rendu ses conclusions en mai 2024. Le rapport dresse le portrait d'un pays submergé par ce marché criminel, le plus important en valeur en France (au minimum 3,5 milliards de chiffres d'affaires annuels). Le phénomène touche l'intégralité du territoire, y compris les villes moyennes et les zones rurales. 240 000 personnes vivent directement ou indirectement du narcotrafic, dont 21 000 à temps plein. En 2023, 315 faits d'homicides – dont tentatives – liés à ce trafic ont été recensés, soit un bond de près de 60 % par rapport à 2022. Entre 80 à 90 % du nombre total des meurtres et tentatives de meurtre entre délinquants s'expliquent par des différends sur fond de trafic de drogue. Après le constat, la commission formule 35 propositions pour « une réponse à la hauteur de la menace ». Les mesures préconisées vont de la prévention de la toxicomanie à la lutte contre le haut du spectre, en passant par la coopération internationale, une meilleure coordination des moyens et des modifications du Code pénal. Qu'en adviendra-t-il ?

À la suite de propos tenus sous serment par les magistrats marseillais devant la commission d'enquête sénatoriale, Éric Dupond-Moretti leur passait le 19 mars 2024, une « soufflante » pour leurs déclarations empreintes de défaitisme. Ils avaient eu le malheur de dénoncer l'impuissance de l'État face au narcotrafic. Mme Isabelle Couderc, juge d'instruction au pôle criminalité du tribunal, avait fait part de leur crainte d'être « en train de perdre la guerre contre les trafiquants », à défaut de mesures appropriées et urgentes. Toute vérité n'est pas bonne à dire.

Le Conseil supérieur de la magistrature devait par la suite réagir et reprocher au garde des Sceaux ce recadrage de nature à porter atteinte à la séparation des pouvoirs.

LE DÉMANTÈLEMENT DE LA POLICE JUDICIAIRE

Tout le monde s'accorde à reconnaître le rôle majeur de la PJ dans la lutte contre la criminalité organisée, du fait de ses compétences dans la détection des réseaux, la traque et la neutralisation des malfaiteurs, ainsi que sa capacité à traiter les affaires sur le volet financier. La parfaite coordination de ses offices centraux avec ses services territoriaux dont la compétence s'exerçait récemment au niveau zonal, se traduisait par des résultats remarquables, salués par tous les acteurs du monde judiciaire.

Une réforme de la police nationale, effective depuis le 1er janvier 2024, est venue bousculer cette organisation. L'avocate pénaliste, Caty Richard, s'exprime ainsi à ce sujet : « Il y avait un truc qui fonctionnait en France, c'était la police judiciaire. [...] En France, c'est extraordinaire, on enlève ce qui marche au profit de ce qui ne fonctionne pas. » Prétextant les deux millions et demi de procédures en souffrance dans les commissariats et le faible taux d'élucidation des délits, la réforme a consisté à instaurer une départementalisation des services de police (sécurité publique, renseignement, police judiciaire, police aux frontières) placés sous l'autorité d'un seul chef de service, lui-même placé sous l'autorité du préfet. Comme la PJ et la PAF n'étaient pas implantées dans tous les départements, il a été décidé que certains directeurs départementaux (*alias* « DDPN ») seraient donc des directeurs interdépartementaux pour la PJ et la PAF.

Ainsi, un directeur départemental pour la sécurité publique peut à la fois être interdépartemental (DIPN) sur deux ou trois départements pour la PJ et sur six ou sept départements pour la PAF. Parallèlement, certains directeurs départementaux de la police nationale n'ont autorité que sur la sécurité publique à défaut d'implantation d'autres services sur leur ressort. Très simple ! Il existe certes un directeur zonal de la police nationale, mais le véritable patron des DDPN et DIPN est le préfet. La principale préoccupation des préfets étant la sécurité dans leur département, ce cloisonnement inquiète la justice. À une époque où criminalité et délinquance ne connaissent pas de frontières, cette réforme ne manque pas de surprendre, car aucun des arguments présentés pour la légitimer ne sont convaincants. En matière de police judiciaire, le cadre départemental est incohérent. S'il s'agit pour la PJ de renforcer les commissariats pour résorber le stock énorme d'affaires en souffrance, les moyens humains resteront bien insuffisants, et cela se fera en tout état de cause au détriment du traitement de la criminalité organisée et du terrorisme. Un rapport du Sénat étrille cette réforme voulue par le ministre de l'Intérieur Gérald Darmanin, qualifiée d'« anachronique et largement inadaptée » aux missions de la PJ. La grande majorité des magistrats et des avocats, d'anciens directeurs généraux de la police nationale, les policiers de PJ ont fait connaître leur incompréhension et leur crainte vis-à-vis de cette réorganisation, mais en vain.

À titre de comparaison dans le domaine de la santé, cela consisterait, pour remédier au problème des déserts médicaux, à demander à des cardiologues, pneumologues… de s'installer en zone rurale ou dans certaines banlieues pour renforcer les généralistes, dont le nombre est insuffisant.

Je sais ce que ressentent des collègues commissaires, officiers, du corps d'encadrement et d'application toujours en activité, qui se sont investis durant de longues années en PJ au détriment de leur vie familiale et de leurs loisirs, une énorme déception. Une autre solution aurait pu être retenue, en créant une direction centrale de l'Investigation, mais c'est une autre histoire…

***

De mon havre de paix breton, je ne puis m'empêcher d'observer avec intérêt tout ce qui a trait à la police nationale. Malgré les vociférations poussées par la gauche ultraradicale contre l'institution, une large majorité de Français a une opinion favorable de la police, dernier recours pour assurer sa protection. Les policiers, dont l'engagement est total, sont de plus en plus visés en intervention : 5 492 d'entre eux ont été blessés par des violences en 2023, soit une moyenne de quinze par jour, molestés lors des manifestations, renversés par des chauffards, piégés dans des guet-apens au pied des immeubles des cités et parfois même attaqués dans des commissariats. Au risque physique auquel ils sont confrontés au quotidien s'ajoute maintenant la peur des conséquences judiciaires de leur action sur le terrain. Même en retraite, il m'est difficile de quitter cette peau de flic et de ne pas afficher ma solidarité avec ces gardiens de la « paix publique ».

Septembre 2024

SOURCES

Serge Raffy, *La Veuve*, Fayard, 1994.
Jacques Massey, *ETA Histoire secrète d'une guerre de Cent Ans*, Flammarion, 2010.
Philippe Jaenada, *Sulak*, Julliard, 2010.
Éric Dupont-Moretti, *Dictionnaire de ma vie*, J'ai Lu, 2018.
Frédéric Ploquin, *La peur a changé de camp*, Albin Michel, 2018.
Frédéric Ploquin, *Les réseaux secrets de la Police*, Nouveau Monde, 2018.
Magazine Society, *Xavier Dupont de Ligonnès - L'Enquête*, 2020.
Presse quotidienne : *Ouest-France*, *Le Télégramme*, *Sud Ouest*, *Le Monde*, *Le Figaro*, *Le Parisien*, *Libération*, *France-Soir*, *Le Bien-Public*.
Presse hebdomadaire : *L'Express*, *Le Point*, *Le Nouvel Obs*, *Le Figaro-magazine*.
Radios : *France Info*, *Europe 1*.

SIGLES UTILISÉS

BRB : Brigade de Répression du Banditisme
BRI : Brigade de Recherche et d'Intervention
DEA : Drug Enforcement Administration, agence fédérale américaine en charge de la lutte contre le trafic de stupéfiants aux Etats-Unis
DCPJ : Direction Centrale de la Police Judiciaire
DIPJ : Direction Interrégionale de la Police Judiciaire
DNAT : Division Nationale Anti-Terroriste remplacée par la SDAT (Sous-Direction Anti-Terroriste)
ENSP : Ecole Nationale Supérieure de Police
GIR : Groupe d'Intervention Régional rebaptisé Groupe Interministériel de Recherche
GRB : Groupe de Répression du Banditisme
IHESI : Institut des Hautes Etudes de la Sécurité Intérieure
JIRS : Juridiction Interrégionale Spécialisée luttant contre la criminalité et la délinquance organisées
OCRTIS : Office Central pour la Répression du Trafic Illicite des Stupéfiants rebaptisé OFAST (Office Anti-Stupéfiants)
OCRB : Office Central pour la Répression du Banditisme rebaptisé OCLCO (Office Central de Lutte contre le Crime Organisé)
PJ : Police Judiciaire
PAF : Police de l'Air et des Frontières rebaptisée Police aux Frontières
UDYCO : Unidad de Droga y Crimen Organizado, service espagnol en charge de la lutte contre le trafic de drogue et la criminalité organisée

TABLE DES MATIÈRES

En couverture
Photo © Thierry Labia

En quatrième de couverture
La mallette de Sergio Settimo, braqueur et tueur de policiers, découverte à Amsterdam (voir p. 23, dans « Braquage à l'italienne »).

Éditions OUEST-FRANCE

Directeur Vincent Lorant
Éditeur Hervé Chirault
Coordination éditoriale Isabelle Rousseau
Collaboration éditoriale Bérénice Cressard
Conception graphique
Studio graphique des Éditions Ouest-France
Mise en page Virginie Barré
Photogravure Graph&Ti, Rennes (35)
Impression Sepec Numérique, Péronnas (01)

Édilarge SA, Rennes
ISBN : 978-2-7373-9131-6
Dépôt légal : janvier 2025
N° d'éditeur : 11226.01.02.01.25
Imprimé en France
editions.ouest-france.fr

PEFC
10-31-3532